荀子教育思想析论

李天赐◎著

陕西新华出版 三秦出版社

2024·西安

图书在版编目（CIP）数据

荀子教育思想析论／李天赐著. －－西安:三秦出
版社,2024. 7. －－ISBN 978－7－5518－3155－0

Ⅰ. B222. 65;G40－092. 26

中国国家版本馆 CIP 数据核字第 2024WF1328 号

荀子教育思想析论

李天赐　著

出版发行	三秦出版社
社　　址	西安市雁塔区曲江新区登高路 1388 号
电　　话	（029）81205236
邮政编码	710061
印　　刷	陕西隆昌印刷有限公司
开　　本	787mm×1092mm　1/16
印　　张	16
字　　数	245 千字
版　　次	2024 年 7 月第 1 版
印　　次	2024 年 7 月第 1 次印刷
标准书号	ISBN 978－7－5518－3155－0
定　　价	78.00 元

网　　址	http://www.sqcbs.cn

前　言

　　自从 1990 年世界卫生组织(WHO)对世界健康标准进行了修订,提出"所谓的健康是指:生理、心理、社会适应、道德完善"后。全世界开始积极地把道德健康视为构成健康的整体重要概念之一,道德教育的地位随之提高许多。虽然尚未也不必达到中国古代"道德至上"的标准,但各国(如以色列、西班牙)因此出现越来越多认同中国古代思想、制度的声音,汉学研究在欧美随之蓬勃发展起来。可见,在今日研究儒家思想与制度并非复古倒退,而是顺应当下时代过度追求物质、欠缺精神追求的一种完善与创新应用。

　　笔者多年来始终对教育问题极为关注。从小学接触儒家经典起,即不由自主般沉浸其中,并发现自己对其中的许多言论特别容易产生共鸣与感悟。随年龄渐长后,人生历练与知识面越来越丰富宽广,在理解与实践儒家经典的过程中发现,其诸多论述如由"教育视角"来诠解,似乎更能够自圆其说,并且更容易让人理解、体悟。例如:为何孟子"性善论"如此受重视,而荀子"性恶论"却长期遭受打压? 从教育的角度来看,正常教育肯定是为鼓励、引导人们往正面积极的利己利人方向发展,而孟子的讲法正符合这样的教育思路。

至于荀子的讲法,则有可能造成部分民众在一知半解的情况下,产生负面影响。认为既然天生为恶,放纵为恶乃是顺天而行,是以没必要违反自然而逼自己行善;或是当人们自认己恶的情况下,要其改恶向善之行为容易形成一种强迫、压制感,进而让人们在学习之初可能产生排斥意识,大大地影响了教育进程与学习效果,这对教育之推广殊为不利。所以虽说荀子的论点并非不合理,甚至可说极为理智客观,揭露了人类本性之矛盾复杂面,十分符合科学精神。从实际生活体验与媒体、书籍、历史来看,人绝不是纯善的存在,人身上除了善端外,必然也有恶端,并且恶端的力量更容易迷惑人的心智,以致造成人们在失去限制的情况下,容易做出可能导致恶果之事。是以公正的说,荀子的讲法才贴近实情。然而站在教育的角度,荀子"性恶论"则太理智而赤裸裸。因此在重视教育实践之儒家学派主导的氛围下,荀子"性恶说"只能落入被批判而打入冷宫的下场。仅有少数特别客观理智的学者,或是遇到学界氛围较中立客观之时代,《荀子》才有机会翻身而受到合理的关注。

　　基本上,凡事多少皆具有两面性,如研究犯罪的目的是为了更好地防治犯罪行为的发生,从教育学的角度来讲,研究教育不能回避研究"人之所以需要被教育"的原因,是以必须直视人性的方方面面,如此始能更好地认识教育行为与其相关的各式问题,有益于推进教育事业的健全发展。毕竟教育者是人,被教育者也是人,教育的目的更是为人们好。所以,我们研究教育、讨论教育,绝不可离开人来说,必须对人善的一面认识,恶的一面也清楚;质朴的一面认识,狡诈的一面也知道;成熟的一面认识,幼稚的一面也了解。由此看来,荀子更像是在激情的教育家中的一位被排挤的教育学家,他冷静客观,知识丰富,见闻广博,具有充分与人交流、辩论的经验，并有长期主政得以检验理论的实验机会。基于上述总总条件综合后所产生的《荀子》一书，在先秦诸子当中独树一帜，在儒家学派中鹤立鸡群，且对后世影响深远。

由于笔者本身也是研究型学者，是以在首次接触荀子作品的内容后，即不由得深受其吸引，产生强烈共鸣，并大受启发。于是忍不住越读越全面而深入，进而越有感触与体悟。然而后来在陆续读到越多古代、近代、现代学者对《荀子》的研究与评论时，却赫然发现学界前辈们对其理解有不少偏见与误解，笔者所见之研究荀子教育思想之论著中，基本皆认为荀子所言之心乃纯粹知性主体，并多据此与欧美认识论搭接。然而这观点与笔者的看法大相径庭，以致于他们许多后续衍生出之教育观点，便与笔者产生巨大分歧，这也是笔者最终决意提笔书写此论题的主因之一。并在论述过程中偶尔会忍不住想替荀子打抱不平，抱屈喊冤。当然，这也是由于当代的研究氛围比较良好，鼓励大家尽可能从中立客观角度，冷静理智看待前人的一切著作；再加上笔者能站在许多前人研究的基础上回顾过去，自然容易后出转精。

目　　录

第一章　引　言

第一节　研究动机与目的

人类的教育行为在文字发明并形成体系与共识后,始得以大规模的蓬勃发展。文字语言让人们能在教育行为中更好地继承前人的智慧与经验,而教育则亦反过来推动了文字与书籍的蓬勃发展,这是一个双向促进的过程。当然,在教育发展的过程中,必然会同时对思想与科技的发展进步产生促进之效,毕竟我们传承的目的不仅是模仿学习,更是要努力站在前人的肩膀上寻求更进一步的发展。

本书主要析论《荀子》中的教育思想,而荀子在论述教育思想的同时,由于对人学习之机制、身心修养之方式、经济物质之生产互动、政治之运作、行为与心灵之关系等方方面面皆有所考虑,再加上当时写作并无严谨之规范,是以论述时不免出现庞杂错综现象。在此状况下就需要后人帮忙梳理,以助人们更好地了解其所欲传达之信息。而其论述之主要理论基础多集中在《天论》《正论》《礼论》《乐论》《解蔽》《正名》《性恶》这几篇上,而这几篇的内容实则是围绕"何谓天""何谓人""人生的价值与意义何在"等人性根本面之问题上。并且荀子极为强调"为人之道"①与"明于天人之分"(《天论》)的观念,并且也教人要懂得顺应自然的"应时而使之"(《天论》)来尽人事,以求达到"重己役物"(《正名》)之目的。在建构起形而上之理论的同时,亦兼顾人于物质界的应用与落实,因而被部分学者誉为先秦儒家思想的集大成者。对中国后世之教育观念影响重大、深远,因此析论荀子之教育思想,其意义不言而喻。

荀子在儒门中的身份地位,于近一千多年间受到一定程度的贬抑与否定,直到如今孔庙中仍然不见荀子的踪影,这是一件十分令人感到困惑不解的事。荀子在理论思想的内容架构以及后世学术上都颇具建树,而且也受到不少知名学者认同,评价也非常高,但吾人至今却仍明显可感受到其被排挤与不重视。是以笔者在本书中将从荀子极重视的教育视角切入,探寻荀子思想中的特殊处,厘清其究竟是否有值得遭受如此大祸之问题。进而希冀此研究能有助于学界更客观地看待荀子之思想,同情并理解荀子当时身处状况与所面临困境之独特性,从而能领悟到荀子所欲传达给吾人之思想信息。

一、问题背景与研究动机

接下来问题背景与研究动机的论述基本采取时间先后顺序进行,是

---

① "人之道"全文出现十四次:《王制》一次、《富国》一次、《君道》一次、《强国》六次、《礼论》三次、《乐论》一次、《尧问》一次,这些词汇中皆有"为人之道"的意涵,然非直接等同;而"人道"一词则出现七次,其中直接等同"为人之道"者有六次:《非相》一次、《礼论》四次、《解蔽》一次。

以亦可借此看出荀子研究的发展与变化。由于近代研究与著述论及荀子者极多,因此笔者仅就其中较知名或较有特色之说法予以引用并稍加阐释。

1. 谭嗣同说:"二千年来之政,秦政也……;二千年来之学,荀学也。"①谭氏此说并非在夸赞荀子,而是借此以排斥荀子,认为中国之所以会落入清末之惨况,荀子要负很大的责任。此说法明显是在找一个归咎之标靶,然也因此引起人们对荀子思想之更大关注,产生事与愿违的现象。谭氏之说法虽明显夸大,但的确引人深思与探讨,荀学之思想在政治方面到底对后世影响多大?笔者对此领域较陌生,无法评论,然在教育方面则不得不说荀子之影响的确非常深远,正是由于其强烈之借学习使"阶级自由流通"与"论德而定次,量能而授官"(《君道》)教育思想(详参第五章第一节)的推波助澜,很大程度的帮后世催生出了"科举制度",在这方面,荀子功不可没。

2. 蔡元培说:"其思想多得之于经验,故其说较为切实。重形式之教育,揭法律之效力,超越三代以来之德政主义,而近接于法治主义之范围。"②蔡校长是教育界影响力巨大之人,其所言很容易引人重视。其将荀子之教育思想特色归于能提升法律观念的"近接于法治主义",并誉之为"超越三代"。这样的评价想来荀子本人不太容易接受,因为荀子一直自命继承三代圣贤礼义,虽强调后王的重要性,但从未否定先王之价值与地位,只认为在实际应用上后王比先王更"切实"。并且治法在荀子观念

① [清]谭嗣同:《仁学》,中华书局,1958,第47页。
② 蔡元培:《中国伦理学史》,广西师范大学出版社,2010,第22页。

中的重要性绝不如治人:"有治人,无治法"(《君道》)、"故有良法而乱者,有之矣,有君子而乱者,自古及今,未尝闻也"(《王制》《致士》),或许蔡校长所言乃刻意曲解荀子之原意也未可知?

3. 梁启超说:"儒家之礼治主义,得荀子然后大成"①,"二千年政治,既皆出于荀子,而所谓学术者,不外汉学、宋学两大派,而其实皆出于荀子,然则二千年来,只能谓之荀学世界。"②其将荀子的地位拔得非常高,说礼治主义到荀子大成,这并非夸大之虚言;然说我国两千年之政治与学术皆出于荀子,这就明显将中华文化的丰富性与复杂性给过度简化了,很难让人苟同。不过相对于前两位先生,梁氏对《荀子》文本应是有较深入探讨研究,因此其所给予之某些评价能让人感到更加客观而中肯,梁氏曰:"其言争之所由起,谓欲恶同物,欲多而物寡。……欲多而物寡,即所谓欠乏之感觉(德语之 Empfindung des Mangels)。而欠乏之感觉,由于欲恶同物,人类欲望之目的物,如衣食住等大略相同故也。荀子此论,实可为经济学、社会学、国家学等之共同根本观念也。"③这就很大程度上对荀子做出了客观并精准之诠解与认识,并未把荀子所恶者一意指称为人性本恶,而客观地将环境因素列入考量后,得到荀子所恶之"争"乃源于环境所造成之欠乏感,并进一步将荀子思想的深度拓展到社会学与经济学之领域,极有见地。

---

① 梁启超:《先秦政治思想史》,天津古籍出版社,2003,第 114 页。

② 梁启超:《饮冰室合集1·文集之三》,中华书局,1989,第57页。

③ 梁启超:《中国法理学发达史论》,载《饮冰室合集·文集之十五》,中华书局,1989,第47页。

4. 杜国庠说:"荀子把礼扩展为自然和社会的共同准则……这就使儒家的礼学发展到尽头,所以汉人编纂《礼记》,大量地采取了荀子的理论,"①《礼记》与荀子的关系很值得探讨,笔者在阅读时也有类似体悟,然此毕竟与本书论述之重点距离较远,且前辈学者已有不少相关论述,是以不进一步探讨。然其看法可与前文梁氏所言"儒家之礼治主义,得荀子然后大成"正能相互印证。当然,儒家的礼学是否被荀子发展到尽头,这值得再商榷;然可肯定的是,荀子的确对礼给予了较完整而有体系之定义与功用之描述,并对礼之内涵、目的、制订方式、原则等皆有所论述(详参第四章第二节内容),其在这方面之贡献的确值得被强调。

5. 郭沫若说:"荀子是先秦诸子中最后一位大师,他不仅集了儒家的大成,而且可以说是集了百家的大成的。"②从荀子的学生对后世之影响来看,说荀子是先秦最后一位大师,这是实至名归。但说荀子集百家之大成,笔者认为略微扩大了;毕竟其文中对阴阳五行与黄老、墨子等学说之精华部分并未正面论述,且对十二子基本采批判否定,而非兼容并蓄之去芜存菁的包容立场。然说他是集儒家之大成,这点笔者是赞同的;因为儒家之思想,可说是到了荀子手上有了个整体而成体系的架构,无论是对政治的态度、对教育的立场、对教化的方式与技巧和原则等,都有较全面而系统之论述。尤其在教育部分,更是全面而巨细靡遗地手把手般引导读者该如何做,可说是一部完整的"修己教化手册"。其将礼教的功能、实现的技巧、自我修养与推己及人的方式以及其理论背后的逻辑,都毫不遮

①杜国庠:《杜国庠文集》,人民出版社,1962,第42页。

②郭沫若:《十批判书》,人民出版社,1954,第185页。

掩地论述出,相信这应与其在兰陵执政之18年经历有关。

6. 冯友兰说:"荀子在中国历史之地位如亚里士多德在西洋之历史,其气象之笃实似之。"①这比拟将荀子的地位抬得很高,同时也很贴切,因为孔子、孟子、荀子正好可被列为三大哲人,荀子时序排第三也相同。并且荀子的笃实风格之所以与亚里士多德相似,亦可从两者之成长经历与学习背景、教育经验等看出:他们皆长期在人物汇聚且书籍丰富之学院待过,皆有实际执政或办学经验,皆有实际与君人者相处、交流的机会,都很理性。正因为有这些经验为凭证,他们也才能对自己的理论那么有信心;所以他们不同于一般哲学家,能实际透过经验中人、事、物验证其思想论点,并作出修正调整使之更切合实际,以求未来认同其思想之得势者能将其实现、落实。

7. 陈登元说:"荀子最可尊贵之精神,莫甚于其实验主义"②,且其提到荀子并非性恶论者,乃"情欲恶论"之有别于孟子所言之"心善"者③。正如前一则所说,荀子与一般哲学家不同,在稷下26年,经历非常多的论辩与交流,看过很多书,并且实践经验很丰富,(详参第二章第二节)读者在其字里行间很容易感觉到其笃实、踏实之理性特质。陈氏所言之所以被笔者特别引用,乃基于其对荀子之性恶论有"情欲恶论"之看法,虽说此看法笔者并不认同,因为荀子在文中说:"心之所可中理,则欲虽多,奚伤于治? ……心之所可失理,则欲虽寡,奚止于乱? 故治乱在于心之所

---

① 冯友兰:《中国哲学史·上册》,华东师范大学出版社,2000,第38页。

② 陈登元:《荀子哲学》,商务印书馆,1928,第47页。

③ 陈登元:《荀子哲学》,第153页。

可,亡于情之所欲。"(《正名》)又说:"性者,天之就也;情者,性之质也;欲者,情之应也。……欲不可去,性之具也。"(《正名》)还说:"凡性者,天之就也,不可学,不可事。"(《性恶》)由此可知,荀子乃认为情欲为中性者,且不可学、不可事、不可去,因此如其为恶,那教育也无能为力,这就违背了荀子劝学教化的基本立场。但无论如何,陈氏之说法已属于对荀子较同情之理解,值得提出。

8. 牟宗三说:"故性与天全成被治之形下的自然的天与性,而礼义亦成空头的无安顿的外在物。"①又说:"性分中无此事,而只系于才能,则伪礼义之圣人可遇而不可求,礼义之伪亦可遇而不可求,如是礼义则无保证,即失去其必然性与普遍性。"②由于牟先生在学界的影响力非常大,是以其对荀子的分析与评价影响十分广泛而深远,研究荀子者皆不能无视其说法,必须要正视且正面应对,绝不可含糊带过。笔者基于对荀子的全面理解,不太容易认同牟先生对荀子的许多说法,尤其上述特别摘出之两段引文,牟先生只看到荀子谈论性的一面,这种说法明显具有某种偏见。荀子所谓义,乃人之所以为人的特质,如何能算是外在者?其强调辨与分的能力皆是由于心,并把辨与义皆等同视为人之所以为人的特质,由此可知,辨与义间必然有某种深刻而紧密之关联性,我们再从"义者,宜也。"(《中庸》)就能豁然贯通,知晓荀子所谓辨与分(此乃中性之词汇),其实就是为了达到义(此乃有价值取向之名词),两者间具有因果关系;是以其所谓"大清明"(《解蔽》)之心可被称为"义心",(详参第三章第一节)

---

①牟宗三:《名家与荀子》,学生书局,1979,第198页。

②牟宗三:《名家与荀子》,第227页。

且《大略》曰："'义'与'利'者,人之所两有也。……虽桀纣不能去民之好义",可见荀子视"义"为天生内在且不能去者,因此其所谓礼义并非外在之物明矣。至于"才能"荀子的确有所重视,只不过在荀子的体系中更重视的还是道德修养(详参第五章第一节),是以荀子说:"论德而定次,量能而授官,皆使人载其事,而各得其所宜。……人之百事,如耳目鼻口之不可以相借官也。"(《君道》)又说:"谲德而定次,量能而授官,使贤不肖皆得其位,能不能皆得其官。"(《儒效》)由此可知,对不同能力的人,荀子主张授予不同的官职,并强调各部门如同人的五官,不可相互干扰,要权责分明;而地位的高低则仍然必须"论德而定次",依据德行修养来决定其地位与待遇的高低。"有能力者不一定有德性而没德性者不宜身居高位"这么浅显之道理荀子不可能不知,因此《君道》曰:"上贤使之为三公,次贤使之为诸侯,下贤使之为士大夫,是所以显设之也。"其在专提"位"的时候不会提能力而只问是否贤德。至于礼义之创生绝非可遇而不可求,而是有其内在之机理(详参第四章),这也与心属内相关。心就是人与人之间相通的基础,也是为何人人皆可成圣之基,《正名》曰:"辨说也者,心之象道也。心也者,道之工宰也。"不晓得为何牟先生总规避荀子之心自始至终都是天生而属内的? 难道荀子所言之心是"以智识心"[1]就不能是内在的? 且"心"如原无正面积极之能,荀子何需解蔽?

9. 孔繁说:"荀学不仅是对儒学有继往开来的意义,而且对于先秦诸子学说亦有集大成意义。"[2]孔先生乃1930年出生,并曾任《文史哲》《世

---

[1]牟宗三:《名家与荀子》,第225页。

[2]孔繁:《荀子评传》,南京大学出版社,1997,前言。

界宗教研究》与《国际儒学研究》主编，其说法算是对郭沫若先生之说法的修正，所言较中肯而客观，很具参考价值。荀子由于是第一位对儒学作出全面性系统整理者，是以说其有"继往开来的意义"绝无夸大之嫌，且正由于荀子在稷下26年之历练，使其思想相对较圆满，容纳了诸子部分的优点在其中，例如《正名》中融入名家的优点、《天论》中融入道家的优点、《议兵》中融入兵家的优点、《王霸》中融入法家的优点等，所以说其有"集大成意义"也的确实至名归，荀子受之无愧。

10. 孟旦说："荀子强调这一事实：物资不是无限的。他想要避免物资供应的耗竭，避免由于物资不充裕造成任何人的欲求受到挫折这种状况，……他的整个政治理论都出自他对物资（供应短缺）和欲求（膨胀过度）并行发展的认识。上述观点——而不是通常被引用的'性恶'论——是荀子思想的核心。"①本引文之作者英译名"唐纳德·J·蒙罗"，原美籍人士，1931年生。由于拥有汉族血统，并拥有中文名——孟旦，且对中国哲学认识很深，认同感也很高。其所言很大程度代表了美国汉学界对荀子的认识，极具代表性。其站在旁观中立者的立场，得以跳脱传统包袱，很客观地指出了荀子思想体系中很重要的特质："对物资和欲求的并行发展的认识"；并认为这才是荀子的思想核心。虽然这的确是荀子非常关心的部分，为此荀子还创造了一个专有词汇"长虑顾后"，《荣辱》曰："然而穷年累世不知不足，是人之情也。……非不欲也，几不长虑顾后，而恐无以继之故也。于是又节用御欲，收敛蓄藏以继之也。是于己长虑

---

① [美]唐纳德·J·蒙罗(中文名：孟旦)：《早期中国"人"的观念》，庄国雄、陶黎铭译，上海古籍出版社出版，1994，第91页。

顾后，几不甚善矣哉！……况夫先王之道，仁义之统，诗书礼乐之分乎！彼固为天下之大虑也，将为天下生民之属，长虑顾后而保万世也。"这告诉我们人的情欲虽不知满足，然只要稍有远见之人即会产生长虑顾后的观念，这在生物中并非罕见行为，不是什么高端、深奥的道理；只不过人们有时候会被自己的情欲所蒙蔽，而拥有清明己心之能力的先王所创制的仁义原则、诗书教材、礼乐仪轨，就能帮人民达到"保万世"的长虑顾后之目的。由此看来孟氏所言并非没道理，其很大程度地将荀子思想中极关键之一指出，但稍嫌片面。因为其实荀子一切关心之事物的核心乃是"人道"，而人道的涵盖范围很广，除了包含孟氏提到物质之供需问题外，至少还必须包括"称情而立文"（《礼论》）的情感目的，这两者一外一内，一物质一精神层面，始能交汇衍生出丰富之礼乐教化体系。

11. 杨太辛说："荀子构建了一个以礼义为中心、以仁知为至极的人治、礼治、法治、术治统一的思想理论体系。这是我国历史上最早的关于建立大一统的封建主义国家的系统理论和完整方略。"[①]杨先生1935年出生，曾发表多篇与荀子相关的论文，并于1992年在《哲学研究》第10期刊出《论荀子的学术批评》，该文荣获浙江省社会科学成果奖。其说法很具代表价值，并很能突显出荀子学术思想之特质。其认为《荀子》一书乃为天下即将大一统而创建之思想理论体系，是一个很有系统且完整的方略。从荀子的胸襟抱负来看，此书必定不是为一家一姓而创制者，必定是为天下万世之长治久安而作，并且《荀子》之内容虽说有不小部分在阐述政治方面的内容，但更多的则是在说礼教对人道的意义与价值，所以只提

---

① 杨太辛：《〈荀子〉与〈易·文言〉之比较》，《中国哲学史》1994年第6期。

其政治方面之功用有些偏窄;其更多的内容是牵扯到人生在世之方方面面,并尤其强调学习的功效,是其欲落实人道之书,言政治是为了"得势"(详参第一章第三节)以行其道。

本节最后将引述的四位先生乃属于中生代学者,于1960年之后出生,笔者之所以将其提出,主要乃因为其说法对笔者写作有很多启示与指引,是以特此借以表达笔者之由衷感谢。

12. 惠吉兴说:"在儒家宗师中,荀子最为重礼,建构了一套系统的礼治主义政治哲学。'礼治'指为政以礼或以礼治国。从逻辑上说,礼治是将礼的原则精神和制度规范运用到政治领域,是礼的政治化。但在伦理政治一体化的古代社会,礼被视为天然的政治原则,治国为政是礼的主要社会功能……礼治主义是儒家政治学说的核心。……这种作为社会秩序之基础的原则在精神向度上可以是法律,可以是宗教,也可以是道德。"①又说:"礼乐刑政必须以仁爱之心为基础,这样才能行于天下,如失去内在的仁爱之心,礼乐刑政便成了单纯的工具和形式。"②此说很大程度地将中国德政合一之特质给揭示出来,并据此来诠解荀子之思想。这说法对于现代学术分科下的人们而言是很具意义的,因为现代学者容易偏狭地只从自己学术分科的角度来诠解荀子思想,而不容易用古人之视角来共情理解其制度与思想。此则引文能突破这样的局限,值得赞赏。并且本段第二则引言也很好地将荀子所构思之思想体系之基础"仁爱之心"(荀子讲的是"仁义",全文出现32次)很好地诠释了出来,可见其对荀子

---

① 惠吉兴:《荀子对宋代理学的影响》,《邯郸学院学报》2012年第4期,第137页。
② 惠吉兴:《荀子对宋代理学的影响》,第139页。

认识的深度。然由于没能采用更多《荀子》文本来证明其推论之确切无误,稍显可惜。

13. 路德斌说:"孟子道性善是就形上学层面立论,而荀子言'人之性恶'则为一纯粹的经验命题。从形上学层面说,孟子道性善是没有问题的;而自经验的层面看,荀子言性恶也同样是可以成立的。"①此处言性善是属于形上学层面想来孟子本身不容易认同,毕竟他言四端的目的就是在强调其礼论之现实性;至于性恶其归类为纯粹经验命题,这说法也颇具争议性;如此判分,的确能让人相对容易理解两者间的差异:一较理想性,一较现实性之特质,是以仍值得提出表彰。路氏又说:"荀子所谓'性'其实即是孟子所谓'命',而荀子所谓的'伪'实质上(即从其形而上之本义上说)才是孟子所谓的'性'。"②虽说此引文之论点与笔者雷同,但其推论处稍显不足,以致造成荀子之"伪"是否等同于孟子之性皆为内在一事,于其文章 2003 年问世后至今,仍成为悬而未决之争议焦点,无法说服诸多学者。然笔者站在其肩膀上,得以更进一步的引用《荀子》原文(可参前文),解决"义是否内在"之争议。

14. 林宏星说:"所谓以礼义'节制情欲'并非是说情欲本身是恶的,毋宁说是由于物资给求与情性欲望之间的紧张导致天下偏险悖乱而为

---

①路德斌:《荀子人性论之形上学义蕴——荀、孟人性论关系之我见》,《中国哲学史》2003 年第 4 期,第 34 页。

②路德斌:《荀子人性论之形上学义蕴——荀、孟人性论关系之我见》,第 37 页。

恶,这或许是荀子所谓'恶'的了义、究竟义。"①又说:"亦即荀子对人的特性的界说不从'人性观'而是从'人观'方面来加以规定的,此即人有义、有辨而动物没有。"②本段作者基于诸多前人的研究成果,得到了在笔者看来值得予以掌声的论断:"物资给求与情性欲望之间的紧张导致天下偏险悖乱而为恶"。并且很清楚地将荀子所谓之性解释为"人观"角度,这说法笔者完全赞同,然可惜该作者于该篇文章最后仍认同牟宗三的看法,认为荀子的礼义是外在的③,没能后出转精的进一步探究原委,殊为遗憾。

15. 最后介绍的是中国人民大学梁涛教授,其对于荀子之相关前人著作做了大量的研究梳理之工作,近期的论文有:《荀子人性论辨正——论荀子的性恶、心善说》④《荀子人性论的历时性发展——论〈富国〉〈荣辱〉的情性—知性说》⑤《荀子人性论的历时性发展——论〈修身〉〈解蔽〉〈不苟〉的治心、养心说》⑥《荀子人性论的历时性发展——论〈王制〉〈非

---

①东方朔(本名:林宏星):《合理性之寻求:荀子思想研究论集》,台湾大学出版中心,2011,第 160 页。

②东方朔:《合理性之寻求:荀子思想研究论集》,第 163 页。

③东方朔:《合理性之寻求:荀子思想研究论集》,第 172 页。

④梁涛:《荀子人性论辨正——论荀子的性恶、心善说》,《哲学研究》2015 年第 5 期。

⑤梁涛:《荀子人性论的历时性发展——论〈富国〉〈荣辱〉的情性—知性说》,哲学研究》2016 年第 11 期。

⑥梁涛:《荀子人性论的历时性发展——论〈修身〉〈解蔽〉〈不苟〉的治心、养心说》,《哲学动态》2017 年第 1 期。

相〉的情性—义辨说》①《荀子人性论的中期发展——论〈礼论〉〈正名〉
〈性恶〉的性—伪说》②。此 5 篇论文皆让笔者于阅读后获得诸多启发,并
为此对原先所写定之内容做出许多调整,得以在其研究基础上再向前有
所推进,在此郑重感谢。

以上与笔者问题背景与研究动机相关,而引述介绍的 15 位对于荀子
思想研究影响重大或有所发展与突破之学者,其说法与笔者的论述希望
有助大家在正式进入本书阅读前,对荀子思想的研究现状能有一定之概
括印象。

二、研究思路与研究方法

由于笔者在体悟并与他人分享儒家典籍内容的过程中,不断受到其
他不同观念的挑战与质疑,是以在自我叩问与思索、反省中,发现一个关
键性疑问:人们到底是否天生懂得该如何去向内提升自我?动物与人类
皆天生自然懂得追求物质上之需求,然精神上的需求人们天生即懂得该
去追求吗?或是必须有人点化、引领入门,方能懂得向内寻求,方懂得该
如何提升性灵与精神境界?

这疑问在笔者的心中不断酝酿、发酵,并与荀子许多说法产生联结,
进而激发出诸多对于教育方面更加清晰而深刻的认识与见解。这也使笔

---

①梁涛:《荀子人性论的历时性发展——论〈王制〉〈非相〉的情性—义辨说》,《中
国哲学史》2017 年第 1 期。

②梁涛:《荀子人性论的中期发展——论〈礼论〉〈正名〉〈性恶〉的性—伪说》,《学
术月刊》2017 年第 4 期。

者对荀子的教育思想产生出更多能与大家分享之内容,更期望将荀子教育思想梳理、统整,条分缕析地介绍给大家。愿能让阅读本书写作的人们将有色眼镜摘下,重新认识荀子于两千多年前对中华文化的丰富与发展所提供之努力与贡献,明了他在教育上留给我们之有智慧的思想理论遗产,有多么值得我们珍惜与骄傲。

是以本书研究思路,乃通过对荀子文本及教育相关文献资料进行详细解读、分类、剖析、统整,将荀子放在历史文化的大时代背景下。首先着力于了解荀子身处的时代背景与生活环境,然后探索他因袭了什么思想?遭遇了什么问题?接着思索他为什么会说出这些话?对谁说的?为什么目的而说?最后再厘清他的思想主轴,找出他想达到的目标,想构建出的是个什么样的国家、社会与家庭教育体制?

力图跳脱现今欧美的思维框架,竭力希望寻找更适合国人文化背景与价值观之出路的可能性,以求对当下教育制度的制定与修改、调整,及当下教育政策理念所欲达至之目标等方面,能或多或少有一点参考作用。

例如荀子认为争、乱、斗是极糟糕之事,而国家社会的稳定乃是对全体最有利之状态,所以特别强调其构思之礼义法度教育思想,因他认为其能使国家由个人到群体皆共同达至安居乐业之维稳目标。并认定维稳即是维护大众的利益,所谓"兴,百姓苦;亡,百姓苦。"(张养浩《山坡羊·潼关怀古》)如果君人者不懂"善待百姓即善待自己"的道理,不懂得"长虑顾后"(《荣辱》),只为少数人一时之私欲而压迫、剥削百姓时,必将会导致反抗与动乱。这时受伤害最重、最深的将是旧有的上位阶层与广大的人民群众,得利的则只会是那些煽风点火而伺机上位的野心家。

是以荀子的教育思想不断在提醒与教育当下为官阶层,他们的利益是同人民群众永远绑在一起,是相通的。如和人民站在一起而发生由外来力量所造成之动乱,人民方可能义无反顾拼死协助抵抗。"为之出死断亡而愉者,无它故焉,其所是焉诚美,其所得焉诚大,其所利焉诚多。"(《富国》)但如果为官阶层做不到让人民由心底认可的程度,这状况将会反过来,人民可能不仅不帮忙,甚至会火上加油的倒打一耙。所以为官阶层一定要懂得随时将人民的利益与自己等同视之,如此必能实现共赢互惠、长治久安的愿望。这也是一般儒家学者普遍教导为政者之教化理念:群体好的同时个体也会好。

由于荀子教育目标相对而言特别强调群体利益,是以理念上必要时容易倾向牺牲个体来成就全体的思路,难免形成相对比较不尊重个体权益的结果,比较强调责任与义务;而相对特别强调个体权益之欧美哲学家们,其理念上必要时则容易倾向忽视全体权益来曲从个体,比较强调权利与自由。

笔者在此只是为凸显儒学传统之特质,是以暂不对此各有优劣的两者作出赞同与否之评价。当然,以上所述皆是相对而非绝对的,事实上,这世界中极少绝对之事,绝大多数的事物与道理皆是相对而言。特此申明,笔者全文所言皆是如此,当有所比较时,烦请参照此视角来解读,如此方不致造成不必要的误读与误解。

本书所引用之《荀子》正文以王先谦《荀子集解》①为底本,并佐以北大哲学系《荀子新注》②为辅,最后再依据笔者个人见解修正句读。本书

---

① [清] 王先谦:《荀子集解》,中华书局,2012。

② 北京大学《荀子》注释组:《荀子新注》,中华书局,1979。

之论述范围主要集中于对《荀子》文本之阐述,对其他文献记载者仅限于附带论证之用。然由于先秦古人著作多是在长时期流传中成于众人之手,且间或经历战火、焚烧、誊录等,不免有错简、脱漏、抄写误漏、杂入、假借等事情,所以在论述时或因此会对文本有所自为创见与取舍;于诠释文本之方法,乃根据上下文先分析与确定词义后,再进一步依据词义将其归类并予以阐述,而不会拘泥于其字词表面之样貌。另在此强调,由于本书引用荀子处众多,是以凡只言篇名而未列书名者,皆为《荀子》一书中之篇章与内容。

本书的主要研究方法是依据教育学与诠释学、人类学的方法,寻找《荀子》文本自身的内在理路。力图将《荀子》的思想串联,形成一贯之体系,并稍加旁征博引,以期充盈本书的学术性,最后再对研究结果对荀子之不足提出补救之道与对其教育思想提出局限性与适用性之分析。

三、研究价值与欲解决的问题

综上所述,本书的研究价值与欲解决的问题可以归纳为如下五点:

1. 儒家是个极度重视教育之流派,而我国又是个历史记载与相关文献材料全世界最丰富、详尽、可信度较高的国家。因此,许多教育理念或方式、技巧皆能在基于"有前人实践经验可借鉴"的情况下,不断地调整、完善。毕竟教育实践非同于一般实验,能在短时间内加速得到实验结果,它和种植出紧实且能成为栋梁的大树般,皆一定必须经历相当长的时间(数十甚至上百年)方能得到正确的评价、判断,然后再基于此结果对其理论或技巧、方法(如礼、法的实质规范流程等)做出调整修正。所以本属于较不适合那些既不懂正视他国历史经验又没有足够历史底蕴,或不重视历史,或史学理论有所偏差的国家来钻研。而研究我国固有之教育思想,有助于跳脱不断"教改"试错这样的怪圈。

2. 本书所包括的内容不仅关涉理论研究,对儒家创新发展的应用实践也具有意义。现今中国正处于找出强而有力的理论支柱,以跳脱欧美文化在政治、经济、思想等方面对我国的侵蚀与偏颇的否定,重新取回自身在各领域的话语权。再加上当前世界政治、经济、教育等制度正遭遇某种困境,急需要另谋思路来激活部分僵化之思维定式。这时借助中国与众不同的深厚传统与历史经验所产生的力量,不仅能让人类避免继续往偏颇于物质、数字的方向走去,且能开创出更加符合人类未来发展的道路,再现东西方百家争鸣之轴心时代的辉煌。

3. 教育是以高效率的形式重演人类在漫长历史中认识世界的过程,使人们能于有限的时间、精力中获得庞大的文化财富,得以"站在前人的肩膀上"从事再创造,获取前人的社会生活、劳动经验和技能、理论、知识,而无须重新摸索。这种传承方式有相当大优越性,不仅能把不同的历史时期联系起来,使人类的底蕴不断积累,并能让人类的发展具有连续性、指向性,进而产生认同感、向心力与自信心。因此,对教育思想之研究,本身意义即非同一般。而至今学界对于荀子之教育思想研究仍相对粗略,且笔者发现研究荀子教育方面的研究者中,大部分为马院、政治思想教育等学术背景出身,因此他们在论述时对荀子教育思想的探索也较浅显而片面。再加上本书试图跳脱西方理论框架,纯以中国传统文化视角来研究荀子教育思想,期望能探索出一些与众不同的焦点特色。据此,本书应具有补全当前研究缺失的价值意义。

4. 教育之中国古今的最大差别在于:古代偏于道德修身,而现代教育体系偏重知识技能的传授。因此,古今教育理念、模式及技巧等本应有所不同,许多方面甚至该相反对待,绝不宜混为一谈。然有不少教育人士却仍执着于古代专讲道德之学的教育技巧、理念,以致产生误用传统教育观念来从事知识技能教育之情事,造成不良后果。因此笔者对两者之不同将予以分辨,以厘清两者间要求与侧重上之差异;判明各自应采取何种不同的教育理念与方式,或何时应采不同态度来对待。愿使来者不致再发生"错用观念或标准来对待或要求教育学习"之情事。

5. 从教育学者的角度看《荀子》可发现,他不仅说过许多具有概括性、抽象性的至理名言,并相当努力地揭露人之天性特质,探求人类行为背后的根源以及天道与人道的本质及差异等,思虑谨慎而有条有理。是以本书将透过《荀子》中对教育行为之起源、根据、方法、目的、价值等的分析、统整与概括,从总体上对荀子之教育思想作出学术性分析,并为当前之教育实践提供有益的理论依据。

第二节　文献综述及研究现状

关于荀子的研究著作极多,是以笔者仅针对研究荀子教育方面的相关文献粗略做些整理。且基于笔者语言能力不足,因此搜集之资料主要乃汉语学术界研究成果之文献。另由于个人精力、时间、视野有限,以致在写作中必然会有所疏漏、不足处,请大家多多指正、提点。

笔者于两岸来往、尽力求全搜整相关资料,并阅读过后发现,大多相关研究论文虽往往过于片面而未能展现荀子教育思想体系全貌,且研究者学术背景多为教育相关背景出身,而中文或哲学背景者不到2/5,但其仍然能为吾人研究提供不少便利并起扩大视野之效,帮助笔者能更全面、深入地去了解荀子教育思想之相关内容,颇具助益,必须于此衷心感谢。

一、专著

国内最早对荀子教育部分讨论的研究专著是1935年余家菊的《荀子教育学说》[①],作者乃哲学专业出身,虽去过英国留学,但热衷中华文化,另著有《中国教育史要》《孔子教育学说》《孟子教育学说》《陆象山教育学说》等书。其《荀子教育学说》一书虽有可观,但毕竟属开山之作,不足处也相当明显:1. 站在反对荀子性恶论角度看荀子教育思想,以致论述或引用有所偏颇(如页21—29、36、65—66、72、85—86、89、112、114、116—120等处)。2. 论述过于笼统,全书目录仅13个字,造成许多遗珠之憾。3. 不少段落仅为逐文讲解后略发议论者。

其后国内专著只有2010年台湾陈静美的《荀子的教育哲学 以"成德理论"为进路》[②],此书已立足于诸多前人之研究成果上,是以能全面地探讨荀子之教育哲学体系,然也因此受到前人观点影响,始终认为荀子所言之"心"是纯粹的"知性主体"[③],这与笔者的看法大相径庭,以致许多观点与笔者产生巨大分歧,这也是笔者最终决意书写此论题的主因之一。

至于国外专著,笔者目前搜找的资料中仅有:1957年日本横松宗的《荀子的人间形成论 东洋的道德教育的成立》,笔者由于语言能力不足,

---

① 余家菊:《荀子教育学说》,首都师范大学出版社,2011。
② 陈静美:《荀子的教育哲学 以"成德理论"为进路》,花木兰文化出版社,2010。
③ 陈静美:《荀子的教育哲学 以"成德理论"为进路》,第2页。

未能精读之。

　　而相对集中讨论荀子教育思想,台湾出版的著作有 1976 年林永喜《孔孟荀教育哲学思想比较分析研究》①、1982 年董承文《孔孟荀教育思想》②、1985 年崔光宙《先秦儒家礼乐教化思想在现代教育上的涵意与实施》③、1994 年杜成宪《早期儒家学习范畴研究》④4 部,以及 2003 年韩钟文的《先秦儒家教育哲学思想研究》⑤。这 5 部著作内容上对荀子教育思想之阐发与系统性稍显不够深入、整体、细致;并且对荀子"心"与"性恶"的认识皆和笔者观点有所出入,是以析论处与笔者差异颇多。

　　于著作中一定篇幅以上论及荀子教育思想的著作中:非专研教育方面的有 1936 年杨大膺《荀子学说研究》⑥与台湾 1983 年出版的魏元圭《荀子哲学思想研究》⑦,专研教育但时代范围太宽且论及对象太多的有 1987 年郭齐家《中国教育思想史》⑧、2008 年施克灿编《中国教育思想

　　①林永喜:《孔孟荀教育哲学思想比较分析研究》,文景书局,1976。

　　②董承文:《孔孟荀教育思想》,文景书局,1982。

　　③崔光宙:《先秦儒家礼乐教化思想在现代教育上的涵意与实施》,东吴大学中国学术著作奖助委员会,1985。

　　④杜成宪:《早期儒家学习范畴研究》,文津出版社,1994。

　　⑤韩钟文:《先秦儒家教育哲学思想研究》,齐鲁书社,2003。

　　⑥杨大膺:《荀子学说研究》,中华书局,1936。

　　⑦魏元圭:《荀子哲学思想研究》,东海大学,1983。

　　⑧郭齐家:《中国教育思想史》,教育科学出版社,1987。

史》①与台湾 1987 年出版的任时先《中国教育思想史》②,专注先秦但讨论对象太泛的则有 1991 年杨荣春《先秦教育思想史》③、1994 年周翰光《先秦教学与诸子哲学》④,以及台湾出版的 1970 年王云五《先秦教学思想》⑤、1973 年余书麟《先秦教育思想》⑥、1985 年宋锡正《先秦教育思想与实施》⑦和 1995 年伍振鹫的《中国教育思想史(先秦卷)》⑧。以上 11 部著作,其中 6 部于台湾出版。这些著作对荀子教育哲学相关部分论述皆浅尝辄止,所以内容相对较片面、笼统、零碎,并且对荀子"心"和"性恶"的认识多与笔者观点有出入。

二、学位论文

博士论文除已成专书出版之外,对荀子教育思想者有研究论述者:台湾东海大学哲学系王庆光的《〈荀子〉礼乐教化论研究》(2009)⑨、台湾清

---

①施克灿:《中国教育思想史》,高等教育出版社,2008。

②任时先:《中国教育思想史》,台湾商务印书馆,1987。

③杨荣春:《先秦教育思想史》,广东教育出版社,1991。

④周翰光:《先秦教学与诸子哲学》,上海古籍出版社,1994。

⑤王云五:《先秦教学思想》,台湾商务印书馆,1970。

⑥余书麟:《先秦教育思想》,中国文化大学出版部,1973。

⑦宋锡正:《先秦教育思想与实施》,三民书局,1985。

⑧伍振鹫:《中国教育思想史(先秦卷)》,师大书苑,1995。

⑨王庆光:《〈荀子〉礼乐教化论研究》,博士学位论文,台湾东海大学哲学系,2009。

华大学陈景黼的《从假物到自得——〈荀子〉由礼见理的学习向度》
(2013)①、台湾逢甲大学李欣霖的《荀子生命教育思想研究》(2015)②、山
东大学姜希玉的《荀子德育思想及其当代价值研究》(2016)③,以上 4 部
由于对荀子"心"与"性恶"的认识和笔者观点有所差异,导致析论处与笔
者产生不少分歧;而锁定时代较短但讨论对象太泛的则有南京师范大学
郑和的《追寻生命的教学观——先秦儒家教学思想中的生命意蕴》
(2008)④、首都师范大学张秀英的《先秦时期的教育与〈诗〉教》
(2008)⑤、陕西师范大学贺卫东的《先秦儒家〈诗〉教美育思想研究》
(2013)⑥、南开大学邢丽芳的《儒家教化及其有效性研究——先秦至西汉
时期》(2014)⑦、山东师范大学韩云忠的《先秦儒家礼乐文化的德育价值

①陈景黼:《从假物到自得——〈荀子〉由礼见理的学习向度》,博士学位论文,台湾清华大学中国文学系,2013。

②李欣霖:《荀子生命教育思想研究》,博士学位论文,台湾逢甲大学中国文学系,2015。

③姜希玉:《荀子德育思想及其当代价值研究》,博士学位论文,山东大学思想政治教育,2016。

④郑和:《追寻生命的教学观——先秦儒家教学思想中的生命意蕴》,博士学位论文,南京师范大学课程与教学论,2008。

⑤张秀英:《先秦时期的教育与〈诗〉教》,博士学位论文,首都师范大学中国古代文学,2008。

⑥贺卫东:《先秦儒家〈诗〉教美育思想研究》,博士学位论文,陕西师范大学中国语言文学文艺学,2013。

⑦邢丽芳:《儒家教化及其有效性研究——先秦至西汉时期》,博士学位论文,南开大学马克思主义理论思想政治教育,2014。

研究》(2015)①等5部;至于专研教育但时代范围太宽且论及对象太多的还有湖南师范大学贺韧的《儒家传统道德教育思想探析》(2006)②与东北师范大学于光的《德育主体论》(2009)③。以上共11篇博士论文,多有值得笔者借鉴处,尤其前4部专论荀子思想者,确实激发笔者深入去思索一些问题。

硕士论文对荀子教育思想的相关研究比博士论文多10倍以上,且部分是以笔者经过筛选仅于此列出专论荀子教育思想且笔者建议值得参阅者24部:其中台湾政治大学教育研究所董承文的《荀子教育思想研究》(1965)④很早现世,当时硕士比现在博士罕见许多,是以非常值得深入阅读,虽说其与笔者之观点有不小差异,但许多论述皆引起笔者思索,建议教育或荀子研究者应细读之。

另外还有4部台湾地区早期硕士的作品,其内容亦有可观处:台湾辅仁大学哲学研究所张美瑜的《荀子的教育思想研究》(1980)⑤、台湾政治

---

①韩云忠:《先秦儒家礼乐文化的德育价值研究》,博士学位论文,山东师范大学思想政治教育,2015。

②贺韧:《儒家传统道德教育思想探析》,博士学位论文,湖南师范大学伦理学,2006。

③于光:《德育主体论》,博士学位论文,东北师范大学马克思主义理论与思想政治教育,2009。

④董承文:《荀子教育思想研究〉,硕士学位论文,台湾政治大学教育研究所,1965。

⑤张美瑜:《荀子的教育思想研究》,硕士学位论文,台湾辅仁大学哲学研究所,1980。

大学教育研究所李文演的《荀子的道德教育思想研究》(1990)①、台湾师范大学公民训育研究所赖双凰的《荀子性恶论及其对道德教育的启示》(1995)②、台湾师范大学教育学系研究所黄文彦的《荀子礼法观对法律教育的启示》(1997)③,不过由于此4部著作之作者皆为教育背景出身者,因此于思想上的局限很大,尤其对荀子"心"的认识皆受限于前辈学者的说法,殊为可惜。

　　此外于2000年之后的作品则有:陕西师范大学基础心理学李雅琴的《荀子的人性论与人格教育心理思想探析》(2002)④、台湾辅仁大学哲学研究所吴宗爕的《荀子的知识论研究》(2003)⑤、台湾南华大学哲学研究所张鸿祺的《荀子教育哲学研究》(2004)⑥、台湾大学哲学研究所陈湘蕾的《〈荀子〉知识论研究》(2005)⑦、南昌大学伦理学程赛杰的《论荀子的

①李文演:《荀子的道德教育思想研究》,硕士学位论文,台湾政治大学教育研究所,1990。

②赖双凰:《荀子性恶论及其对道德教育的启示》,硕士学位论文,台湾师范大学公民训育研究所,1995。

③黄文彦:《荀子礼法观对法律教育的启示》,硕士学位论文,台湾师范大学教育学系研究所,1997。

④李雅琴:《荀子的人性论与人格教育心理思想探析》,硕士学位论文,陕西师范大学基础心理学,2002。

⑤吴宗爕:《荀子的知识论研究〉,硕士学位论文,台湾辅仁大学哲学研究所,2003。

⑥张鸿祺:《荀子教育哲学研究〉,硕士学位论文,台湾南华大学哲学研究所,2004。

⑦陈湘蕾:《〈荀子〉知识论研究》,硕士学位论文,台湾大学哲学研究所,2005。

教化思想》(2005)①、山东师范大学中国教育史阎乃胜的《荀子道德教育思想的时代特征——兼论社会大变革对道德教育思想的影响》(2007)②、台湾政治大学中国文学研究所梁右典的《荀子论"学"研究》(2008)③、苏州大学中国哲学张立的《试论荀子"学"的思想》(2008)④、云南大学伦理学李颖的《荀子"化性起伪"道德教化思想探析》(2008)⑤、苏州大学教育赵宏利的《荀子教育思想探析》(2009)⑥、江西师范大学伦理学吴菲的《荀子德育思想研究》(2011)⑦、黑龙江大学中国哲学张墨涵的《荀子教育哲学的理论建构及其现实诉求》(2011)⑧、台湾辅仁大学哲学研究所黄娇娥的《荀子积伪重学的教育思想》(2012)⑨、西北师范大学文艺学张丽

---

①程赛杰:《论荀子的教化思想》,硕士学位论文,南昌大学伦理学,2005。

②阎乃胜:《荀子道德教育思想的时代特征——兼论社会大变革对道德教育思想的影响》,硕士学位论文,山东师范大学中国教育史,2007。

③梁右典:《荀子论"学"研究》,硕士学位论文,台湾政治大学中国文学研究所,2008。

④张立:《试论荀子"学"的思想》,硕士学位论文,苏州大学中国哲学,2008。

⑤李颖:《荀子"化性起伪"道德教化思想探析》,硕士学位论文,云南大学伦理学,2008。

⑥赵宏利:《荀子教育思想探析》,硕士学位论文,苏州大学教育,2009。

⑦吴菲:《荀子德育思想研究》,硕士学位论文,江西师范大学伦理学,2011。

⑧张墨涵:《荀子教育哲学的理论建构及其现实诉求》,硕士学位论文,黑龙江大学中国哲学,2011。

⑨黄娇娥:《荀子积伪重学的教育思想》,硕士学位论文,台湾辅仁大学哲学研究所,2012。

华的《荀子的美育思想及时代意义》(2012)①、台湾东海大学哲学系焦筱懿的《荀子礼治教化之研究》(2013)②、台湾辅仁大学哲学系陈玉燕的《荀子"学"思想之探究》(2014)③、郑州大学中国史代文文的《荀子师道观研究》(2015)④、华侨大学哲学与社会发展学院中国哲学徐雪琪的《荀子教化思想研究》(2015)⑤、台湾高雄师范大学经学研究所严志华的《荀子"重学尚礼"教育观之研究》(2016)⑥。以上 19 部著作，由于是在大学扩招后的著作，并且于思想上颇受限于前辈学者之见解而难以挣脱，虽多少有其亮点但创见有限，是以笔者列于此，以供往后研究者思路上之刺激与参考。

综合上述著作与其他荀子教育思想相关硕论，笔者共搜集到 108 本。其中仅有 43 本作者是中哲或中国文史学术背景，约占 2/5 的比例，此与期刊论文写作者之学术背景比例大致相仿，这是个值得探讨的现象。此外特别强调，上述共 119 篇博硕士论文中，出自中国台湾学校者共 40 本，约占总数 1/3，产量以人口比例上来看相当多，可知中国台湾关心本类论

<hr>

①张丽华：《荀子的美育思想及时代意义》，硕士学位论文，西北师范大学文艺学，2012。

②焦筱懿：《荀子礼治教化之研究》，硕士学位论文，台湾东海大学哲学系，2013。

③陈玉燕：《荀子"学"思想之探究》，硕士学位论文，台湾辅仁大学哲学系，2014。

④代文文：《荀子师道观研究》，硕士学位论文，郑州大学中国史，2015。

⑤徐雪琪：《荀子教化思想研究》，硕士学位论文，华侨大学哲学与社会发展学院中国哲学，2015。

⑥严志华：《荀子"重学尚礼"教育观之研究》，硕士学位论文，台湾高雄师范大学经学研究所，2016。

题之学者较多,且不少乃年份较早,于此领域之研究贡献不小。

三、期刊与其他类型单篇论文

笔者在各个学术期刊网检索 2016 年底前发表的荀子教育思想研究的相关学术文章,共 276 篇。这些作品中给予笔者有较深的印象者有:1963 年周毅成的《试论荀子的教育思想》①,这篇论文年代比所有硕博士论文以及绝大部分专书早,是最早出刊的一篇讨论荀子教育的期刊论文,共 19 页,颇有值得笔者借鉴处,然其论述中有些观点太具时代特色,稍显遗憾。而 1974 年当中有 5 篇写荀子教育者,他们皆将荀子列为法家,讲法也相当具时代特色;但到 1975 年共出刊的 2 篇论文中,又一致地改将荀子列为儒家,然后借其言论来批判时人与孔、孟,并于结论处将荀子亦纳入批判对象。其后 7 年间无讨论荀子教育者,直至 1982 年底郭志坤的《荀子宣传教育思想简论》②,始以 10 页的篇幅重新开始讨论荀子之教育相关论题,此篇论述中肯,颇多值得笔者参考处。

其后,相关单篇论文 1983 年有 3 篇、1984 年有 1 篇、1985 年有 3 篇、1986 年有 4 篇、1987 年有 3 篇、1988 年有 1 篇、1989 年有 2 篇、1990 年有 2 篇、1991 年有 2 篇、1992 年有 2 篇、1993 年有 2 篇、1994 年有 1 篇、1995 年有 4 篇、1996 年有 4 篇、1997 年有 3 篇、1998 年有 1 篇、1999 年有 2 篇、

①周毅成:《试论荀子的教育思想》,《西北师范大学学报(社会科学版)》1963 年第 3 期。

②郭志坤:《荀子宣传教育思想简论》,《武汉师范学院学报(哲学社会科学版)》1982 年第 6 期。

2000 年有 4 篇、2001 年有 3 篇、2002 年有 4 篇、2003 年有 7 篇、2004 年有 4 篇、2005 年有 6 篇、2006 年有 8 篇、2007 年有 9 篇、2008 年有 25 篇、2009 年有 24 篇、2010 年有 23 篇、2011 年有 14 篇、2012 年有 25 篇、2013 年有 17 篇、2014 年有 24 篇、2015 年有 19 篇、2016 年有 11 篇。

从上述数据可明显发现，本书所论述的相关之期刊论文自 1982 年后年年皆有，且基本呈逐步成长趋势（部分期刊论文于笔者收录时或未录入资料库），可见此类论题于国内受重视之情形。而这些汉语学术界研究成果文献中有少数为他国出身之作者：日本 6 篇、马来西亚 1 篇，共 7 篇。

基于"三人行必有我师"之心态，致使笔者阅读材料时常勉力求全，且荀子相关论著如过江之鲫令人眼乱心迷，不得不耗费大量时间、精力于阅读上，以致写作时间过于仓促，疏漏与不完美处必然众多，尚祈见谅，并多予批评、指教。

第三节　论题解析

对于荀子其人及其书之背景与特色，笔者将于第二章中详细论述，是以本节仅就论题中之"教育"一词予以解析，并将儒家教育思想做一简略概述，以此对正文论述之开展做一基本铺垫。

一、教育

"借文字的纪录不断传承，以思考进步改善"的教育活动，是人类所特有的自主能动性活动，它对文化传承与人类进化起着重要作用。通过群体与个体自身的选择、传递、锻炼与实践的过程，它在人群的教化与培

29

育、创新上始终扮演着重要的角色。其次，教育还透过"传道、授业、解惑"与"以身作则"等教化方式，把文化信息传承给受教者，使人类世代的优良文化与知识技能、科学技术等得以承续、发展。

然而当今中国之现行教育体制，其考核的内容与标准偏重理工、背诵记忆、外语、数字（语、数、外）等知识技能的养成与灌输，相对不太重视健全人格塑成（德、体、美、劳）之评价机制，欠缺道德、素质方面的审核标准与方式。这导致在学校教育中教与学方面的偏重，使得学生与家长在实际教育过程中，对知识技能与道德素质两者产生先后、轻重、缓急的差别对待。

在欧洲中世纪时期因城邦兴起，政府的力量与地位骤降，这使得与人类教育行为息息相关的书籍流向宗教机构。当时许多书籍由于语言种类与文字因时代流变造成拼写杂乱，所以需要翻译、传抄，在这过程中牧师们自然阅读到感兴趣的书籍，知识的积累渐丰，久而久之，教会便据此顺势掌握教育之主导权，是以现代教育体系基本上可说是产生于西方教会。

当初教会的教育是为培养教士与牧师，并同时教导其传教或理解《圣经》经义时可资利用的知识"七艺"，即"三科"：修辞、文法、辩证法，加上"四学"：算术、几何、天文、音乐。文艺复兴后，教育体系出现专门为培训法律或政府所需人才的学校。启蒙运动后，更出现许多完全摆脱教会的学校，学校逐渐成为专门培养政府或市场所需人才之机构。所以现代教育体系从主要传授的内容来看，偏重智力，以传授知识技能为主，其实是不难理解的。而原本由神学担负传授之道德、精神方面的内容，在神学教育缺位后，欧美虽欲以公民教育取代其功能，但不是相当成功，以至于目前许多国家的义务教育回头开设神学的教育课程，以解决由于教学内容过于偏狭所造成日渐严重的社会问题。

反观古代中国德政合一的教育模式，在道德心性与精神境界教育上一直极为重视。无论是教育的内容与评价的方式，皆有利于个人道德素质之培养与激励。古人无论官员、商人、医师或妇人，众人看待他人是否值得受尊重，皆免不了会依据一个人有没有德行来看。一个人如果德行高不仅可以免试进入官学，甚至可直接授官，因此成为社会上具有影响力的人物，成为众人尊崇与学习的对象。反之，一个人如果被判定没有道德，无论他再有才华、再有钱、身份地位再高，皆会是众人鄙视或瞧不起的对象。所以古代官员退休回乡，如果车马随从众多，反而让人瞧不起甚至唾骂。轻车、人寡、衣衫破旧者，反而会成为人人称颂并礼敬的对象。

从上述的内容中我们明显地可以发现，现代教育体系与我国古代教育体系两者间，其实有相当强的互补性。因此近年来开始重视中华优良传统文化，让传统回归校园，这是极为明智的决定，并将对未来中华民族的复兴起到关键性的良好效用。

教育，是一件对任何民族与国家皆极为重要且影响广泛、深远的行为。然各国教育的模式与内容之差异性，对"当下"影响通常有限，常必须经过多年后方能得知其真实效果，迟滞性强。所以针对教育所思索出之思想体系，无论是理论或实践层面，不可避免地皆会具有"长期性、规划性、理想性、不确定性"等特质。并且许多相关理论必须经过足够长的时间与足够多的人数于实践检验后，方能得知其最终影响。然当前不少教育相关理论大多未经长时间与足够多实验验证，是以暂且只能算是纯理论层次的存在，若是贸然据之落实施行将承担大风险，影响一代学子的未来。

而我国儒家不仅是先秦诸子百家中最重视教育的哲学派系,且其两千多年来长期被尊崇与广泛实践,是以具有为数庞大之实践经验与历史文献,相对容易论证其教育思想之有效性与影响性。并且儒家经典存在的目的,基本是用于完善其教育体系,为辅助教育的一环,例如《易》是讲天与人、人与人、人与己之关系,《诗》是讲人情感与心志,《书》是讲历史与治国之道的扩而充之道理,《礼》是讲组织制度或行为规范与意义,《乐》是讲艺术与娱乐对人情灵性的陶冶、调和作用与影响,《春秋》则是举例讲解价值判断标准同时补充上述各经。古人期望借此"具可诠释性"之去芜存菁的经典,让受教育者能养成完整的人格塑成。相信这些经过长期历史与众人验证之教育理念,必将对当下教育产生正面积极之助益,这也是笔者之所以决意写作本书的初心。

二、儒家教育思想简述

在对荀子的教育思想进行深入分析前,笔者不得不先于此阐述其所传承之儒家基本面貌与特质,借此建立起本书论述之基本框架,以求能凸显全书整体之系统性与层次性,达到正本清源之效。

司马谈《论六家要旨》说:"夫儒者以'六艺'为法。……若夫列君臣父子之礼,序夫妇长幼之别,虽百家弗能易也。"是从教育内容、对象、目的、方法来说明儒家此一流派的特质。既有家庭性,也有职业性之阶级化双向互动礼义教育。

班固在《汉书·艺文志》说:"儒家者流,盖出于司徒之官,助人君、顺阴阳、明教化者也。游文于六经之中,留意于仁义之际,祖述尧舜,宪章文武,宗师仲尼,以重其言,于道最为高。"助人君,突显出其官员的身份;顺阴阳,言其对礼仪礼义之掌握与擅长;明教化,指出其乃主管民间思政教育的工作。他们熟习六经教材,专心从仁义之角度解释经典,师承尧舜、周文武两王与孔子,借重他们的言论来证明门派理论的正确性与可行性,其在阐述人道方面的成就是诸子中最高的。

《儒效》曰:"儒者,法先王,隆礼义,谨乎臣子而致贵其上者也。"荀子认为,儒家在当时所提倡的观点主要是效法"经历史实践证明其可行、可信、功用强大"的先王,崇高圣王、先王他们所揭示的礼义精神,并谨守为人臣子本分,努力使其上级懂得如何自贵自尊之法的人。

由上述可知,儒者基本是带有政治属性的人,此亦可从《荀子》中多次提到"得势"相关内容即可确知[1],其学派自然不可也不应排斥或背离"君君,臣臣,父父,子子"(《论语·颜渊》)、"政者,正也"(《论语·颜渊》)、"必也正名乎"(《论语·子路》)、"慎终追远,民德归厚矣"(《论语·学而》)、"己欲立而立人,己欲达而达人"(《论语·雍也》)、"己所不欲,勿施于人"(《论语·卫灵公》)等这些理念的责任感与使命感。所以

---

①《荣辱》曰:"君子非得势以临之,则无由得开内焉。"《非十二子》曰:"是圣人之不得势者也,仲尼子弓是也。……则圣人之得势者,舜禹是也。"《王霸》曰:"聪明君子者,善服人者也。人服而势从之,人不服而势去之,故王者已于服人矣。"《解蔽》曰:"由势谓之道,尽便矣。"《正名》曰:"故明君临之以势,道之以道,申之以命,章之以论,禁之以刑。故民之化道也如神……君子无势以临之,无刑以禁之,故辨说也。"《性恶》曰:"故为之立君上之势以临之,明礼义以化之,起法正以治之,重刑罚以禁之,使天下皆出于治,合于善也。"《成相》曰:"人而有势,直而用抴,必参天。"从以上七则引文我们可看出,得势对君子能否行道的重要性。

修身养性不仅是为己,更多的是希望能借此齐家、治国、平天下①。

事实上,中国自周朝已有强调德政合一理念的文献,儒家学说在笔者看来可说即基于此所产生之哲学流派;而欧洲思想界在发展的过程中,后来逐渐普遍走上将政治与伦理分开来的途径,德、政两者分离,并强调个人能力在政治统御上的重要性;这与儒家德先才后,强调政治人物(统治阶层)道德修养的观念迥异。此种差异对后来东西方制度、思想、价值观、教育模式等影响广泛且深远。笔者在比照东西差异时,深感"德政合一"与"德政分离"两者所衍生的诸多各自制度与价值观极具代表性,可便利吾人顺藤摸瓜地摸清楚中西文化差异性之根源,是以刻意为此插进本小节,特以彰显儒家思想及制度本身之独特性。

至于笔者前文为何提到儒家是最重教育的流派呢?除《论语》《荀子》这两部儒家重要典籍开篇皆谈"学"之外,《孟子》一书开头也是在教导梁惠王为王之道。最重要的是《周礼·地官司徒第二·大司徒》言:"而施十有二教焉:一旦以祀礼教敬,则民不苟。二曰以阳礼教让,则民不争。三日以阴礼教亲,则民不怨。四曰,以乐礼教和,和民不乖。五曰以仪辨等,则民不越。六曰以俗教安,则民不愉。七曰以刑教中,则民不虣。八曰以誓教恤,则民不怠。九曰以度教节,则民知足。十曰以世事教能,则民不失职。十有一曰以贤制爵,则民慎德。十有二曰,以庸制禄,则民兴功。"由此可知,在司徒的工作当中"教育"占相当重要的一环。假设

---

① 所谓格物、致知、诚意、正心、修身、齐家、治国、平天下,其中格物乃为知整体之"长虑顾后",知何谓人,知人在整体中的定位;诚意之意,可谓心之音也,是要我们直面自己的本心本性;所谓正心与荀子所言"解蔽"有许多可互通处。

儒家真起源于司徒之官,那我们可肯定地说:儒家不仅具有政治属性,更同时具备"教化抚育"属性。另外《礼记·学记》说:"建国君民,教学为先。"孟德斯鸠说:中国"是以,为治之经,莫重于教育,有王者起,必奋其所有之权力以为之。"①可见"注重教育"这名声与特质中外皆知,并非笔者凭空揣测之言。

另外,对儒家而言,最终的"成圣"理想,其目的在荀子看来也相当独特,《儒效》曰:"其为人上也,广大矣!志意定乎内,礼节修乎朝,法则度量正乎官,忠信爱利形乎下。……故近者歌讴而乐之,远者竭蹶而趋之,四海之内若一家,通达之属莫不从服。夫是之谓人师。"在荀子笔下,成为人上人之圣王对儒者而言,意义不过是为成"人道之师"罢了。想来这也对后世许多儒者一心想成"君王师",认为那是人生最高理想之观念有所启发。

在笔者看来,儒家教育思想即教人学会怎么自爱以及爱人的一门学问。凡事从整体全面来衡量,富有同情心与同理心,所提倡之理念必先由己身做起。他们用尽各种方法,激励大家努力让自己成为自己所喜欢的人,以达到人我互惠双赢的结果。当然,任何事情只要"过度"皆不会是好事,所以强调礼乐教化的儒家,又十分重视权变、时变,所以《孟子·万章下》才会盛赞孔子是"圣之时者也"。

---

① [法]孟德斯鸠:《法意》,严复译,商务印书馆,1981,第415页。

第二章 荀子教育思想背景概说

基于中立客观原则,吾人于写作前如能先了解被研究者与其写作之背景、心态、目的、人格特质等,在此基础上所得到之解读,通常较能贴近作者的原意。当然,笔者与荀子毕竟相隔数千年,一定有许多不一样的人生观、世界观、价值观、思维方式和信仰风俗。但研究者不能因此放弃调整自己的频道,应要更努力地去接近研究对象,如此才能与之起共鸣,进而能体会对方的写作原意与心态,客观中立的对其思想给予适当之阐述与评价,这就是本书之所以于本章大篇幅来理解荀子的原因。另外,研究教育思想不可避免要讨论到教育目标、教育对象、施教者与施教模式的关系与特质等,本章亦能借由对荀子所身处之时代与荀子个人及《荀子》一书的同情认识,来初步厘清上述论题。

第一节 荀子所处的时代背景

战国末年东方六国诸侯们在生死存亡关头,身处火烧眉睫状态,心中感到万分迫切,难以有闲情逸致聆听见效慢而易被束之高阁之学说,此时之环境氛围正适合推行激进的法家与长袖善舞的纵横家之学说。当时贵族统治阶层中心理素质较脆弱者,在想尽办法而感到无法力挽狂澜后,寄希望于鬼神等虚无缥缈的力量,这也让邹衍的学说与墨家的"天志明鬼"思想大行其道;并且有些上位者在失去希望而放弃努力后,选择自暴自弃,过着今朝有酒今朝醉之鱼肉百姓的放纵生活。

一、当时教育面临的状况

当时国家失序、社会纷乱动荡,《孟子·滕文公下》曰:"臣弑其君者有之,子弑其父者有之",于孟子时已上下秩序混乱,亲人间不顾亲情道德而一心争权夺利,相互杀伐,无所不用其极,行为毫无底线。司马迁《史记·六国年表》曰:"陪臣执政,大夫世禄……海内争于战功矣。……务在强兵并敌,谋诈用而从衡短长之说起。矫称蜂出,誓盟不信,虽置质剖符犹不能约束也"[①]。其所描述乃见上下秩序进一步混乱,局面几乎失控,犹如原本仅狮虎间在争斗抢夺,但这时已经狼狈、鬣狗、秃鹫等皆群起撕咬啃食那权力与利益;且他们相互在武力上竞争强弱,难免对人民会造成剥削与迫害;崇奉诈谋巧辩之士的言论,不讲信用而全听诈谋,使人与人之间失去信任感;并假造吉兆意图安抚民怨、迷惑他人,自我催眠。

事实上,除了上诉描述外,荀子文本中亦记载许多当时其所观察到的现实状况,借由这些内容我们可更加深入、具体地了解当时情形。

(一) 整体言之者

《富国》曰:"古有万国,今有十数焉",由此可知当时兼并的惨烈,不

---

① [日]泷川资言考证:《史记会注考证》,上海古籍出版社,2016,第1053—1054页。

知多少善良无辜的人们在这过程中流离失所、战死饿死。如此持续了数百年。这时候成效缓慢之擅于长治久安治术的儒家教育之道,基本被束之高阁,《非十二子》曰:"假今之世,饰邪说,文奸言,以枭乱天下,矞宇嵬琐使天下混然不知是非治乱之所存者"而可短期快速见效却有无穷后患之偏邪奸言,如同渴死前的鸩酒般迷人并被尊崇;那些主张邪见歪道者之甜言蜜语,惑人心神使得远古流传之可靠行事规律被混淆不显。

当时许多思想家们不辨是非善恶的学说,造成教育之内容名实产生不符而误导大家的情形。《尧问》曰:"为恶得福,善者有殃。今为说者,又不察其实,乃信其名。"他们的说法能够颠倒黑白、混淆是非,将为恶说成能结出福果,将行善说成会得到灾殃。

当然,名实混乱之情形必然会使得受教育者(吏与民)与从事教育的儒,随着名实与标准的混乱而难免出现手足无措情形,《正名》曰:"今圣王没,名守慢,奇辞起,名实乱,是非之形不明,则虽守法之吏,诵数之儒,亦皆乱也。"毕竟无法让人信服的教育及刑罚自然容易产生逆反心态,进而造成各式混乱的状况。

由于观念的混乱,必然也会造成取士标准的混乱,人们没了礼义道德的约束,容易偏私或广开偏门、后门,使那懂得钻营而不遵循远古流传之可靠行事规律的人容易出头,造成劣币驱逐良币的结果。《非十二子》曰:"今之所谓仕士者,污漫者也,贼乱者也,恣睢者也,贪利者也,触抵者也,无礼义而唯权势之嗜者也。……今之所谓处士者,无能而云能者也,无知而云知者也,利心无足,而佯无欲者也,行伪险秽,而强高言谨悫者也,以不俗为俗,离纵而跂訾者也。"所选取出来的难免良莠不齐,并且那些人会口口声声、理直气壮地说他们有多么慧眼识英雄、不拘一格拔擢人才、多么清高，但实则私底下充满利益交换的污秽行为，成为影响恶劣之负面教育榜样。

(二)特有所指而急需被教育者

荀子称当时为"乱今"，《正论》曰："乱今厚葬"。在当时原本丧葬是有明确规范的，并且其原则是："礼，与其奢也，宁俭；丧，与其易也，宁戚。"(《论语·八佾》)基于礼的分层特性，大多人皆被要求只能薄葬而不能过于文饰，这其实能够使大多数人不会因为丧礼而造成沉重负担。然当时却有许多人竞相攀比，以致造成不守礼法而强行厚葬之风气。① 这是荀子认为需要施以教育使之改正而回归正道之处。

由于礼义教化产生功效的速度缓慢，且需要不少人力、物力持续不断的宣导、施教。是以当时许多国家没办法也没耐心慢慢等礼教生效，而选择采取更直接、省时省力、效率快的刑罚来替代礼教。《大略》曰："先王以礼义表天下之乱；今废礼者，是弃表也，故民迷惑而陷祸患，此刑罚之所以繁也。"殊不知如此会使得人民陷入迷惘困惑而容易犯罪的恶性循环中，导致刑罚纷乱、繁重的结果。这是荀子之所以发出这种感叹，以劝诫

---

① 《大略》曰："聘礼志曰：'币厚则伤德，财侈则殄礼。'礼云礼云，玉帛云乎哉！诗曰：'物其指矣，唯其偕矣。'不时宜，不敬文，不欢欣，虽指，非礼也。"礼义是要符合身份、时宜、财力，需要人发自内心敬意的文饰，并且要能表情达意地让人行完礼后情绪得以释放。如果相互攀比造成币厚、厚葬等问题，反而让许多人会将注意力集中到此处，而扭曲、模糊礼之原意了；且这样尤其容易造成人们的负担，形成许多恶性后果，例如一家人因丧事或婚礼的排场而落入债务累累的困境，这不但会干扰了行礼时应有的情绪，且会产生不必要的负面情绪与沉重负担，逼得人们越来越不愿意尊礼、行礼。

君人者的原因。礼教,是由内而外改变人的方式;而刑罚,则是由外强迫人遵守方式。其实两者都是教育的方式,只不过大多数人不喜欢被强迫,是以强迫人的刑罚会容易造成扰民现象,而民不安即无法好好生产、繁衍,这对个人与国家长远而言都是极大的伤害。

由于婚姻与审美观对人们各方面的影响巨大且深远,所以荀子将择偶与审美观念的乱象特别提出,《非相》曰:"今世俗之乱君,乡曲之儇子,莫不美丽姚冶,奇衣妇饰,血气态度拟于女子;妇人莫不愿得以为夫,处女莫不愿得以为士,弃其亲家而欲奔之者,比肩并起;"那些不守礼法的"美"男子们,一个比一个爱美而注意保养外貌,且穿着奇特的服装,佩戴妇女的饰品,行为举止表现的犹如女子般毫无男子气概;然而妇女们却争相吹捧,希望能跟他们结婚成为伴侣,甚至抛弃已约定的亲事,这类事情并非罕见而是十分众多。荀子站在教育者立场提出批判,以期能改正此歪风。

礼教,是需要相对较平稳的环境才易施行的一种教育行为,虽说不能立刻见效,但长远而言必然能成为国家稳定的保证。《宥坐》曰:"今之世则不然:乱其教,繁其刑,其民迷惑而堕焉,则从而制之,是以刑弥繁,而邪不胜。"在当时礼教行为大受干扰,甚至可能直接被减省掉,而将教育改为更加"实用"之内容,例如偏向战争、刑罚之类,所以这里的"乱"可包含施行的情形与内容两方面。虽说刑罚也算是种教育,但礼之所以与法并存,乃因为礼的施行通常与情感(心甘情愿、心服口服、心底认同、自觉自律)相关,如采取强迫模式反而容易适得其反,造成逆反心态。并且将礼纳入刑罚范围极易产生扰民结果,因为道德行为有相当大的模糊性与争议空间,如强迫执行将不容易拿捏分寸,且相当难保证不会有执法人员借机生事,这些皆可能导致人们心理上的迷惘困惑,甚至产生自暴自弃之不法行为,所以这类刑法越繁即越容易助长邪气、怨气的发生与蔓延,执政者不可不察。

(三)教育的主要对象:士阶层

童书业认为:"及谷禄制度兴,臣下无土地人民以为抗上之资,任之即官,去之即民,在上位者任免臣下无复困难,乃有统一局面出现之可能。故谷禄制度之兴,实春秋战国间政治、经济制度上之一大变迁。"①其认为正是由于士人摆脱了土地的束缚,而能自由自在周游于各国之间,才促成统一的结果。笔者基本认同这观点,但认为谷禄制实乃必然之演变。因为即使不分封异姓官员世禄之地,王族代代繁衍下也必然形成后来子孙无地可封的结果,是以谷禄制实为不得不兴者。而在此笔者欲强调的是,正因为谷禄制度的普及,才使得"士"之独特性在战国时期被彰显。

士阶层之地位获得,与其勤奋学习、掌握知识有相当大关联性。当时人才间之流动乃司空见惯之平常事,如同当下的学生般,透过读书掌握某种知识、技能或理性思考等能力,从而获得突破身份阶级与自由寻求个人志业的能力及机会。并且他们应具有选择待在国内或出国的权利,王充《论衡·效力》曰:"六国之时,贤才之臣,入楚楚重,出齐齐轻,为赵赵完,畔魏魏伤。"他们可在诸国间游移,道不行则去,当时儒家思想中也没有忠臣不事二主之观念。并且孟荀皆认为如果天子、君王悖德而致天下乱,其被推翻也是理所当然的。诸子百家思想得以不受地域拘束,各门派之学者皆可不拘一地之偏狭,有机会与不同文化习俗的人事物接触、交流、

---

① 童书业著,童教英校订:《春秋左传研究》(校订本),中华书局,2006,第332页。

碰撞思想,增广见闻的同时亦能激发灵感与完善各自思想体系。

许悼云说:"按《左传》所载春秋时代的 516 个人物中,出身寒微者为 135 人,占 26%;而在战国时期的 197 个人物中,出身寒微者为 108 人,占 55%,两倍于春秋时期。"①如庄子、墨子、孟子、李斯等皆非出身于世家贵族。当时儒家的"有教无类""因材施教"教育观念,推波助澜地打破知识垄断,促使民智大开及寒门平民兴起。阶级间壁垒越到战国末期越发动摇,这又进一步提升人们学习以求改变命运的意愿,形成良性循环,这种情况下教育的功能与意义自然更容易受到重视。也因此当时大多思想家的学生来自各国,这也进一步造成天下士人国家意识不强,所思所想常非仅为一国一家一姓,视野能相对开阔的为天下之长治久安而构思良药明方。

并且当时士人自尊心极强,常一言不合即远走他国。梁启超《论中国学术思想变迁之大势》说:"周既不纲,权力四散,游士学者,各称道其所自得以横行于天下,不容于一国,则去而之他而已。……荀卿所谓无立锥之地,而王公不能与之争名,在一大夫之位,则一君不能独畜,一国不能独容。"②《战国策·齐策四》曰:"齐宣王见颜斶,曰:'斶前!'斶亦曰:'王前!'宣王不悦。……忿然作色曰:'王者贵乎?士贵乎?'对曰:'士贵耳,王者不贵。'"由此可知当时的士阶层姿态高,许多并非卑躬屈膝的人。在这样自尊自重且大受他人吹捧、景仰的氛围下,有才能者到处受礼遇而

---

①许悼云:《中国古代社会史论——春秋战国时期的社会流动》,广西师范大学出版社,2006,第 44 页。

②梁启超:《论中国学术思想变迁之大势》,上海古籍出版社,2001,第 20 页。

不愁吃住,一定程度从物质层面的束缚中解放开来,想必这亦使得其思想能更加不受限制,敢思敢想,加上思想家们碰面交流机会大增,容易碰撞出火花,是以当时能形成中国历史上难得一见的学术灿烂高峰,而教育事业与行为亦在此氛围下蓬勃发展、普及。

二、君人者之产生模式及其教育问题

人类文明演进过程中,首先因为人不知其父而产生以血缘关系为枢纽的母系族群;接着族群扩大,产生以武力(猎食与争夺能力)强大与否来决定阶级分层的部落时期(这从部分少数族群与非洲部落可证明);再接着族群继续扩大,又产生以对族群长远发展有益的智慧与经验之能力来决定阶级分层的巫觋、长老制社会,而尧舜时代,以禅让将统治权传给拥有良好智慧、德性者,应是处于这个阶段,这也是区别人与动物不同的一个最重要阶段。

所以荀子把尧舜等先王依礼义逐渐订定、完善的“礼”作为人类与动物相区别的根本标志,《非相》中说:“故人之所以为人者,非特以其二足而无毛也,以其有辨也。……辨莫大于分,分莫大于礼,礼莫大于圣王。”辨与分,是辨别什么该做、什么不该做、怎么分才好、怎么分不好,此即“对族群长远发展有益的智慧与经验”。是以荀子又说:“水火有气而无生,草木有生而无知,禽兽有知而无义,人有气、有生、有知,亦且有义,故最为天下贵也。”(《王制》)“义者,宜也”(《中庸》)。而宜,从甲骨文可看出是分肉之意。是以我们可推知“礼”是人群在不断地试错、纠对过程中,逐渐累积而成者。(详见第四章第三节内容)当然,期间必然有智慧才能天赋特出者扮演整理、丰富、完善的角色,而那些人则会让人铭记而世代传颂。

（一）违背荀子教育理念之血缘继承制

荀子的教育理念认为，应该要让贤者与能者，借由教育及努力学习的积累过程，"德以叙位，能以授官"（《致士》）的叙位授官，如此政治上方能具备上行下效之教育功效。并且其认为天子应该是"人师"（《儒效》《王制》《议兵》《宥坐》），而为人师表看的应是一个人之德行、智慧，怎能凭血缘成为人师？然而尧舜禹时本来优良的禅让传统，"舜授禹以天下，尚得推贤不失序"（《成相》），传到大禹的后代却发展出以血缘关系传承阶级的模式。甚至到了战国更常以武力（军力）或财富（包含各类资源）来决定统治阶层的存亡、胜败，《议兵》曰："凡兼人者有三术：有以德兼人者，有以力兼人者，有以富兼人者。"后两种以外在条件作为阶级分层的方式，是荀子所不认同者。类似《尚书·蔡仲之命》曰："皇天无亲，惟德是辅。"这类观念的流传与普及本该能突破血缘继承的枷锁，然而由于教育观念与资源之堆砌和人之成材概率有正相关性，所以在资源、信息的不对称下，仍让血缘继承制有继续生存、维系的空间。

荀子希望能恢复到以"对族群长远发展有利的智慧与德性决定阶级"的"上者下之师"（《强国》）时代，所以向往尧舜时的先王之治，崇尚礼义；强调以阶级自由流通、双向互动等为原则的伦理关系，重视由己做起之向内寻求的身心修行；（详见第五章第一节内容）这些皆是基于能有利族群永续和谐发展。是以笔者认为所谓德行，其本质是有利于群体延续发展的言行举止。而为达至此目标，孔孟荀之儒家一脉，深思熟虑后找到的最佳方案是：与执政者合作，以政教、刑教、礼乐等教育方式，自小培育人们养成根深蒂固习惯，并形成团体氛围，以提高回归理想的可能性。

到荀子时期,基于理念的突破性与创新性,使荀子对于"禅让"这个词汇有相当大的意见。因为他基本认为天下是天下人之天下,而非一人一家一姓的天下,"故可以有夺人国,不可以有夺人天下;可以有窃国,不可以有窃天下也。……天下者,至大也,非圣人莫之能有也。"(《正论》)只有通达人情事理而受天下人认同者才具有此资格。所以"不能以义制利,不能以伪饰性,则兼以为民。"(《正论》)如果当天子违义失德时,即只能归为民而失去圣王之法理性,那时只能算是暂窃天子之位者,此种人我们如何能期望其没有私心而真能行禅让之事?

更何况荀子坚决反对血缘论,"乱世则不然:……故一人有罪,而三族皆夷,德虽如舜,不免刑均,是以族论罪也。先祖当贤,后子孙必显,行虽如桀纣,列从必尊,此以世举贤也。以族论罪,以世举贤,虽欲无乱,得乎哉?"(《君子》)此段明显乃反对他所处之时代以血缘因素株连三代及以血缘为凭之王位继承制度,认为那是"以世举贤"的荒谬做法。这天下当然不可能所有人皆是贤人,是以我们绝不可因血缘认为一个人是否罪恶或有贤德。荀子客观、中立、冷静地认为,判断一个人善恶应以当事人之言行举止所表现出道德为评判标准,与外在其他一切无涉。如果根据血缘举用人才,必然导致混乱衰微。此处说法隐含着天子之位的传承应以德性至上,不应以血缘为依据,所以《正论》说:"论德而定次,死则能任天下者必有之矣。"认为圣王死后,天下必然会有足以担当天下之重任者出现,所以不可以有擅自将天下让与谁的制度。反对禅让,这是荀子对于其学派之前人说法的一种颠覆性突破,相当值得大家重视。

(二)欠缺正确教育之君人者的常见特质

此处之所以特别将君人者之教育问题提出,乃是由于君人者是对人群影响最为广大而深远的人。而当时君人者产生的模式凭借的不是血缘就是武力、财力而非德行,是以难免造成许多乱象:"今之世而不然:厚刀布之敛,以夺之财;重田野之赋,以夺之食;苛关市之征,以难其事。不然而已矣,有掎挈伺诈,权谋倾覆,以相颠倒,以靡敝之。……是以臣或弑其君,下或杀其上,粥其城,倍其节,而不死其事者,无他故焉,人主自取之。"(《富国》)由于那些君王行事不依照德行,当然会私心强而易纵欲,不懂体恤民情(如懂那些则是拥有德行)。于是重税强征、横征暴敛、压榨百姓而不顾其死活等恶事劣迹,必然层出不穷。不只如此,那些不行仁德却能窃居高位的绝非只是群无能者,他们必然善于欺诈、权谋,然而那只能让人与人之间相疑而相害,却无法让人相爱而相亲,所以长远而言难免造成"靡敝"之结果。所以本节第一段所描述的状况自然会随之发生,并且人民也很难坚持为其守国而赴死,为什么?因为这不皆是那些人主自找的吗?

那些没有远见,只知短视近利、贪图享乐的人君,具有一种共通特质:"今君人者,急逐乐而缓治国,岂不过甚矣哉!……必将急逐乐而缓治国,故忧患不可胜校也,必至于身死国亡然后止也,岂不哀哉!"(《王霸》)他们这么做不仅会有层出不穷的各种忧患产生,并且这等于是自寻死路,但他们仍不自知、不醒悟,这不是很悲哀吗!

当时天下血缘继承与纯以偏私判刑或决定官爵位次的状况必然十分普遍,《君子》曰:"故刑当罪则威,不当罪则侮;爵当贤则贵,不当贤则贱。古者刑不过罪,爵不逾德。"这样的刑罚能让人心服口服而有威严吗?这样做不等于自找侮辱、怨骂?而这样的爵位有什么值得我们尊敬、珍视的?这样的人能让我们打从心底敬爱他然后将其名声传诸久远吗?所以荀子提出这样的建言,要求上位者应该避免如此以符合人民的期望与心声。

其实君人者们也想让国家如汤武般进取壮大,但由于太过自以为是且自私自利,"今君人者,譬称比方则欲自并乎汤武,若其所以统之,则无以异于桀纣,而求有汤武之功名,可乎?"(《强国》)使得我们观察其行为与统治之方,出现有如桀纣一般不恤民情、短视近利、放纵私欲的现象,这样仍想要取得与汤武一样的成就,可能吗? 这样过于无知的状况,让荀子认定他们应该急需接受正确教育思想的灌输。

在当时价值观混乱而邪说盛行,那些甜美的惑人说法必然比忠言更容易被君人者们接受,如"汤武者,民之父母也;桀纣者,民之怨贼也。今世俗之为说者,以桀纣为君,而以汤武为弑,然则是诛民之父母,而师民之怨贼也,不祥莫大焉。"(《正论》)这些误导人的偏见邪言,让君王们沉溺在自我安慰与自我催眠的状态而不愿清醒。汤武明明是帮百姓过上好日子之父母般的人物,而桀纣则是害人民陷于水深火热之人人怨恨的贼子。然而当时君王却有不少偏激的认为汤武乃弑杀君王的恶人,绝不可取。这样污蔑民之父母的诛心之言,明显是想让他们扭曲自己观点,尊奉桀纣那种怨贼为人道之师,这岂不是欲使大家越学越放纵而更加混乱? 实在没有比这样的说法更能残害天下而令天下落入不祥境地。以此讽刺他们的学习方向错误,并警告他们所受教而知的观念有问题。

另在秦威压六国、竞争酷烈的生死存亡之际,有不少上位者受不了这么大压力,而在现实中又找不到能慰藉惶惶不安心理的方式,于是寄托于宗教,不好好尽人事,出现迷信天命或因此耗费大量人力、物力的现象,服食仙药与房中御女术、行气导引与吐纳冥想术大行其道。① 荀子见此难免心生感慨,欲辨而正之。于是全文特别突显出人自身的主观能动性,期望以此激励人君、唤醒其斗志,好好履行上位者应尽的职责,不可自我放纵或躲进宗教虚幻的保护壳里。据《史记·秦始皇本纪》记载,始皇三十二年出现"亡秦者胡也"的图书谶语,于是始皇派兵 30 万,令蒙恬率领北击胡人,后更大修长城,最终导致灭国,可见此危害之大。

有鉴于当时君人者们缺乏正确价值观与教育观的现状,荀子在书中用尽了方法来教导他们,希望他们能善于学习并勇于改过。并同时亦教育大众,什么样的人才适合成为君人者,借此以砥砺君人者不可懈怠,并期望他们最终亦能成为尧舜般之"人师"(《儒效》)。

第二节　荀子之教育学家特质

研究荀子的教育思想不能不先认识荀子其人之特质,以及《荀子》此书的写作背景。因为同样的一句话、一个字、一个观念,对于不同特质的人与写作背景来说,可能必须从不同的角度来解读,如此才不至于曲解作者原意,方能更好地理解其究竟想要描述与传递的是怎样的信息。另外在此特别强调,由于本论文主要是探究荀子的教育思想,所以对较具争议而与其教育思想解读影响不大的部分,笔者将不予深入探讨。

基本史料

《史记·孟子荀卿列传》曰:"荀卿,赵人。年五十始来游学于齐。

---

① 胡孚琛:《道学通论》,社会科学文献出版社,2009,第 185 页。

……田骈之属皆已死齐襄王时,而荀卿最为老师。齐尚修列大夫之缺,而荀卿三为祭酒焉。齐人或谗荀卿,荀卿乃适楚,而春申君以为兰陵令。春申君死而荀卿废,因家兰陵。李斯尝为弟子,已而相秦。荀卿嫉浊世之政,亡国乱君相属,不遂大道而营于巫祝,信礼祥,鄙儒小拘,如庄周等又滑稽乱俗,于是推儒、墨、道德之行事兴坏,序列著数万言而卒。因葬兰陵。"

清代胡元仪《郇卿别传》曰:"郇卿名况,赵人也……不治政事而议论焉,稷下之盛闻于诸侯。……疾浊世之政,亡国乱君相属,不遂大道而营乎巫祝,信礼祥;鄙儒小拘,庄周等又滑稽乱俗,于是推本儒术,阐道德,崇礼劝学,著数万言,凡三十二篇。……郇卿善为《诗》《礼》《易》《春秋》……由是汉之治《易》《诗》《春秋》者皆源出于郇卿。郇卿弟子今知名者,韩非、李斯、陈嚣、毛亨、浮丘柏、张苍而已,当时甚盛也。至汉时,兰陵人多善为学,皆卿之门人也。"①一般研究者对于荀子的基本认识,皆是以此两条材料为基础,是以笔者将其陈列于前,以方便读者。

一、荀子教育经历之争议处

关于荀子生平争议性最大的地方有两点,一是生卒年(牵扯到其受教育与成为教育工作者之年限),二是其在稷下学宫的教育经历。生卒年部分虽说各家说法差距最长可达三十多年,但其一生的基本经历却并没有太多争议,是以本书采用邵彬判断之"公元前 336 到公元前 235,享

---

①[清]王先谦:《荀子集解》,第28—33页。

年 98 岁"①的推论,毕竟《大略》中提及:"古者匹夫五十而士",书中既然见此记录,应该是荀子说过的话,这或是为解释自己为何五十岁才赴齐出仕?另《礼记·曲礼》也曰:"四十曰强,而仕;五十曰艾,服官政;"总之,无论此说法是否有争议,与笔者对荀子之教育思想的解读亦影响不大。

至于荀子在稷下学宫的教育经历比较复杂,有学者认为根本没有稷下学宫②,有认为稷下学宫规模与影响力在当时其实不大③,并且有认为祭酒只是仪式中象征性的存在④。笔者对此不得不提出看法,因为这些说法虽对笔者的解读没有关键性的影响,但多少会影响到一些细节上的描述与见解,甚至这也可能会影响读者对于荀子所言之教育体系是否可行的信心,是以必须对此稍做辨析。

对于怀疑稷下学宫为虚构捏造者,事实上此种说法是相当难站得住脚的,一来司马迁的信用良好,这从历来研究者一再从出土文物得到支持其说法之铁证即可证明;二来近年考古陆续于稷下学宫遗址处有相关文物出土⑤,虽说没有直接证明其即为"稷下学宫",但至少能够证明司马迁并非向壁虚构,只是稷下之称谓可能是司马迁首创。此处当时应该是类

---

①邵彬:《荀子于齐"三为祭酒"及生卒考》,《管子学刊》2011 年第 2 期。

②王锦民:《试论"稷下学派""稷下学宫"的真实性和确实性问题》,(2009 - 09 - 09)[2018 - 03 - 13].http://www.shufadajia.com/? act = app&appid = 30&mid = 2356&p = view

③高专诚:《"稷下学派"考疑》,《晋阳学刊》2007 年第 4 期。

④丁强:《"祭酒"作为称谓起于何时——从清代学者梁章钜所撰〈称谓录〉中关于"祭酒"一名的解释谈起》,《宁夏大学学报(人文社会科学版)》2006 年第 2 期。

⑤刘文熙,张龙海:《稷下寻迹》,《管子学刊》1990 年第 3 期。

似"养士四公子"的养士之地,乃是属于国家设立而非私人所立者,是以较具制度,且存在时间能跨越多代齐王近一百五十年。

至于质疑稷下学宫教育规模与当代影响力者,在笔者看来只能算是在稷下学被过度吹捧后之逆反者的说法。毕竟当时齐孟尝君皆有能力养数千食客,是以从经济的角度①判断其规模不可能太小;并且从遗址规模来看,鼎盛时期的稷下至少可容纳数千乃至上万人,这对当时的人口比例而言已是十分庞大的一所学校,所以问题的症结应该在所召集之人才本身与当地学术活动之影响力的大小。事实上,单论荀子一脉,于当时之教育影响力不容小觑,这从汉代博士官小半出于荀子后学可证②。另外,柳诒徵说:"予尝就《汉书·艺文志》所引诸书,国别而家析之……综计诸家之书,凡七十九家,千三百四十三篇。以国籍言,则齐人最多。"③还有李宗全《从历代目录著录之稷下先生著述看稷下学学术地位》④、付希亮《论

———————

①[汉]司马迁:《史记·管晏列传》卷六十二第二:"齐在海滨,通货积财,富国强兵。"《货殖列传》有:"齐带山海,膏壤千里,宜桑麻,人民多文采布帛鱼盐,临菑亦海岱之间一都会也。"由此可知齐国经济状况不错。

②[清]王先谦《荀子集解》第32—33载清代胡元仪《郇卿别传》曰:"郇卿善为《诗》《礼》《易》《春秋》……由是汉之治《易》《诗》《春秋》者皆源出于郇卿。郇卿弟子今知名者,韩非、李斯、陈嚣、毛亨、浮丘柏、张苍而已,当时甚盛也。至汉时,兰陵人多善为学,皆卿之门人也。"

③柳诒徵:《中国文化史》,正中书局,1978,第375页。

④李宗全:《从历代目录著录之稷下先生著述看稷下学学术地位》,硕士学位论文,华东师范大学中国古典文献学专业,2005。

齐威王朝周事件与稷下学士对周王室文献的整理》①等,可知战国齐学术对后世之影响有多深远。是以其或许对当代政治与学术之影响不是立竿见影,且当时有不少养士之地存在且人才四处流动情况普遍,因此让它的独特性不显著而不会被人特别提及。但其隐性之长远影响力到了司马迁所生活的时代却应该已彰显出不容小觑之态势,这或许就是身处后世深刻知晓其重要性之司马迁会特别将其提出强调的原因。

至于"祭酒"到底只是仪式上一时的荣誉称谓,或是平时亦有实际上的权责?由于史料不足,无法论断。然根据荀子"最为老师"②的评价,以及曾向齐闵王建言"荀卿子说齐相曰:处胜人之势,行胜人之道"(《强国》),一大段的治国理政内容,并且之后遭受齐人进谗言排挤来看。照理那些小人对于无害或没影响力、没利益冲突者,不该会如此费劲对待,据此推测,荀子当时于齐国必有值得被排挤之因才是。

二、研究型教育学家

荀子是一位十分注重教育且强调教育功能的研究型学者,这或许与他长期身在战国末期最具规模的跨国学术交流中心,并担任了三届荣誉祭酒,且"最为老师"有关。据前人研究考证,他共待在稷下学宫的时间有 26 年③,在那里有各种流派的专家学者,且时常交流、讨论、辩难。在

---

①付希亮:《论齐威王朝周事件与稷下学士对周王室文献的整理》,《管子学刊》2017 年第 3 期。

②[汉]司马迁:《史记》,中华书局,2006,第 456 页。

③邵彬:《荀子于齐"三为祭酒"及生卒考》,第 31 页。

先秦时代,书籍主要是竹简,流通相当不方便且稀有,但在稷下学宫,此问题能得到极大程度的缓解。同时得以直观地了解各家作者的原意或其思维逻辑,这让荀子相对于孔孟而言能更客观、全面并学术性的思索一些问题,进而使荀子成为一个实事求是的研究型学者(当然这也必然与其天赋特质相关),而非一般儒家教育家型的学者那样主观而正面积极看待人性的光辉面,分析性较强,习惯更理性而有系统地论述道理。

一般教育家型学者,基于教育理念与实践经验,知晓道德教育乃为引导人往良善行为发展,所以唯有采取积极正面之理念来引导学生,如此方容易教育出崇尚真善而乐观性格的人,培养出健全的人格与良好生活习惯。因此教育家关心的是其理念会产生什么样的教育行为与教育成果,而教育学家则是尽可能想厘清教育之所以存在的价值与意义、本质等问题。因此教育家容易表现出热情与感染力,喜欢主动出击(孔孟墨子属这类人);而教育学家追求的是事物背后的真相与原理,希望借此得到万事万物一贯的原则(《礼论》曰:"万物为道一偏,一物为万物一偏"),使人们能用最少的资源与时间精力达至以一驭万、事半功倍的效果,所以相对会比较冷静客观。因此我们可以发现,荀子不如孔孟墨主动积极地去宣扬自己理念,相对总是在规划下出行或不得已情况下被动出行,然后顺便展开实地观察与发出议论、建言,而不会做出四处碰运气的事。

另外,科研工作者皆知道,任何研究皆会有特例问题,当然研究教育也一样会遭遇特例。而科研人员在研究过程中,通常会先将比例上微小的特例排除在外(例如《正论》曰:"朱象不化"),这样有利于尽快找出"用有限资源先解决多数困境"的办法。然而少数特例重不重要?当然十分重要!尤其对哲学家而言更是如此,因为越是极端现象,越容易帮哲学家拨开迷雾看见真理的一隅。所以哲学家会比一般科研人员更容易对极端特例感兴趣，并且常会忍不住耗费特别多时间、精力探讨极端，有人将这种现象美称为"寻求真理的冲动"。但荀子算是哲学家中特别懂得拿捏先后轻重缓急的中道实践者之一，所以对灵性特高或兽性特强之特例，基本并不列为急需被教育的对象而讨论之。许多情况下讲的是一般普罗大众的状况，相信这也是他亲身经历与观察后得到的论断。

基于研究型教育学家的人格特质，荀子极度客观冷静地想跟阅读者沟通，取得理解，进而希望能说服对方依照儒家的理想来施政、治国。所以总尽可能地将他思索道理之逻辑讲明白、说清楚。但又由于当时之习惯用语的语意有些混淆，是以荀子必须写《正论》与《正名》两篇专门来厘清，并在其他篇章遇到需要厘清时也会用心解释，将研究型学者的特质表现得淋漓尽致。然而当时毕竟无硬性之学术写作模式要求，再加上先秦著作大多非一时一地完稿，且作者免不了会受当时习惯用语以及不同语境下所指有所不同的影响，所以有些词汇让人产生混淆或误解，例如心、情、性、欲，这些词汇在先秦似乎语意常容易并用、混淆、混用、交错，"礼"这个词在当时似乎包含着某些法的特质，心既是主观的又是客观的等。无论如何，正因为荀子努力而循序渐进地想将问题说清楚，所以才写出先秦少有的长篇著作，并让后人能借此一窥当时的某些制度与思想及所面临的社会问题。

三、重师与重法

荀子与儒家前辈学者相比特别强调师友、环境对人的影响，其中更将师的功能放大到无以复加，这应该与荀子在稷下学宫长期为老师的经验，以及后来至兰陵主政、教学、著书的生活体验有关，或是由于他对"师"的定义与一般人不同？

在现代，老师的主要功能是知识技能的传授，所以难怪现代社会尊师重道一事受到挑战质疑。但在古代，《致士》曰："师术有四，而博习不与焉。尊严而惮，可以为师；耆艾而信，可以为师；诵说而不陵不犯，可以为师；知微而论，可以为师。"由此可知，在当时老师的确是被尊敬而功能重大的。然而大到如《荀子》书中各出现多次的"人师"（人道之师）与"君师"（以君为师或君与师并举）①这般，则是较罕见的。荀子可说将人一切的美德与国家的兴亡皆与"师"绑在一起，《修身》曰："情安礼，知若师，则是圣人也。"知道的跟老师一样者甚至可被美称为圣人，并让人要"以圣王为师"（《正论》《解蔽》），是以《荀子》中"师"具有非常关键之重要性。

例如《解蔽》认为："农精于田，而不可以为田师；贾精于市，而不可以为市师；工精于器，而不可以为器师。有人也，不能此三技，而可使治三官。曰：精于道者也。精于物者也。精于物者以物物，精于道者兼物物。"无论是教什么学科的老师，皆必须要能够"精于道"，且能"兼物物"的通晓一切事物，始有资格被称为师，否则不配为师，只能"物物"的治理某一事物。由此亦可看出荀子之教育观与今不同，其期望教育出能兼通万物原理之人。

因为"师""傅"那样伟大而重要，所以《大略》才会说："国将兴，必贵师而重傅，贵师而重傅，则法度存。国将衰，必贱师而轻傅；贱师而轻傅，

①"人师"共四次：《儒效》《王制》《议兵》《宥坐》，"君师"共五次：《王制》一次、《正论》一次、《礼论》三次。

则人有快;人有快则法度坏。"将是否尊师重傅一事,与国家的兴衰存亡联结在一起。这虽与当下一般人的观点有异,但其实这类说法用在当下的社会也是讲得通的,所以这说法可用于补充当下教育观的偏差与不足,具有现实意义。

并且荀子特别担忧无师无法的人,《儒效》曰:"故人无师无法,而知则必为盗,勇则必为贼,云能则必为乱,察则必为怪,辩则必为诞;人有师有法,而知则速通,勇则速畏,云能则速成,察则速尽,辩则速论。故有师法者,人之大宝也;无师法者,人之大殃也。人无师法,则隆性矣;有师法,则隆积矣。"认为那些人如无师无法善加引导其走上正途,可能会因为小聪明而好逸恶劳的去偷盗,因为特别勇敢而戕贼他人,因为能力比较强而不甘平凡以致容易违法乱纪,因为思虑敏锐而具洞察力则可能喜欢作怪以吸引他人注意,因为擅长辩论而好胜则容易说一些荒诞却符合逻辑话来忽悠人。反之,如果有好老师以及引人向善的师法,聪明人则容易快速的通达道理,勇敢的人能学会有所敬畏以保己身,有能力的人容易与人共赢而获得成就感,具洞察力者能更快看透(尽)万事万物背后的共通道理,善辩者能让自己的论点更快成为让人口服心服的理论。所以有没有师与师法差距相当大,没师没法的人容易放纵情性、为所欲为而惹事,有师法的人则懂得学习进步、积累力量而成就大事。

由于最需要受教育与学习改善自己的,是那些自我克制能力较弱或不晓得正确为人之道者,是以《荀子》基本皆是集中在描述该如何教育这类人,这或许与他当时的社会状况与资源有限相关?《荣辱》曰:"人之生固小人,无师无法则唯利之见耳。人之生固小人,又以遇乱世,得乱俗,是以小重小也,以乱得乱也。君子非得势以临之,则无由得开内焉。"这里提出了十分重要且值得深思的问题:到底人是否天生能懂得向内寻求精神境界上的满足与提升? 众人皆知,人天生懂得寻求满足肉体之物质上需求,是以婴儿饿了、渴了、不舒服了会哭叫。但如果没有懂得内求道理之人的引导与开示,事实上,许多人一辈子不会知道自己内在心灵的精神世界有多贫瘠而空虚。虽然灵性稍高的人会感到好像缺了什么,会懂得想找东西来填补,但由于不知道缺的不是外物,但又只懂得寻求外物,因此容易导致最后越追求越空虚的结果。是以说"君子非得势以临之,则无由得开内焉",指明在当时一般人不懂"开内"之法,是以只懂追求外物,又正逢乱世,从小习染丛林法则,接受弱肉强食、适者生存的价值观,而这些是荀子不认同的,因此称之为"小"(小人之智)与"乱"(乱礼义之行)。

基于以上的思路,荀子提出了其大受后世许多学者诟病的"性恶论",《性恶》曰:"今人之性恶,必将待师法然后正,得礼义然后治,……古者圣王以人性恶,以为偏险而不正,悖乱而不治,是以为之起礼义,制法度,以矫饰人之情性而正之,以扰化人之情性而导之也,始皆出于治,合于道者也。"为矫正当时价值观混乱的状况,荀子提出用教育来变化大家情性的方案,那方案是以古圣先贤的经验智慧为依据而建构出之值得大家学习效法的礼义原则与用以实践礼义的礼法制度。至于传承礼义的人荀子称之为师,而师所传之法即礼义之道与礼法制度之方。

四、其他教育相关特点

或许由于时代因素,使人们对于教育效率与实效的要求更迫切,这令荀子跟其前辈孟子在理念推导与观念上产生轻重缓急先后的差异,其更强调由"外"(礼义法度)而内的教育方法。虽说他同时亦认为人的自我认识、内外结合极为重要,但如果一个成人(当时对话的主要年龄层)在自身欠缺道德修养时,用学习"外"、模仿"外"、实践"外"、理解"外"之方式,其认为可以更容易且更好、更有效率地达到践行"人之道"的目的,格外强调礼义法度的遵循与实践。从这个角度来看,荀子的思想体现了儒家对人生重大问题(包括制度化)之理解的变化与发展,强调从内而外之正确性的同时,亦鼓励由外而内的修养方式,认为两者本相辅相成,皆为善道,无须区分好坏、高低、对错。

站在《荀子》一书作者的角度,其预设之对话对象应是识字而经过教育培养之人,写作采取的策略是尽可能以浅显清楚的事实或现象讲道理为基础,以说理的方式来与读者沟通。希望上位者或未来可能成为统治阶级的人,能将注意力集中在带领群体往利己利人方向发展上,努力做出具有长远发展眼光的理性判断,懂得善待人民以创造共赢,同时避免受到神秘主义影响而产生错误的施政或不必要的浪费。《天论》曰:"雩而雨,何也?曰:无何也,犹不雩而雨也。日月食而救之,天旱而雩,卜筮然后决大事,非以为得求也,以文之也。故君子以为文,而百姓以为神。以为文则吉,以为神则凶也。"荀子特别将礼之宗教性的一面给厘清,这是为解决他当时所面临问题,从这则看来荀子的对话对象应是士人阶层之上。其实将天之道与人之道在制度上作出区隔,也能促进阶级的自由流通,减低命定论、血缘论对当时的影响力,这些论述在当时背景下极具必要性。至于对没机会读书识字接受礼乐教育、没足够闲暇思索太多的平民百姓或无法虚心客观与之以理沟通者,他不排斥采用命令、刑罚或神秘主义的方法来使其接受并执行其所教导之礼法。

众所周知,孔子在教学生时之所以因材施教地对不同学生说出不同答案,是为顺应不同学生的特质,因势利导地帮助学生往利己利人、立功立德立言的方向发展。而荀子知名的学生有韩非、李斯、浮丘伯、张苍,但有趣的是,各自的专长有不小差异,韩非是思想家、散文家,是法家的集大成者;李斯学的是帝王之术,是政治家(秦国丞相)、文学家和书法家;浮丘伯从事教育事业,专研《诗经》,在秦朝时担任过博士,对汉初《诗经》的传承影响深远,另有毛亨亦为荀子学生之说;张苍除了是政治家(汉朝丞相)外,还校正《九章算术》、精通音律,是以汉代研究音律、历法的学者多师承张苍。从这看来,到底是荀子的教育失败呢?或是因材施教的结果?据此笔者认为,荀子对于其学生之教学模式想来与孔子类似,皆会根据学生之不同才情引导其探索自我,让学生能不受拘束的适才适性发展。至于学生各自后续发展出之创新、创造性独特见解,甚至可能质疑、否定荀子观点,这不也正显示出荀子教育之自由宽松而追求真理的特色吗?

第三节　《荀子》其书与写作特点

《尧问》曰:"孙卿迫于乱世,遒于严刑,上无贤主,下遇暴秦,礼义不行,教化不成,仁者绌约,天下冥冥,行全刺之,诸侯大倾。当是时也,知者不得虑,能者不得治,贤者不得使。故君上蔽而无睹,贤人距而不受。然则孙卿怀将圣之心,蒙佯狂之色,视天下以愚。《诗》曰:'既明且哲,以保其身。'此之谓也。是其所以名声不白,徒与不众,光辉不博也。今之学者,得孙卿之遗言余教,足以为天下法式表仪。"

一、写作背景

《尧问》是《荀子》的最后一篇,而这则内容应是荀子弟子所写,或许是在荀子过世后,弟子们将其所写之篇章编排整理、补充结集成册时,在书籍最后为《荀子》此书所写之序跋。假设这则内容并无刻意谦虚自持,所言乃荀子当时实际处境的话,我们即可确认稷下之学在当代实不太受重视而名气不显,只是众多养士之地中稍具规模者,对许多学者而言只是人生旅途中一个驿站般的存在,不值得刻意提及。但又由于其对后世教育、政治与学术影响重大深远,所以才被司马迁专门提出,特以彰显。许多人、事、物在当代不受重视,到后来才被发现其重要性,这类事情于历史上屡见不鲜。

在乱世中太多违反古代安定时代之行事方式的现象,那是由于在上位者不知符合礼法地随意支使人,造成下位者也跟着不按照制度地任意行事:"夫乱今然后反是。上以无法使,下以无度行;知者不得虑,能者不得治,贤者不得使。"(《正论》)在那统治者偏私自利、偏听偏信的时代,使得有悟性的人积累杂乱而难以思虑归纳出正道规律,有能力的人无法得到参政机会,贤德的人难以出头而受到重用。因此荀子"名声不白,徒与不众,光辉不博",也并非什么怪异现象,其弟子韩非的遭遇正可用来说明当时斗争之惨烈而不顾情谊。忠言逆耳,巧言顺心,君子在当时要受重用而得势以推广正确之教育思想与理念,难矣。

当然,我们想要深刻地认识《荀子》这本书之内容,就不得不先认识荀子当时之写作背景。按照《史记》所言之顺序与根据各式说法整合后可知,荀子的一生的学术经历大致是:在赵学习成长,至齐稷下阅览群书并与人交流论辩(累计约 26 年),至兰陵检验实践并调整修正其思想体系(累计约 18 年),于兰陵教学并著书立说(3 年以上)。① 是以《荀子》一书实乃其一辈子学习、思索、论辩、实践后之精华,是在兰陵 20 多年间验证、思考、教学相长、写作,最后于晚年始总结心得成就此书。当然,荀子于其他时间段必然亦有写作,这与我们在完成一部著作前,必然已累积不少陆陆续续思考过程的文章相同,因为写作其本身就是帮助思考与厘清思路的良好方法。

荀子主政之楚兰陵的地域不小,其包括今天鲁南的大部地区与曲阜以南,以及东至大海的范围。并且当时此乃楚国的战略要地之一,荀子到任后,所推行的自然不会是法家的那套学说理念,而是他在稷下二十多年与诸子百家探讨、辩论后归纳总结出的儒家学派之主张,此主政之机会正好能让其实践、检验其理论。然荀子在兰陵似乎由于治理得太出色而引人垂涎,以致遭受谗言,不得已只好离去;可后来春申君发现自己错了,又再三恳请才把荀子邀回继续主政兰陵。以荀子的聪明才智,第二次答应前应是给春申君打了预防针,是以接下来十多年直到春申君失势被杀,其在兰陵的地位皆未曾再受动摇。② 了解荀子写书之地与写作过程,同样能让我们学到不少为人处世的道理与方法。

基于在兰陵长期之执政经历,使得荀子教育理论之现实性比一般儒者强,也因此读者在阅读《荀子》时的态度会与一般人不同,并不把其所

①王志民:《齐文化概论》,山东人民出版社,1993,第 524 页。

②[清]王先谦:《荀子集解》,第 30—31 页;卢永凤、王福海:《荀子与兰陵文化研究》,山东人民出版社,2013,第 169 页。

言当成纯思想理论的著作,而是把它视作荀子依据其当时现状与面临之问题的实践结果。并且天下的乱象相当多,视影响力之大小,荀子最关心的是对人们生活影响最强的政治教育方面,所以在全书中耗费了近半的篇幅在论述与教导上位者或想入仕之人治国理政之方法与原则。

当时各国政策皆有差异,而那些差异通常源于诸子百家的见解不同。百家间的竞争相当激烈,这使混乱的局面显得更加混乱:"今诸侯异政,百家异说,则必或是或非,或治或乱。乱国之君,乱家之人,此其诚心,莫不求正而以自为也。妒缪于道,而人诱其所迨也。私其所积,唯恐闻其恶也。倚其所私,以观异术,唯恐闻其美也。是以与治虽走,而是己不辍也。岂不蔽于一曲,而失正求也哉!"(《解蔽》)那些国家混乱的君王,其实也一心想让国家长治久安,只不过由于受到异说者诬蔑毁谤了远古流传之可靠行事规律,而被引诱走上邪门歪路,才使得国家陷入混乱。所以荀子认为,他们极需要接受正确思想观念的教育。那些异说者偏信一己之经验,特别害怕、讨厌听到他人的批评。他们依仗被其所迷惑之君王的权势排斥正道,只要看到与其提出办法或理念不同者,会大肆批评或弱化其优点,无法虚心接受更好的方法。是以当政治出现不好的偏差,他们仍然会固执地坚持己见而不愿更改。

这是偏于一私之所见造成的结果,让人无法客观地去寻求远古流传之行事正道。于是荀子见此不忍天下即使被一统也可能无法维持太久,所以不独善其身而奋力与百家辩说,全心全力地著书立说,清楚而明确地描述出能长治久安的方法与道理。在这背景下,荀子的写作不得不偏于"利诱",也就是说,会教君人者一些见效快的方法手段,王霸并举,礼法并重,且会采取威逼利诱的方法来激发大家学习的热情与兴趣,使人们得以接受并坚持奉行礼义法度之教育。

二、全书结构概述

《荀子》全书九万余字（含标点），在先秦诸子中属于大部头式的著作，共 32 篇：《劝学》一、《修身》二、《不苟》三、《荣辱》四、《非相》五、《非十二子》六、《仲尼》七、《儒效》八、《王制》九、《富国》十、《王霸》十一、《君道》十二、《臣道》十三、《致士》十四、《议兵》十五、《强国》十六、《天论》十七、《正论》十八、《礼论》十九、《乐论》二十、《解蔽》二十一、《正名》二十二、《性恶》二十三、《君子》二十四、《成相》二十五、《赋》二十六、《大略》二十七、《宥坐》二十八、《子道》二十九、《法行》三十、《哀公》三十一、《尧问》三十二。

劝学，几乎是《荀子》全书各篇皆强调的一贯主张。他劝诫不同身份地位的人，不可以忽视道德学习的重要性。要人们将"诚心一意于道德学习"一事放在最高位置，同时直面当下的现实状况，特别强调"性恶"与"法后王"（《儒效》）之教育观念，并且强调师友环境的重要性与榜样的影响力。

在书中荀子最重视的首先是学习，认为只有学习才是成就自身一切的基础，而将学习所欲达致的目标定位在"礼义"这个与个人身心健全之养成教育关系密切的原则上。其次关心最多的则是用政治教育手法之化民成俗方面，因为这是对人影响最深广、重大之处。

在书中强调其所教导的礼义之道虽有相当强之原则性与概括性，但具体落实在现实时仍需因人因事因状况而异，因此其依劝学之对象角色与层级不同，而他提出较复杂多元的教与学之建议。并于正文最后补充加强了对培养人格影响最深远之亲子教育(《子道》)以及其门人的统整、补充之内容。至于与整个人格相关的经济教育,其在治国理政之建议时即有顺带涉及,毕竟人不可能置身于大环境之外,必然是生活在人群或自然之中。

首篇《劝学》告诉大家:学习必先坚定信念(如同孔子《论语·为政》所说"志于学")、明确目标(《修身》亦即修德)、端正态度(《不苟》《荣辱》《非相》)、用对方法(《非十二子》《仲尼》《儒效》)。

接着分门别类的根据当时大家最关心、聚焦讨论的话题(《王制》《富国》《王霸》《议兵》《强国》),提出自己具体的见解与教育建议。并对不同身份或角色者(《君道》《臣道》《致士》《子道》),分别提出教育方面之建言。

至于一些教育原理(《天论》《解蔽》《性恶》)与教育方法论(《礼论》《乐论》)、辩证法(《正论》《正名》)的课题,他也尽可能地在当时之研究范式下做出了重点式的学术分析与探索。

并于正文末鼓励大家,要诚心努力学习成为一位《君子》(此所言既是道德上,也是政治上的君人者)。而《成相》与《赋》以韵文形式加深读者对全文主旨之印象,《大略》类似于文章的总结,这排序也可说是一种学习方法论的教育。

至于《宥坐》《法行》《哀公》《尧问》更像是文末补充资料。当然这除了可能是荀子本人所附,也可能是荀子后学所补充,亦可能是刘向、刘歆父子整理时不晓得该归类于何处或暂时先置于文末者。

先秦文章由于历经秦火后与断简残篇的整理、补充,是以难免会出现错简、错字、疏漏、假借等事情,所以有些部分我们只需掌握、了解其礼义

即可,无须过于执着、纠结于文字,毕竟"礼以顺人心为本,故亡于礼经而顺于人心者,皆礼也。"(《大略》)

《礼论》曰:"礼者,人道之极也。"《荀子》全书极为重视礼、礼义、礼法,认为礼的存在是为了教育指导人们能更好地在世界永续生存发展。其更注意到人类是大自然中不可分割的一分子,不可能置外于天下,所以其言"礼"便自然教导了人与万物和谐相处之法。

人之所以为人(《非相》),是因为拥有能传承智慧与经验的文字与书籍,并懂得配合教育行为教学相长的不断强化积累,然后在前人智慧经验的肩膀上,根据当下的现状不停透过教育与传承的过程进步发展,且尝试开创出最佳永续发展之道。所以书中荀子不断提醒大家要学习先王礼义,并认为那是后人最应该学习与传承者,这是在告诉我们绝不可轻视前人的历史实践经验,自以为是的一再自行摸索、重头来过。

当然,"法先王"的说法事实上也具有加强说服力与可信度之功能,因为先王之道曾经实现过、存在过,现在不过是要回归,所以那绝非是虚幻而遥不可及的梦想。儒家将理想寄托于过去,然后鼓励大家把失去的找回,这教育策略比让人去实现一个前所未有而全新的目标,给人更加可靠而可行之感,较易使人愿意相信并为此前仆后继,是以在我国历史上的确有不少人努力去实践之。

三、重视当代特质之"法后王"教育观

"法后王"是荀子一书相当独特的教育观点,所以必须在此稍做梳理,这样将有助益对之后教育观念的厘清。《不苟》曰:"故千人万人之情,一人之情也。天地始者,今日是也。百王之道,后王是也。君子审后

王之道,而论百王之前,若端拜而议。推礼义之统,分是非之分,总天下之要,治海内之众,若使一人。"他认为人与人之间有相当大的通性,这是荀子教育理论能成立之重要基础,是以人与人间的道理很简单,《大略》曰:"礼以顺人心为本,故亡于礼经而顺于人心者,皆礼也。"答案就在人们心中,在自己心里。因此他才会这么强调当下"顺于人心"的重要性,认为百王的经验虽好而值得珍惜,但只可用于检视后王之行事原理,而不能用于否定后王处事之法与教育之方。毕竟天下事情根据不同的状况本该不同对待,我们只需把握原则,自然能以一驭万,让大家在礼义法度之教育下"安职"(《王制》)"遵道"(《儒效》)。

又曰:"圣王有百,吾孰法焉?曰:文久而灭,节族久而绝,守法数之有司,极礼而褫。故曰:欲观圣王之迹,则于其粲然者矣,后王是也。彼后王者,天下之君也;舍后王而道上古,譬之是犹舍己之君,而事人之君也。故曰:欲观千岁,则数今日;欲知亿万,则审一二;欲知上世,则审周道;欲审周道,则审其人所贵君子。故曰:以近知远,以一知万,以微知明,此之谓也。"(《非相》)这里直接点明"彼后王者,天下之君也",这是什么意思呢?笔者发现,除了《正名》篇中专论语言名词流变者之外,荀子提到的"后王"指的乃是"当代值得效法学习的君王之礼仪法度"(在荀子观念中,坏王不配被称王),这道理与"三人行必有我师"(《论语·述而》)类似。所以说"彼后王者,天下之君也",意思是当今天下,只要符合先王礼义原理的礼仪法度,皆是我们值得学习的对象。因此,当我们借由接受教育、学习积累(由外而内)、解蔽(《解蔽》)内省(《修身》)(由内而外),掌握礼义之道后,自然能以今知古、借古喻今,而不会只知一味以古非今。

当然《荀子》是讲中道的，不会太过而不及，由于怕大家误解是以立刻又补充说："夫妄人曰：'古今异情，其所以治乱者异道。'而众人惑焉。"（《非相》）正如前文提到，《荀子》认为人情是一致的，古今并无"异情"。他的意思绝非在是今非古，他同样坚持人们应该学习借鉴先人的经验智慧并效法其总结出的原则：礼义。所以全文提到先王时大多所指不离礼义。也正是基于人情的相通，因此人道之礼义的原理方能亘古长新、"古今一也"（《非相》《议兵》《强国》《正论》《君子》）。

笔者前文所言是否只是个人臆测呢？《儒效》曰："法后王，一制度，隆礼义而杀诗书；其言行已有大法矣。……法先王，统礼义，一制度；以浅持博，以古持今，以一持万，苟仁义之类也？虽在鸟兽之中，若别白黑。"由此可知，法后王的目的是为"一制度"，因此才会强调虽不会死守诗书上的记载，但同时又要隆礼义。而法先王的目的则是为"统礼义"，统礼义方能"以古持今，以一持万"，如此定出来的制度方能有所依循而不会各地完全各行其是。必须强调的是，这一则引文将礼义的主要功效于此画龙点睛的指出，提到：学习人道之"礼义"能使儒者不成为禽兽，能让人在鸟兽般人们当中被清楚分辨出。

四、教育相关的写作特点

在书中荀子很全面且实际的对当时现实所遭遇到的方方面面，根据"长虑顾后"（《荣辱》）、"节用裕民"（《富国》）、"平政爱民"（《王制》）、"守仁""行义"（《不苟》）等教育理念，提出明确的自我修养方式、与上下同僚相处办法、教化人民之方法与原则等，谆谆教诲，条分缕析，循序渐进。

荀子身为中国最重视教育之流派"儒家学派"的先秦最后一位大家，该书之写作模式与其师祖、前辈之语录体不同，采取的是主题式议论文的写作模式。与先秦其他著作相比，其所呈现出之"客观中立精神"犹如鹤立鸡群般显眼，书中文章的架构与论述性、提炼程度、条理化等，较符合现代学术论文之标准，相当容易让习惯现代学术模式的笔者对其所言产生共鸣与认同感，具写作指导之教育意义。

《荀子》一书耗费了相当大的功夫在与人辩论或分辨某些概念，所表现出之善辩态度与孟子"予岂好辩哉？予不得已也！"(《孟子·滕文公下》)有很大的不同，"法先王，顺礼义，党学者，然而不好言，不乐言，则必非诚士也。故君子之于言也，志好之，行安之，乐言之，故君子必辩。……凡人莫不好言其所善，而君子为甚焉。"(《非相》)其辩论的目的有很强的教育动机，他教育"法先王，顺礼义"的同志们要好言、乐言其所"志好之，行安之"的思想，以此来促进礼法氛围的形成，并使礼义法度在这过程中自然深入人与己之心中。在这圣王已死而价值观混乱、正道不显的时代，到处皆充斥着偏私或偏蔽的言论，混乱正确之教育观念之推广："今圣王没，天下乱，奸言起，君子无势以临之，无刑以禁之，故辩说也。"(《正名》)这时坚守远古流传之可靠行事规律的君子，又没有权势来引导那些百姓家异说，更不可能出台政策以刑罚来教他们改过，所以唯一的办法只剩下用道理与之争辩，这是荀子在《非相》篇再三提倡"君子必辩"主张的原因，这应与当时好辩之士的言行能够引起统治者重视之社会风气有莫大关系。然而荀子当时显然未能完成他的教育理想，以致于在《荀子》全书的最后其弟子才会发出"不得为政，功安能成？"(《尧问》)的喟叹。

　　《荀子》中许多教育内容具有相当强之时代性与针对性之教育目的，由于当时墨家学说与儒学一般盛行，是以荀子在书中除《富国》与《乐论》中有大段批判墨子混乱正道教育的内容外，于《修身》《非十二子》《儒效》《王霸》《天论》《礼论》《解蔽》《成相》等篇亦皆有特别针对墨家思想批判处，可见两者之教育观念冲突的比较明显。

　　身处于战国末期争斗最惨烈残酷的氛围下，许多事不得不考虑要更加有效率、更快能见效。所以《荀子》书中提出的教育方案相比于他的前辈、祖师们，常显得态度更急迫、口气更确切。因当时思想的激烈碰撞，使荀子得以提出许多颇有争议但也值得深思的教育主张，例如大家耳熟能详的"性恶"（放纵"欲"所导致外在行为之恶）、"法后王"、《天论》曰："制天命而用之"（本意乃"顺自然而尽人事"）等之外，他还主张教育应能让"阶级自由流动"①，以及提倡"重视宣告"②之教育模式。并且他还强调

---

　　①《正论》曰："不能以义制利，不能以伪饰性，则兼以为民。"《王制》曰："虽王公士大夫之子孙也，不能属于礼义，则归之庶人。虽庶人之子孙也，积文学，正身行，能属于礼义，则归之卿相士大夫"，由此可知荀子的理想就是让阶级成为一鼓励的机制，而非成为束缚。

　　②《正论》曰："上宣明，则下治辨矣"，《荣辱》曰："陋也者，天下之公患也，人之大殃大害也。故曰：仁者好告示人。告之、示之、靡之、儇之、铅之、重之，则夫塞者俄且通也，陋者俄且僩也，愚者俄且知也。"因为荀子认为就是因为鄙陋，所以人们才不知这些为他们好的道理与规则，因此才容易犯错或享受不到这些道理知识带给他们的愉悦。而告示、宣明，就是为了想帮大家"开内"。

教育之独特性与个别性①同一件事在不同情境下或对不同身份、角色者而言，应有不同的对待、要求。是以其不同篇章间有时说法会出现冲突，可能是缘于此。

借由上述内容接近荀子与其著作后，作为一个旁观者，我们能窥见的东西就会多起来，这时只要找对角度切入，自然容易找出荀子教育思想之主轴，以贯穿其思想理论。虽说人都是有其复杂面，但当人在写作议论文时，表露出的必然是其想要给我们知道了解的思想，这当然也是荀子所认为之最重要的部分，只不过有些研究者由于戴着有色眼镜去观察而容易产生扭曲或模糊等情形。是以我们必须尽可能地客观，尽可能地让眼睛不要沾染偏见或成见，如此自然能问心无愧而更好地着手写作。

荀子全文贯穿的思想就是教育与学习，而这一切的基础都在于心上，荀子的心在笔者看来并非冷冰冰的知性主体，而是充满感情与人道关怀的心，其爱人，养欲养情，用尽各种方式苦劝人们改过迁善，担心人们行差走偏，几乎是想一路扶持着人们，帮忙大家走上利己惠人的康庄大道。就是基于这对同类之情感与对当下及未来的担忧，同时又不放弃努力而希望让未来朝美善方向前进之心理，使得古今中外的人类自然而然皆产生出大规模而普遍之教育活动。

---

①《非十二子》曰："信信，信也；疑疑，亦信也。贵贤，仁也；贱不肖，亦仁也。言而当，知也；默而当，亦知也；故知默犹知言也。"《儒效》曰："故以枝代主而非越也；以弟诛兄而非暴也；君臣易位而非不顺也。因天下之和，遂文武之业，明主枝之义，抑亦变化矣，天下厌然犹一也。非圣人莫之能为。夫是之谓大儒之效。"《臣道》曰："从命而利君谓之顺，从命而不利君谓之谄；逆命而利君谓之忠，逆命而不利君谓之篡；"这类"以义变应"（《不苟》《致士》）之例子在《荀子》还有不少，此处且举三例证明之。

　　并且荀子认为道德教育不是基于管束约束人，而是基于自爱与爱人所产生出的教育行为，所以他在《子道》中讲了一个孔子与子路、子贡、颜渊间对话的故事："子路入，子曰：'由！知者若何？仁者若何？'子路对曰：'知者使人知己，仁者使人爱己。'子曰：'可谓士矣。'子贡入，子曰：'赐！知者若何？仁者若何？'子贡对曰：'知者知人，仁者爱人。'子曰：'可谓士君子矣。'颜渊入，子曰：'回！知者若何？仁者若何？'颜渊对曰：'知者自知，仁者自爱。'子曰：'可谓明君子矣。'"孔子问学生：想成为一个有智慧与有仁德的人该如何做呢？子路回答：有智慧的人会让人知道自己的才华，而有仁德的人则能让人喜爱自己。孔子评价说：这样算是一般士人的理想与目标。子贡说：有智慧的人能知道他人的长处与才华，有仁德的人则懂得去关爱他人的需求。孔子评价说：这样算是士人当中的君子了。颜渊说：有智慧的人应该要能知道自己的优缺点并隐恶扬善，而有仁德的人则要懂得自尊自爱自重。孔子赞美说：这样的人就是真正明白君子之道的人了。君子之道就是要先将自己的生活过好，先让自己变好，然后再想去影响、感染他人，不该自己没做好或是自己都不能够全心全意认同，还一心想着要去改变别人或是让别人夸赞喜爱自己。是以荀子认同的教育顺序是先完善己身，并且完善己身并非一味向内寻求，而是要内外切磋琢磨（《大略》）地去努力，因为我们的心随时都在波动，随时都可能被遮蔽，所以外是很重要的一个解蔽与察知自己处于何种状况的指标，因此圣人所传的礼义法度非常重要，绝不能轻忽。之后才是知人爱人，至于被人知或被人爱，则只需要做好第一步，之后就会水到渠成。

第三章　荀子教育思想的人性基础：
"心"与"性恶"

第一节　　心在荀子教育思想中的重要性

荀子虽然倾向以礼法来教育节制人性中的欲望，使人能够为己为群之长远利益而努力。但前提是他认为，人之所以能接受外在道德的制约，其关键在于人与其他动物不同，拥有与生俱来之具有认知与判断能力的"心"来主导行为，并认为只要经由勤勉不懈的学习积累与身体力行，就能使道德规范融入人的习惯之中，进而诞生出圣人。这种说法摆脱了命定论，让人的努力产生了不可忽视的意义与价值，强调了人的可塑性。从这角度来说，人的善端在于心的征知、明辨，此乃在于内而非外力于人。但由于一般人的心力不足，容易被情欲所误导、蒙蔽，所以荀子转而寄希望于人群中之积累前人智慧经验后诞生出的圣人制礼作乐，反过来帮助指引一般普罗大众。

郑重于此申明,笔者在正文之论述中,将出现综合多条引文共同诠释之状况,然此乃必要行为,实因其彼此间意涵可相通而相成,能相互呼应补充,是以综合诠释始能得到较全面而完整之解释,也就是说,如出现多条诠释现象,必定是为圆满某说,值得读者留心重视。

一、荀子所谓之"心"与教育思想

心,乃荀子教育理论之所以能成立的基础与主体,"心居中虚,以治五官,夫是之谓天君。"(《天论》)心,是人天生就会拥有的一个器官,因为它能管辖身体其他器官,所以被称之为天君。"心者,形之君也,而神明之主也,出令而无所受令。自禁也,自使也,自夺也,自取也,自行也,自止也。"(《解蔽》)它是人之形体与神志的君主,一切的命令与抉择都是它所发出来的,它只受自己控制,从主体论的角度而言,它就是荀子所认为的主体,"心虑而能为之动,谓之伪;"(《正名》)所以人所为之的一切言行举止,根源都是心。

心,拥有什么样的功能呢?"情然而心为之择,谓之虑"(《正名》),"心有征知"(《正名》),"心生而有知,知而有异"(《解蔽》),"人虽有性质美而心辩知"(《性恶》)。由此可知,荀子认为"心"天生具有思虑、征知、明辨的功能,这是人之所以能被教育,懂得学习,知道是非善恶,分辨好坏美丑等的基础,是无论在教导或学习的过程中都非常重要且关键性的存在,可以说没有"心"就不可能催生出教育行为。

《非相》曰:"人之所以为人者何已也?曰:以其有辨也。……然则人之所以为人者,非特以二足而无毛也,以其有辨也。"又曰:"水火有气而无生,草木有生而无知,禽兽有知而无义,人有气、有生、有知,亦且有义,故最为天下贵也。"(《王制》)荀子把人之所以为人的特质锁定在"辨"与"义"上,认为人之所以不同于一般动物就是因为有辨有义。那么辨与义之间在荀子口中到底是什么关系呢?《乐论》:"隆杀之义辨矣。"这里的义与辨更明显的有因果关系,配合"义者,宜也。"(《中庸》)来看就能豁然贯通,知晓荀子所谓辨,就是为达到义者,两者间可说一者为方法,一者为目的之关系。并且《非相》曰:"故人道莫不有辨。辨莫大于分,分莫大于礼,礼莫大于圣王。"《议兵》说:"礼者,治辨之极也",这样荀子就把辨与礼也紧密地联系在一起,而礼与义间的关系更是可从《荀子》全文频繁使用"礼义"一词得知。因此我们可得到:"荀子所谓心,在清明而不受遮蔽之原始状态下,是能知义、得义"之推论。并且《大略》曰:"义与利者,人之所两有也。……虽桀纣不能去民之好义",可见荀子认为"义与利"同样都是人们天生内在且不能去者。

教育行为有一个基本而颠扑不破的原理,那就是它必然是有人在教什么,有人在学什么。进而让学的人从不好、不专精以及不会或不懂的状态,变成好的、专精的、会的、懂的状态;绝不会是反过来刻意让好的(这有认定上问题,通常指一般人认为的好)变不好,专精的变不专精,会或懂的变不会、不懂。所以具思虑、征知、明辨功能的心,对于教育而言是不可或缺的。从荀子《解蔽》篇描述"心"所用之词汇来看,我们可以确定在荀子的认知中,心在不被遮蔽之状态下原本是知道(《解蔽》)、合道而中理(《正名》)之善心。所以当心清明时必然会知道合道,而被遮蔽时则会出现"闇于大理""心不使焉"(《解蔽》)等现象,造成人行为之过与不及的偏差。因而提醒人们要"主其心而慎治之",以使得"身不失道"(《解蔽》)。

　　虽说心为身之君，且其清明时会中理、合道，并具有理解认知以及分辨"道"之能力，但《正名》曰："心也者，道之工宰也。"是以其抉择与分辨、下命令时，有强烈之自主性在其中，因此才能像工匠、宰甫所拥有的权责般，根据实际情况应变创造。又《礼论》说："礼之中焉，能思索，谓之能虑；"（礼是符合道的，参第四章第一节）故心对于道并非只是消极服从，而是具有思索与创造性、能动性的存在。况且"心欲綦佚"（《王霸》），心与其他器官一样，也是会累而必须要休息的，会想偷懒而喜欢安逸，绝不是纯理性的机械般存在。

　　正是因为心是活泼的存在，所以难免会犯错而出现被蒙蔽之偏差状态，《正名》曰："心之所可中理，则欲虽多，奚伤于治？……心之所可失理，则欲虽寡，奚止于乱？故治乱在于心之所可，亡于情之所欲。"《正名》曰："道者，古今之正权也；离道而内自择，则不知祸福之所托。"《成相》曰："正直恶，心无度，邪枉辟回，失道途。"以上三则引文中我们可以明显看出两点，一是荀子不认为情欲能决定人的行为，所以情欲之多寡不是问题，因为能决定人行为的只有心；二是心有时候会中理，有时候会失理而造成"无度""失道途"之状况，因此我们不能一味的依据心来抉择，在教育与学习时必须参照前人留下的智慧经验以及存在于万事万物中的道来内外印证、切磋琢磨（《大略》），这也是教育过程为何需要"格物致知"辅以"诚意正心"的原因。人之内心与外在万物于道的层面上，是能相通而相互促进的密切关系，绝不可偏废，这应该也是荀子之所以无法认同太过强调内求之性善说的原因之一。

　　为了能更好地避免心做出偏差、错误的决策，帮助人尽可能合道、知道、中理，所以荀子于教育思想中提出了一个很重要的自我修心的方法论

"虚壹而静"。《解蔽》曰:"夫何以知? 曰:心知道,然后可道,可道然后守道以禁非道。……人何以知道? 曰:心。心何以知? 曰:虚壹而静。……未得道而求道者,谓之虚壹而静。……知道察,知道行,体道者也。虚壹而静,谓之大清明。"又曰:"心亦如是矣,故导之以理,养之以清,物莫之倾,则足以定是非决嫌疑矣。"从上述引文我们可以看出荀子之修心教育理论绝非一味内求者,而是必须时时观照外界"导之以理",同时内心必须努力"养之以清",如此内外切磋、印证,才不致产生被蒙蔽而偏差的状况,才能达到"知道察,知道行,体道"的"大清明"教育目标,让人的言行举止与思维模式都能够符合道。

由上可知,荀子的教育思想体系中"心"乃人们知道、明理之根源,但并非有了心之后就万事大吉,因为让人能够趋向善发展的那股力量并非天生拥有,而是要靠人后天培养出之心力来克制怠惰、懒散、放纵、拖延等。所以心力就跟人体的其他功能一般,需要用合适的方式来养护。同时又要时常锻炼、练习,这样才能够越来越健壮而强大,正所谓"无冥冥(深远貌)之志者,无昭昭之明;无惛惛(专心貌)之事者,无赫赫之功"(《劝学》)。所以我们要接受教育、努力学习,并专心一意、坚持不懈,"锲而不舍,金石可镂"(《劝学》)。那何谓合适的方法技巧呢?《不苟》曰:"君子养心莫善于诚,致诚则无它事矣。惟仁之为守,惟义之为行。诚心守仁则形,形则神,神则能化矣。诚心行义则理,理则明,明则能变矣。"荀子提出了"诚"的方案,让人能对症下药的更好达到培养心力之目的。何谓"诚"? 荀子认为"守仁行义"是达至诚之最佳方法,是以人只要能坚守爱人的仁道(《大略》曰:"仁,爱也"),言行举止就会有如神助般产生神效,能无声无息地感化人我双方;而只要能事事依循前人成功的智慧经验

"义"(宜也,详参第四章第二节),那么做事就会有条理并符合道理,这能相互促进地帮助我们清明自己的内心,当内心清明了自然心力也就会随之变强。如此守仁行义,我们的心力就能很有效率地得到锻炼而强大起来,当心力强大后心的负担自然会减轻,这样也就能达到"养心"的目的了。

事实上,诚于心的含义很丰富,既可解释成专心一意,亦可解释为澄清己心,或是解释为忠诚于内心之感受,《不苟》曰:"夫诚者,君子之所守也,而政事之本也,唯所居以其类至。操之则得之,舍之则失之。"但是无论怎么解释,它都具有彰显人之自主自立、自觉自律的精神含义在其中,所以说"操之则得之,舍之则失之"。由于诚的功能之一,是能让人们对其产生认同感而乐于聚集、亲近,所以说诚是"政事之本"。另外《王霸》曰:"诚义乎志意",由此可知,诚与义之间的确有密切关系,并且能影响到人的意志力。是以《大略》曰:"小人不诚于内而求之于外。"荀子在骂那些放纵自己情欲而不知节制之人时,说其不诚于内在之义而只懂得向外追求外物、物质。荀子将"义"归类为内在,这其实是继承孔子的说法:"君子义以为质,礼以行之"(《论语·卫灵公》),孔子认为君子就是可以将义内化成为其本质的人,并透过礼将义之质表露于言行举止当中。另外《孟子·告子上》曰:"孟季子问公都子曰:'何以谓义内也?'"后来公都子答不上来对方的追问,于是跑去请教孟子,由此可推知孟子亦是主张义内的。

荀子除了主张义是内在于心之外(后文简称"义心"),还主张:人并不是天生就知道向内寻求的。《荣辱》曰:"君子非得势以临之,则无由得开内焉。……人无师无法,则其心正其口腹也。"如果君子不能获得权势而占据高位,那就没办法广泛教导人民而使之晓得如何"开内";同样的,如果不是有老师学习并传承给我们前人之智慧经验结晶"义",我们也很难自行摸索出如何控制口腹之欲而使之合宜(正)的方法。并且在此基础上进一步指出,当人们知道内在之义后,还需要"志忍私然后能公,行忍情性然后能修"(《儒效》),所以锻炼心志要从忍住偏私的欲望做起,最终期望能达致大公无私;而修炼德行则要从忍住自身情欲而不放纵做起,最终目标是要事事能适当节制而合义。而只要"志意修,德行厚,知虑明"(《天论》《正论》),当我们修炼意志以强大心力,使心能处于清明知道合道的状态时,德行自然就能渐渐积累而厚实,心智思虑也能明察而做出正确判决。

为了达到上述利人利己的教育目标,《不苟》曰:"君子大心则敬天而道,小心则畏义而节。"君子们从大方面会顺天应人(敬天)的教导大家走上正道,小方面则会努力不放纵情欲以符合道义(畏义)而懂得有所节制。至于为何君子所探索出的道理能人人通用而必须遵循呢?《不苟》曰:"心小而道大……故千人万人之情,一人之情也。……五寸之矩,尽天下之方也。"那都是因为君子所追寻的是人之道,也就是人之所以为人(《非相》)的道理,这是只要我们是人就能互通的常道,所以说"故千人万人之情,一人之情也",并且正如前文所述,人心是能通晓、符合道的,所以心虽然不大但却能容下万事万物的道理于其中,尽知天下的道理与对待处理的方法。

荀子认为人天生不止心中有义心,还有好利之欲,《大略》曰:"心之于虑亦然。'义'与'利'者,人之所两有也。虽尧舜不能去民之欲利,然而能使其欲利不克其好义也。虽桀纣不能去民之好义,然而能使其好义不胜其欲利也。故义胜利者为治世,利克义者为乱世。"这讲的是人天生身上有两股力量不断地在拉扯、争斗,一个是公利之义,一个是私欲之利,这两者都是人生而有之者,所以不可去。当尧舜之世,公义胜私利,所以成为治世;反之,桀纣之世,由于私利胜公义,所以成为乱世。义心,明显是合于荀子所说之道理,此即心处于大清明(《解蔽》)状态的正确选择,所以尧舜弘扬之而被称为圣王;至于私欲之利,明显是不符合荀子所赞同者,是以此即心处于偏蔽状态后之错误选择,是以桀纣偏于之而被斥为盗跖(《劝学》)、独夫(《议兵》《正论》)、禽兽与怨贼(《正论》)。

当然,要让人们认同并愿意追随而听从其教育理念,绝不是只凭说的话有道理就能做到。所以在荀子的全文中一再强调,所教授与让人学习的一切规范法度必须能"服人之心"(《仲尼》《王霸》),要出自"爱人之心""和人心"(《强国》),要基于"顺人心"(《大略》)。并还要为人师表者以身作则、先己后人"以仁心说,以学心听,以公心辨。"(《正名》)仁心,即爱人之同理心(《大略》曰:"仁,爱也");学心,即虚心而能容物以学;公心,即心象道而大公无私之心。以此三心之能力与功用"感动人之善心""善民心"(《乐论》),进而达成"上下一心"(《富国》两次、《强国》一次),"总天下之要,治海内之众,若使一人。"(《不苟》)的教育目标,团结大家的力量,共同努力促使天下重归于太平。

荀子认为所谓的国度,从来都不属于一家一姓一人,"天之生民,非为君也;天之立君,以为民也。"(《大略》)因为人心必会透过历史洪流的力量,自然淘汰、否定那些不符合人心共识的礼仪法度与政权、强人,他们顶多一时猖狂得势,但长远而言绝不可能持续且会必然衰败,并且促使其衰败的关键力量通常绝不是来自外部(到后期会内外交缠,让一般人难以辨明);反之,在没有强大外力的介入下,历史必会让符合人心共识者存活更久且更安稳,这是人类不断创造更进步的文化而迈步向前的原因之一,这就是荀子所认定的规律。当然,在本国文化前行进步的同时,其他文化也并非停滞于原地踏步,所以就会出现所谓竞争的历史现实,这则是另一层面的问题了。因此礼义法度的产生绝对与人道人心脱不了关系,因为它是由众人不断经由历史与长期实践后之共同感受、肯定或否定的过程,逐渐确立,而最后经过某个或某些人的整理、思索、判别,并根据当代的现状改变调整后制定。

二、内外切磋印证的"心术"

荀子一书中"术"多指方法之意,如"治气养心之术"(《修身》),"常安之术""常危之术"(《荣辱》),"谈说之术"(《非相》),"终身不厌之术""必无后患之术"(《仲尼》)。所谓心术,《非相》曰:"相形不如论心,论心不如择术。形不胜心,心不胜术;术正而心顺之,则形相虽恶而心术善,无害为君子也。形相虽善而心术恶,无害为小人也。"此则引文中,明显将心术分为善与恶两种。当然荀子赞成的肯定不会是恶的心术,所以其所谓"论心不如择术""心不胜术"是在警告我们选择正确方法的重要性,如选择错了方法,就算有一颗善心也很可能会造成恶果。所以我们如果不懂得能实现人心愿之善心术,就很容易好心办坏事。例如父亲正处于生气状况,这时硬要与之说道理,不仅效果差,更可能会造成反效果,进而让其做出事后可能后悔之事;或我们心存正义,一心想为国家、社会做些利国利民之事,可如毫不避讳地一股脑、一头热去做,不仅可能事情做不成,还会造成反效果(反面示范),并且可能会使力挺你和你所珍视的人遭遇祸患。

《解蔽》篇告诉我们,心是善的好的,是人一切行为的出发点与起源,所以其对教育之重要性再怎么强调都不为过。然而荀子认为最后成就一个人善恶或君子小人的并非心,而是善的心术。那荀子所赞成的善心术是什么呢?《修身》曰:"术礼义而情爱人",《荣辱》曰:"仁义德行,常安之术也",《富国》曰:"故儒术诚行,则天下大而富。"《强国》曰:"力术止,义术行",《成相》曰:"水至平,端不倾,心术如此,象圣人;"由以上五则引文可知,荀子所谓的善心术就是礼义、仁义、儒术、义术、象圣人之术,简而言之就是前文一直在阐述的"道"。而荀子反对的恶心术则是:"凡万物异则莫不相为蔽,此心术之公患也。"(《解蔽》)也就是说,其实也就是荀子一直反对的一切偏蔽而不合道与失理者。

在现实之复杂情况下,楼宇烈先生常说"要有智慧的做善事"。而有智慧的行当行之事,比不懂审时度势的难度来得大,一般人一开始很难做到,是以建议可从避实击虚之暂避锋芒的道理做起,《不苟》说:"与时屈伸,柔从若蒲苇,非慑怯也;……以义变应,知当曲直故也。"我们不是怯懦,而是"以义变应",这样才可保存有用之身,为国家社会继续贡献。但死有轻于鸿毛,有重于泰山,如果避无可避,或理不当避,或该迎难而上,或该舍生取义时,我们亦不当退缩,"君子易知而难狎,易惧而难胁,畏患而不避义死,欲利而不为所非"(《不苟》),只要义之所在,人自然会有足够的勇气当仁不让,不过陷己于死地,实是万不得已之最后选择。

当我们能理解荀子对于教育体系之构思的思路时,就会清楚知道其为何如此强调礼义法度,这是首先基于认定人之心本善的基础上的强调,希望借由善心术:礼义法度,帮助大家"长虑顾后"(《荣辱》)地实现自己心中所欲所想。毕竟如不懂礼义法度之人的善心,发诸行为后常容易造成好心办坏事,事与愿违的状况,所以引导事情是否能往利己利人方向发展的心术(礼法)就显得格外关键而重要。这也是在提醒大家,努力不一定就是好的,只有方向正确的努力才能事半功倍。人生不是只有愿望就能达成,它需要规划、集中精力地往正确方向去努力专一。而心术则能让原本没把握的事情提高成功的可能性,虽说不是一定会成功,但至少能大幅降低失败与偏差之概率。并且依据正道而行之的过程本身就是重要的珍宝,只要我们纯粹而尽力地追求美好事物,就算最终不成功,也能留下好的回忆,无怨无悔。

我们天生拥有可以知道、合道、中理的心,且心不仅拥有知、虑、辨的天生能力,并还能帮助人们"参省"(《劝学》)、"自省"(《修身》《王霸》)、"内省"(《修身》)。但这并不代表人们就能据此坚守道义原则,因为情欲的力量常大于善心良知,造成人们容易犯错的问题。其实犯错并非什么不可饶恕的事,怕的是"犯了错而不知悔改",没有愧疚、羞耻之心。而懂得反省的人,其实就是在锻炼自我心力,以避免再次犯错的人。一般人并非天生就能拥有强大心力,而"圣人""君子"就是在经过自我锻炼、提升的历程之后,才拥有强大心力之人。所以荀子认为反省重要,就是在存养增强人们善心良知的力量,所谓"夫此顺命,以慎其独者也。善之为道者,不诚则不独"(《不苟》)就是这个意思,要人遵循天生的善心,诚实面对自己本心,不可因为心只有自己能独知而懈怠。反省,是一种修身养性的功夫,所以《修身》篇开头就说:"见善,修然必以自存也;见不善,愀然必以自省也。善在身,介然必以自好也;不善在身,菑然必以自恶也。"至于善心良知则属人人天生已具,不需学习,只需避免因为欲望而遮蔽了它。

至于修身养性主要靠内省还是规范呢？因为"善"是出自人之内心，但心的力量通常不会一生下来就强大，且其又会因外界的影响而随时可能被遮蔽或偏斜，所以通常我们仍需要外部力量来辅助我们存养它。而这外部的辅助力量，荀子认为就是圣王所制订而老师（《大略》）所传授我们的礼义法度，并且认为礼法在一般人修身的过程中不可或缺。因为普通人天生对物质界的欲望很强烈，容易短视近利、怠惰苟且（《王霸》曰："心欲綦佚"），是以虽然明知怎么做会对自己好，但是能始终照作或坚持作对的事的人却少之又少。例如只要用功成绩会较好、常吃杂粮会较健康、适度运动与吃七分饱对身体好、多看远处少看电子产品对眼睛好、早睡早起身体好、生活规律精神好、守信不说谎人品好等，但一直能作出正确选择或行动的人有多少？是以可知"回也，其心三月不违仁"（《论语·雍也》）是多么难得。

反省，荀子归类在修身养性的教育方法论中。它能让我们知道自己哪里有错，哪里不够好，哪里很好等。内省是个自我认识然后自我完善的重要过程，如果说一个人的善并非源于内心，而只是由于道德规范迫使其如此的话，那荀子就没必要再讲"诚"，讲"虚壹而静"，讲"解蔽"，所以荀子必然认定心为善之一源，这点不该再有争议。只不过这里必须提问的是：到底是伪君子好，还是真小人好？人该是因外力而为善，还是因内心真诚认同而为善事较好？《中庸》认为："或生而知之，或学而知之，或困而知之；及其知之，一也。或安而行之，或利而行之，或勉强而行之；及其成功，一也。"所以笔者认为只要最终能为善，并且能渐渐内化而习以为常即可，无须太过纠结于此。

当然,如因外力而为,那外力缺位的情况会如何? 关于这点荀子也非常忧虑,他认为"有治人,无治法"(《君道》),"故有良法而乱者,有之矣,有君子而乱者,自古及今,未尝闻也"(《王制》《致士》),强调外力还是必须建筑在完善每个人之德行上。荀子全文强调的是人之道,所以其教育思想本不可能只偏重于外而忽略内在道德修养,是以事实上荀子是采取两手教育策略,一方面要求人们要能够内省,能够清明己之内心后根据自身善心,而分辨是非对错;一方面也强调礼法道德的约束与鼓励之力量,"勉之以庆赏,惩之以刑罚"(《王制》)的赏罚分明,"德以叙位,能以授官"(《致士》)的鼓励人修德以取高位,养能以得官职,让人能够有强大守仁、行义之动力。所谓"人为财死,鸟为食亡""重赏之下必有勇夫""有钱能使鬼推磨",奖励是激励人爆发出潜力最直接且有效的办法,历史上有无数实证经验,再加上惩罚与职位的升退,产生之力量必不容小觑,或许这亦是荀子于兰陵教育实践后的成果之一?

现实状况是很复杂的,所以荀子也只能举其大概来教导、指引大家如何善用心术,《修身》曰:"治气养心之术:血气刚强,则柔之以调和;知虑渐深,则一之以易良;勇胆猛戾,则辅之以道顺;齐给便利,则节之以动止;狭隘褊小,则廓之以广大;卑湿重迟贪利,则抗之以高志;庸众驽散,则劫之以师友;怠慢僄弃,则照之以祸灾;愚款端悫,则合之以礼乐,通之以思索。凡治气养心之术,莫径由礼,莫要得师,莫神一好。"此则可谓之为荀子的心术之具体应用方法。调理性情以培养心力的具体方法:当人血气过于刚硬强盛时,就要教之以心平气和之术来调和它;当人思虑越来越复杂深沉时,就要教之以坦率忠直来唤醒其良善单纯之本性;当人勇敢胆壮而容易冲动凶猛暴戾时,则要先顺其性情地让其心服口服(如军中之下马威),然后再辅之以训导而使其懂得顺从命令;当人过于敏捷草率、动作语言太急躁而不慎重时,则要教之以节制其放肆的观念并让其知道何时该动何时该止;当人气量狭小、思想偏蔽时,则要教之以开阔心胸的心态,并让其知晓从整体宏观之广大视角看事情;当人自卑而自甘堕落、积极性低但又贪图利益时,就要教之以崇高的志向,用远大的高志来激发他的贪利之心并使之产生行动力;当人才能平庸而又驽钝散漫时,就要善用良师益友所塑造出之氛围来裹挟他一同往利己利人方向转变;当人消极怠惰、不自尊而轻易自暴自弃时,就要使之明白这样会惹来严重之祸患与后果的恐吓、惊醒他,并使之懂得敬畏且珍视生命;当人拥有憨厚朴实、诚实善良的天生美德时,为师者更要懂得用礼乐来开导他,使其知晓内外切磋的内省与思索之道,进而能有步步高升而积累成圣之机会。总而言之,最好的调理性情以培养心力的方法、捷径是引人走上礼义法度的道路,有前人智慧经验之师承就能节省很多自我探索的时间精神之虚耗,而最能发生神妙作用的就是能专心喜好礼义法度。

人性不是算计出来的,或者应该说,很多情况人性与算计刚好背道而驰,例如,按照能量守恒的定理,一切事物都应该是越用越少的,但正面、积极的情绪,或真善美,或善意的互动,却能越用越多。人本身就常常处于矛盾状态,对一件事情,常可能会出现难以抉择的情形。有良心的人会不会做坏事呢?答案是:会的。为什么?因为人非圣,贤孰能无过,所以人并不怕犯错,怕的是犯错而不知更改。所以人在做坏事时,最可怕的是没有愧疚、羞耻之心。而努力去做到问心无愧,就是在锻炼人的良知善心,这是在追寻最终天人贯通的必经过程。

由于清明的心乃是天生每个人都拥有的存在,"君子之与小人,其性一也。"(《性恶》)但由于后天环境资源之有限性与天生情欲的交会,掺杂混合而形成对心的干扰影响,使人们为求生存或彰显自我,很容易出现本心心愿与实际结果间相冲突之结果。而此时到底心与术谁比较重要? 其实这是一个互动的过程,所以要看事情发展处于什么阶段。从根本上说,术乃为了道而生,术是手段而道是目的,所以术当然不可能先于道。虽说心在"大清明"(《解蔽》)的状态下会知道,但是心又极容易被遮蔽,而术则是在心处于大清明时制订、规范出来的,其又能在心波动起伏的过程中扮演一个不可或缺之稳定可循的角色,所以对于难以入大清明状态的普通人而言,论心当然不如择术来得重要。

《解蔽》曰:"至人也,何忍? 何强? 何危? 故浊,明外景;清明内景,圣人纵其欲兼其情;而制焉者理矣,夫何强? 何忍? 何危? 故仁者之行道也,无为也;圣人之行道也,无强也。仁者之思也恭,圣者之思也乐。此治心之道也。"心术不是强迫人做不合情合理合道之事,必定要符合人性、人道,如此之礼法方为正道正法。至人圣人是不需要强忍情欲而害怕礼义法度的,他们在内在之心混浊时,会趁机善用外在前人之智慧经验与万事万物所显露出来的道理,(内浊反而外景更明)来切磋琢磨(《大略》)过往思索之成果;而当内在处于虚壹而静之大清明状态时,自然更能从心所欲而不逾矩地率性而为,治理一切事情都符合他心中之情理,所以根本不会感到被礼义法度拘束,是以不用刻意强忍或害怕什么。因此爱人之仁者(《大略》曰:"仁,爱也")在推行礼义法度之道时,只需要以身作则的做自己,而不需要有太多其他作为;通晓人之道的圣人在推行礼义法度之道时,因为是顺人心(《大略》)、人情所以自然也不需勉强一般人遵守。仁者在教导人时心思是处于相互恭敬的心态,而圣者在教导人时心思是期待彼此能以此得乐的。这就是治心养心之术的最高明的境界。

第二节 凸显教育必要性之"性恶论"

一、从教育视角看孟子之性善论与荀子之性恶论

荀子千年来一直备受争议的就是其"性恶论",如果我们暂且撇开"性恶"两字不谈,细细比对其与前辈学者孟子的说法,明显可发现在教育思想上两者基本上是有许多相似与共通处。由此可知,其并非是全然反对孟子,而是站在批判性继承的立场承接孔孟之遗产,然则他到底是为何要提出此说法?这说法能达到什么教育目的?

孟荀教育思想皆源自儒家,然又各有其特殊性。由于基本见解并无太大差异,因此历代学者对孟荀比较时最常提出的是:"性善与性恶、不忍人之心与心有知辨之能、法先王与法后王、不重乐教与强调乐教"这四种对立关系。然在笔者一再阅读比对后发现,除了孟子未强调乐教外,其余三者实无根本性之差异。基本上孟子亦知晓人性的复杂,只是其认为那些天生者"君子不谓性也"(《孟子·尽心下》)而荀子则谓之性;荀子的心亦是为善之根而具有知理、明道、合道之能;荀子虽强调法后王,但也十分肯定先王。也就是说,许多教育思想之见解荀子实与孟子并无二致,孟子所赞同之"君子所性,仁义礼智,根于心"(《孟子·尽心上》)与荀子所赞同之"伪起而生礼义"(《性恶》),以及孟子所反对之"君子不谓性"与荀子所反对之"性恶",基本是属同一类东西,只不过前者之主张较偏于内而后者较偏于外。历代对其误解或起源于荀子批评了孟子,并提出

了一般教育家不易认同的性恶论之故。

孟子之性善与荀子之性恶两者间最大的差异,在于荀子认为人的行为因情欲之无节而易生争乱,而孟子则对此处较为忽略不提,"人之所以异于禽兽者几希,庶民去之,君子存之。"(《孟子·离娄下》)因为其不认为人之兽行可被归类为人之性,因此仅专用力于阐述人有"不忍人之心"与四善端(《孟子·公孙丑上》),以此坚定人们向善之心,这十分符合教育家们的思维模式;而重视实际实用的荀子则没那么理想化,他对于人的心虽信任其为有义,然也同时强调其易于被蒙蔽的一面。毕竟当时战乱频繁,而于生死存亡之极端状况下,多数人较容易做出自保自利行为,人的黑暗面相对明显。

孟子基于教育家之立场,为达激励人心之教育效果,是以只言性之善,虽略显过于理想主义,然言语中也因此充满热情与活力;荀子则基于实事求是之研究型人格,正视人性之阴暗面而言性之恶,并借此更加强调、凸显出教育的功用,但同时亦不否定人性具有自我超越的可能性,言论中亦充满鼓励、期许,然略显过于理性(参结论)而冷静、客观。钱大昕认为:"孟言性善,欲人之尽性而乐于善;荀言性恶,欲人化性而勉于善,立言虽殊,其教人以善则一也。"①荀子让人不要好高骛远,要人一步一脚印地改善自己,终极希望人能够达至"参于天地"(《不苟》《儒效》《性恶》《王制》曰:"天地之参也",《臣道》曰:"功参天地",《解蔽》曰:"明参日月",《成相》曰:"必参天",《赋》曰:"大参天地")的境界,然因激情不足,

①钱大昕:《荀子笔释跋》,转引自孔繁《荀子评传》,南京大学出版社,1997,第298—299页。

是以较无煽动性;反之,孟子的言论由于感染力极强,是以容易得到他人认同而跟随。

宋文慧说:"荀子所言之性与孟子实有不同,一个立足人的自然本性,从现实意义上讲;一个立足人之社会属性,从价值意义上讲。"①笔者不完全同意其"自然本性"与"社会属性"的对举,因为孟荀在定义性善与性恶论时,其实都同时观察到了这两个层面,孟子曰:"口之于味也,目之于色也,耳之于声也,鼻之于臭也,四肢之于安佚也,性也,有命焉,君子不谓性也。"(《孟子·尽心下》)所以孟子明显知道人的天生自然本性,只是认为不应将此动物性看作是人性罢了,只专注于强调人之道德性,以致于最终之侧重与荀子有异;但其所言之"现实意义"与"价值意义"的区分,笔者是认同的。孟子的性善,专指人心之本善而行为不一定为善,善乃言人心之趋向,所以可谓之心善论者,此即"价值意义";而荀子的性恶偏指人行为之趋向,其所谓恶基本指情欲所造成的争乱行为,然同时又认为理(善)在人心,只是易被蒙蔽,是以心对荀子而言乃一切人为(伪)之源,因此荀子实际可谓为心义行恶论②者,此即"现实意义"。

从教育的角度来看,孟子强调人有良心善端,而荀子则提出进一步的

---

① 宋文慧:《荀子经济伦理思想探析》,硕士学位论文,南京大学哲学系,2014,第3页。

② 梁涛:《荀子人性论的中期发展——论〈礼论〉〈正名〉〈性恶〉的性—伪说》第40页,"从善、恶的内在张力对人生做出考察,实际提出了性恶、善伪说,由于伪与心密切相关,也可称为性恶、心善说。"笔者基本同意其心善之说法,然稍嫌不够精准,认为改为"心义"更能符合荀子原意;另对性恶部分的认识,亦与之稍有出入,认为荀子认定天生之性非恶,而后天之行则必因外界种种因素迫使其趋于恶。

追问:人除了有善端之外,是否也有恶端? 于是荀子根据在生活实践上亲眼所见、亲耳所闻的观察后认为:人虽然原本是善的(《性恶》曰:"夫人虽有性质美而心辩知"),但在心被蒙蔽而无法辩知以致造成"失理"(《正名》)后,就会对人之言行作出过或不及之的偏差性指导,以致造成人们的恶行。因为荀子明白指出性"不可事"(《性恶》)、"不能为"(《儒效》),且其所谓化又是"状变而实无别而为异者,谓之化"(《正名》),所以性并未被改变,被改变的只是外表之"状",而"性"显露在外表的自然就是言行举止、态度等行为而非性之本身。是以可知,荀子所恶与所欲化者并非性之本身。

由于荀子主要继承孔子的理念,所以我们在此应了解一下孔子对人性的看法,子曰:"性相近也,习相远也。"(《论语·阳货》)又曰:"吾未见好德如好色者也。"(《论语·子罕》《论语·卫灵公》)"哀公问:'弟子孰为好学?'孔子对曰:'有颜回者好学,不迁怒,不贰过。不幸短命死矣,今也则亡,未闻好学者也。'"(《论语·雍也》)由此推知,在《论语》中孔子似乎不认为德是如同性欲般的存在,毕竟孔门弟子中仅有颜渊一人被誉为"好学",甚至孔子都没看过如好色般好德的人。但是孔子又说:"仁远乎哉? 我欲仁,斯仁至矣。"(《论语·述而》)这样是否有矛盾的问题呢? 其实这说法与荀子非常类似,仁本来就一直在我们的心中,不过"我欲仁"只是人之成仁的第一步,当然这是非常关键的一步。可这样是否就足够了、圆满了? 当然不是! 荀子认为还需要"战战兢兢,如临深渊,如履薄冰。"(《臣道》引用《诗经·小雅·小旻》)努力锻炼维持,要解蔽、专一、积累,要三省吾身(《劝学》),要知耻之勇(《荣辱》),并需要师友的氛围与砥砺(《修身》)。由此可知荀子是以心善行恶之"性恶论",来阐释出教育的重要性与学习的方法论。

荀子所以提出性恶,一方面由于其乃身处于纷乱数百年的战国末年,人心败坏的极其严重,《荣辱》曰:"又以遇乱世,得乱俗,是以小重小也,以乱得乱也。"弱肉强食之丛林法则深入人心,毕竟儒家这一套治国理政的体系是"非治乱也"(《不苟》),唯有让天下复归于太平一统后,儒之治道才能彻底落实而大行,是以荀子隐约认同:此前可不一味拘泥治法,应于战时外取战法、战术、战谋而内取治法、治术、治谋,如此"外应之以战而内应之以治",始能更有效率的结束乱世。故曰:"秦人其生民狭陋(谋生之途狭窄),其使民也酷烈,劫之以势,隐之以陋(诸多问题被谋生之途狭窄隐藏),忸之以庆赏,酋之以刑罚……故四世有胜,非幸也,数也。"(《议兵》)然归于一之后仍要重归正轨,彻底落实以儒之义道治天下,"力术止,义术行"(《强国》),这样才能更好且长久地守住江山,否则会"代翕代张,代存代亡"(《议兵》),"则偭偭然其不及远矣!是何也?则其殆无儒邪"(《强国》)。后来果如其言,秦帝国二世而亡,毕竟"兼并易能也,唯坚凝之难焉"(《议兵》),民心之"坚凝"难得。

另一方面则欲借此以强调出教育学习之必要而不可或缺性。由于孟子提倡的性善论在当时就荀子所见,已产生了轻视学习、放任自流、不学无术的流弊:"略法先王而不知其统,犹然而犹材剧志大,闻见杂博。案往旧造说,谓之五行,甚僻违而无类,幽隐而无说,闭约而无解。"(《非十二子》),许多儒者只知提倡先王之道却不知其根本纲领,还自以为是的摆出一副很有才能而志向远大的样貌,言不及义的与人畅谈其博杂的闻见知识。将经书纯凭己意的臆说且随意分为五类,不知是依据什么偏僻违理的原则而分得不伦不类,遮遮掩掩的说不出道理,没有系统而让人难以理解。这状况有点类似部分阳明后学,是以荀子才会专门针对此提出性恶论的主张,以凸显接受正规师法传承之教育与刻苦学习的必要性,并同时彰显出法后王之"重视当下现实"所能发挥之功能与意义。认为人如果不受教,为恶的可能性很大,所以说教育与学习具有处理或预防人变坏或学坏的功能。毕竟坏事在其萌芽时制止其生长才是最简单、耗费最少的好方法,就如四两拨千斤顺势导引一般,而教育、道德、礼都能有这样防患未然的效果,且能潜移默化、细雨润物。

二、荀子所谓"性"为何?

在解释荀子之重要词汇定义前,必须再次强调,笔者诠释荀子文本之方法,乃先根据上下文分析来确定其词义,然后据此将其归类并予以阐述,不会拘泥字词之表相,因此引文有时表面会看似稍显混杂。此乃由于当时古人著作并非短时间完成,且问世后必然经过许多手之集结、传抄、混杂、统整,并写作前亦无统一字词与词义之习惯与规则,转注、假借普遍常见,是以容易出现一词多义或多词一义之情形。例如"人性"乃"人之所以为人者"(《非相》),荀子在书中有时称之为"人之道"或人道、道、义、礼义、礼;而天性,则为人天生即拥有者,而在荀子一书中会交杂使用人之性或性、情欲、欲、情等称呼之。

荀子对"性"的特质是有清楚描述的,《正名》曰:"不事而自然,谓之性。"《正名》曰:"性者,天之就也;情者,性之质也;欲者,情之应也。……欲不可去,性之具也。"《性恶》曰:"凡性者,天之就也,不可学,不可事。……不可学,不可事,而在人者,谓之性;可学而能,可事而成之在人者,谓之伪。"从以上三则引文可知,人们天生而拥有者即为荀子所认定的性,

也就是说,其所谓性乃指天生之"君子不谓性也"(《孟子·尽心下》)者,
而非如孟子般指的是"君子所性,仁义礼智,根于心"(《孟子·尽心上》),
这两者是必须要区分清楚的,因为这是荀子千年来被许多学者否定而批
判的最主要根源之一,两者所言"性"根本就不是同一定义。当我们厘清
此差异后,再来看孟子与荀子的说法就会发现,其实两者间所赞成与所反
对的基本是相通且一致的。而根据荀子对性"欲不可去""不可学,不可
事"的定义,其所能改变的绝不可能是其所定义的"性"之本身。另外此
段荀子提到学习,认为教育与学习本身就是一件人为(伪)之事,因为教
育之力能让人从不知、不能者,化为可知可能。至于荀子所起的"伪"其
实与孟子所认同之根于心的"仁义礼智"并无根本性的差异,因为"伪起
而生礼义"(《性恶》),指的就是让人能往良善方向发展的伪,而非诈伪、
行伪等恶性之伪。所以说孟荀所赞同(性与伪)与所反对(君子不谓性与
性),根本都是同一类东西,只是取名之故而让人产生了混淆。

许多人判定荀子所谓性恶的"性"指的是人的情欲,而笔者因为《正
名》曰:"心之所可中理,则欲虽多,奚伤于治? ……心之所可失理,则欲
虽寡,奚止于乱? 故治乱在于心之所可,亡于情之所欲。"从此则引文看
来,荀子不以情欲为恶,是以认为其所谓性恶之性很明显并非指情欲。既
然非指情欲,为何荀子在提及性恶时却又不断提到情欲呢? 列举三则引
文如下:

1.《性恶》曰:"今人之性,生而有好利焉,顺是,故争夺生而辞让亡
焉;生而有疾恶焉,顺是,故残贼生而忠信亡焉;生而有耳目之欲,有好声
色焉,顺是,故淫乱生而礼义文理亡焉。然则从人之性,顺人之情,必出于
争夺,合于犯分乱理,而归于暴。……用此观之,人之性恶明矣",因为人

是天生"好利""疾恶""有耳目之欲""有好声色"的,如果放纵这些人们天生拥有的情欲,就必然会产生恶的结果。

2.《性恶》曰:"今人之性,饥而欲饱,寒而欲暖,劳而欲休,此人之情性也。……故顺情性则不辞让矣,辞让则悖于情性矣。用此观之,人之性恶明矣",人饿了就会想吃饱,冷了就会想穿暖,劳累了就会想休息,这是正常的情欲。然而当资源有限的时候,如果不教之以节制或礼义法度而顺从情性,人是不会懂辞让的。

3.《性恶》曰:"所贱于桀、跖、小人者,从其性,顺其情,安恣睢,以出乎贪利争夺。故人之性恶明矣",我们瞧不起桀、跖、小人,是由于他们放纵自己的情欲,任意胡作非为,贪财好利而使得人们相互争夺。

基于上述三则引文中荀子所使用的词汇看来,的确很容易让人产生人之性就等于情欲的论断。但再进一步仔细阅读分析后会发现,荀子的意思其实是指:天生之情欲绝不可一味地放纵而不节制,因为基于人的"欲恶同"(《王制》《富国》)以及人之群居性与资源有限性,这会容易产生纷争的问题。为何笔者会得到这论断呢?《性恶》曰:"尧问于舜曰:'人情何如?'舜对曰:'人情甚不美,又何问焉!妻子具而孝衰于亲,嗜欲得而信衰于友,爵禄盈而忠衰于君。人之情乎!人之情乎!甚不美,又何问焉!唯贤者为不然。'"如果说欲望是恶的,为何此则引文中三种欲望得到了满足后,人所表现出的反而是向善之心与行衰败的现象?由此可知,欲望在很多情况下反而是促进人为善的原动力,它如同武器一般,可为恶亦可助善,属于中性的存在。否则就不会说:"凡人之性者,尧舜之与桀跖,其性一也;君子之与小人,其性一也"(《性恶》)。所以"性"本身是中立而质朴的,是不可事(《性恶》)、"不能为"(《儒效》)的,事实上能够被人所化的并非是"性"本身，"状变而实无别，而为异者，谓之化"（《正名》），由此可知，性本身"实无别"并未被"化"，被改变的实为其外在之表征与行为。

如上述所言，天生的情欲是不能被消灭或改变的，所能改变的其实是天生之性与资源的有限性造成之趋势与行为。《性恶》曰："今人之性，生而离其朴，离其资，必失而丧之。用此观之，然则人之性恶明矣。"此则用"离"字，明显讲的就是一种趋向问题，绝非天生之朴质本性有问题。事实上，荀子全文类似的"离"字出现多次，如"有侈离之德则必灭"（《王霸》），"涣然有离德者也"（《议兵》），"异形离心交喻""凡邪说辟言之离正道而擅作者""离得欲之道而取所恶也哉""不可道而离之""离道而内自择""行离理而不外危者"（《正名》）。上述这些"离"，都可解释成在强调原本道、德、心、理是在我们心中、身上，原本万物不该离开道，因为"修之者荣，离之者辱"（《成相》），然而人由于天生有太过强的自主能动性，再加上资源的有限性，是以造成后天出现离道、离德、离心、离理的问题。

是以荀子《性恶》所谓的"性"其实不是言"人之所以为人者"，《非相》曰："人之所以为人者何已也？曰：以其有辨也。……故人道莫不有辨。"所以荀子是用"人道"（类似社会建构论的角度）称呼"人之所以为人者"，而不是用"人之性""人性"或"性"称呼之。这是很关键性的区分，牵扯到荀子所赞成与所反对的究竟为何？后文第四章处有详述。用我们现代习惯的词汇来说其所言的是天性。并且他在《性恶》篇中欲强调的其实是"人天生容易如何"的问题，而不是在讨论"人之本性为何"的问题。所以荀子反对的是"天生之性"所造成的行为趋势，否则荀子就不会在《解蔽》与《正名》两篇中大篇幅强调，同样天生存在于人身上的

"心"有使人向善、明理而知道的功能;还说心就是天君(《天论》),是主管节制人一切天官的行为表现者,如不这样解释岂不是明显得太过矛盾?

因此人的天性本身并没有问题,荀子不曾反对、否定之,《性恶》曰:"夫人虽有性质美而心辩知",《礼论》曰:"性者,本始材朴也;伪者,文理隆盛也。无性则伪之无所加,无伪则性不能自美。"这两则讲的是"人初生之始时乃质朴而美的",从与人互动之行为来看,婴孩气力很小,所有器官之发育都还很稚嫩,思虑也单纯,是以很难主动去祸乱什么或过度争夺,因此从外在言行举止判断容易将其归类为良善的,毕竟那时尚不懂贪多藏匿,没有忧虑得想笑就笑,想哭就哭,不用掩饰,一切都是自然而然,所求只是吃喝拉撒睡与父母之关爱。是以人的天生之性本无善恶之分,正如上一节提到人之情欲并非善恶的关键一般,只不过心念动机可能后天出现偏蔽导致为恶,并且善心亦可能导致恶果。性当然是一切的根本前提,所以说"无性则伪之无所加",但是从教育角度来看,心才是荀子教育思想的根本第一义,是一切行为的前提。因为,如果没有心,人就没办法认知、分辨与知道、合道,并且很难挣脱兽性的束缚,进而切磋琢磨地内外印证、沟通,不断提升积累而诞生圣人以制礼作乐,然后其制定出之礼义法度又能反过来帮助人预防天性与资源有限性造成的恶趋势,进而引导其变成大家能接受的共赢之善。

三、荀子所谓之"恶"与教育

基于教育行为的根本原理,荀子所关注与阐扬的教育学习观念必定是人所能为之者,也就是说教育与学习能产生作用者。至于人无能为力且属于中性的"天性",照理不应成为荀子教育思想的讨论焦点,因为那属于无法被教育的领域。是以荀子所谓的"恶"明显指的不是人之天性本为恶的问题,是以其从不强调人性是如何的阴暗、邪恶、卑劣。荀子所谓之恶乃指人的天性使人在群居的状态中,会因资源的有限性而产生之恶,进而凸显出人天生有倾向恶之方向发展与缺乏自我约束力的问题。《性恶》曰:"然则从人之性,顺人之情,必出于争夺,合于犯分乱理而归于暴。……用此观之,人之性恶明矣,其善者伪也。"由此可知,荀子关心的一直是人在天生情欲的放纵下,基于人群居与资源有限的特性,容易产生争夺等乱象之问题。

教育就是要教人在有选择的情况下,应该如何做出对的选择,《正名》曰:"心虑而能为之动,谓之伪;虑积焉,能习焉,而后成,谓之伪。"这告诉我们所谓的"伪"是基于心虑之后的行动。当然,心如果受到遮蔽,行动就容易偏颇而不善,但如以处于"大清明"(《解蔽》)状态的心作为原动力,则行为就会合于道。至于心被遮蔽后的伪,例如:"诈伪生塞"(《不苟》)、"不可欺以诈伪"(《礼论》)、"行伪险秽"(《非十二子》)、"衣冠行伪已同于世俗矣"(《儒效》),甚至少正卯被诛的五大原因之一是:"言伪而辩"(《宥坐》)等,都是不好的"伪",所以《荀子》说:"著诚去伪,礼之经也。"(《乐论》)认为不诚于本心之偏蔽的、不好的伪需要被禁绝、去除。故"人之性恶,其善者伪也。"(《性恶》)应该理解为:人的天生之性放任发展是容易造成恶行恶果的,而善源自大清明之心的思虑后的人道行为。

荀子《性恶》一开头就说:"人之性恶,其善者伪也。今人之性,生而有好利焉,顺是,故争夺生而辞让亡焉;生而有疾恶焉,顺是,故残贼生而忠信亡焉;生而有耳目之欲,有好声色焉,顺是,故淫乱生而礼义文理亡焉。"可知,其所恶者是"争夺""残贼""淫乱"等结果,①那么为何会产生"争夺""残贼""淫乱"等这些恶事呢? 追根究底不得不归咎于物质界的有限与局限性。由于好利、疾恶(厌恶让己身产生恶感之事,如忠言逆耳、道德绑架)、好声色等事实上都属于中性词汇,就如"食色性也"一般,而坏的是没有节制的"顺是"所产生之恶果。

那何谓有限性? 何谓局限性? 所谓有限性就是资源是有限而人是会攀比的,攀比使得人的欲望无止境,《荣辱》曰"然而穷年累世不知不足,是人之情也。"这就造成资源就算再丰沛也会处于不足的状态。而所谓局限性则是基于时间与空间、物质的多样与差异性,以及情感的亲疏所产生。分配资源,必然有时间上的先后与空间上的远近落差;肉有种类与部位好坏、新鲜程度的问题,苹果有大小、脆度、甜度的问题,就算人工处理、批量制造的东西也不可能完全一样,是以物质的多样与差异性必然造成分配上无法绝对公平;且基于人与人之间情感的亲疏与熟悉的程度,难免在资源上会出现分配的先后、多寡、好坏的差异。以上这些,都是可能会

---

① 部分学者认为《性恶》曰:"凡古今天下之所谓善者,正理平治也;所谓恶者,偏险悖乱也。"的说法是荀子对于善、恶一词的定义,此说稍显武断。因为此段明显采取的是对比法,正理对偏险,平治对悖乱,属于特殊情境下的一种说法,不可仅据此断定荀子对于善恶的完整定义。且此段后接着说:"以为偏险而不正,悖乱而不治",因此偏险明显要凸显的是"不正",悖乱要强调的是"不治"之意。况且本段亦可解释为:所有古往今来天下所谓善者,是基于正理所产生的平治;所谓恶者,则是因为偏险而造成之悖乱。正理是不一定会平治,但因正理而产生的平治当然是善之善者;相对的,偏险不一定会悖乱,然因偏险而造成的悖乱则为恶之恶者。是以"正理平治、偏险悖乱"之诠释本具争议,值得另文深入探讨,然此非本书重点,暂且略之。

产生争与乱等恶的缘由，并且就算真有办法分配的完全一样，也有每个人食量大小、需求多寡的差异与容器或设备好坏新旧等问题，这些都是必须面对而无法忽视的现实。并且对于每个个体而言也不是多就代表好，过度造成的危害实不亚于缺乏，是以《正论》曰："皆使富厚优犹知足，而不得以有余过度。"荀子认为财富积累过度容易引来盗贼之祸（详参第六章），所以适度才是对人对己最佳的选项。而礼法则是帮助大家容易处于适度之状态的心术，我们能据此减少"争夺""残贼""淫乱"等发生的可能性。

恶的根源在哪？不讨论恶的根源又如何解决人之所以为恶的问题？如欠缺对恶的认识是无法完整认识人的特质，难以对症下药的解决人生中所面临的困境。所以荀子提出"性恶论"就是为了更好地让人懂得该如何有条理、有顺序、高效率地一步一脚印"积善成德"（《劝学》），"化性而起伪"（《性恶》）。而荀子在《性恶》中似乎有些把情欲的多面矛盾性与复杂性片面化了，毕竟人虽有好逸恶劳、自私自利的一面，也同时有好真好善好美的一面，人们虽知真善美的益处并心爱之，却又克制不了自我堕落之倾向。所以人性应该是既有向往善的提升自我精神境界的渴望，同时又天生具有自我克制能力不足的问题，两者相互拉扯的犹如阴阳消长般。不过基于教育的朴素规律"原本好的只需要被保持而不需被教育"，是以荀子集中有限资源专注于描述该如何解决情欲可能产生之恶，也是情有可原，只是如此便不免显得过于理智而缺乏激情。

我们必须要学会正视自己的优缺点，如果不愿意承认自我缺点或者刻意掩藏缺点者，便无法突破现有的局限，只能原地踏步，甚至落入不进而退之窘境。不懂正视自己缺点，就如历史上国家锁国般遮蔽了正常的交流体系,不愿意直面真实的自己,将自己幻想成完美的形象,这样的人拒绝看清自己,就不可能真正的认识自己,最终形成虚假的自我膨胀。想要真正认识自己,必须常常反省自己的缺点(《劝学》曰:"日参省乎己"),如此才有机会改善、进步、成长壮大。一般大众最容易存在的是短视近利(《荣辱》曰:"偷生浅知")、好逸恶劳(《议兵》曰:"怠胜敬")的问题,而荀子便提出"长虑顾后"(《荣辱》)与"勉之以庆赏,惩之以刑罚"(《王制》)来解决这些问题。

人是复杂的存在,每一个个体有正面情绪与思想的同时,也存在负面消极的一面。许多事物都有其正反两方面,是以人生在世常有过与不及之憾。我们不可否认人性中存在让人堕落的因子,在行善(好的、积极之行为)同时,亦会有力量诱使人去放松、懈怠。所以并非行善难,而是时时必须戒慎恐惧、提高警觉的抵御诱惑自己堕落、懈怠之力量,这才是最难的,因此《大略》说:"大哉!死乎!君子息焉,小人休焉。"直到死,君子才能放松休息,这是多么的任重而道远啊。

从现实的角度来看,自然界当中绝大多数的动物对于天生的"食色"欲望,自我克制的能力是很强的,例如狼、老虎、狮子等,吃饱时就算仍有食物(如兔子、山羊等)出现在其眼前,其并不会捕猎之;并且大多动物只在发情期会有交配的欲望,平时不太会有这方面的需求,甚至有些还会为了族群的延续而牺牲个体生命(如旅鼠集体自杀、过了繁殖期的蝴蝶扑打自己翅膀而亡、蜜蜂为族群而蜇人付出生命等),野兽除非争夺种群的支配权或者繁衍后代的权利,否则几乎不会自相残杀。但比动物有智慧的人,同类相残的原因却有许许多多,数不胜数。因此自然界的动物为了族群长远的延续,并不会主动对大自然的循环生态产生破坏,没有额外施予自我克制的教育的需要。而人类却相反,对于食色等这类自然欲望缺乏天生自我克制能力,对物质有远大于基本所需之欲求,并随时能处于发情状态,且是唯一会主动破坏大自然的动物,这或许就是荀子"性恶论"的根本论据。正是由于人的特殊性,所以人的一举一动、一言一行才更需要去体察天道,去思索天理,需要有圣人来制订礼法教育指导人们方向、方法与技巧,以让人能轻松的有所依循。欲望本身不是罪恶,但是如果不能克制过度不必要的欲望,这就极容易导致恶的发生,使欲望成为罪恶的根源。

人生存于世间,本同时有着物质层面与精神层面上的需求,但大多数人在出生后为了当下紧迫之生存缘故,很快就会领悟而懂得去追求外在物质,《荣辱》曰:"人之生固小人,无师无法则唯利之见耳。人之生固小人,又以遇乱世,得乱俗,是以小重小也,以乱得乱也。君子非得势以临之,则无由得开内焉。"然精神层面的缺乏却因为不会影响到生存,所以大多数人必须要有老师或前辈的引导、开示、教育,才会明了满足精神上的需求的重要性。了解虽然适量的金钱的确能带给人快乐,但超过一定限度之后想要继续快乐下去却只能靠心灵的满足。至于什么是"适度"?每个人的标准不一样,只能问自己的心。

在现今社会中很多人由于从小如此,习惯成自然,当感觉空虚、缺乏、不足时,习惯性的追求物质企图解决问题,这都是因没有被引导往精神、内在方面去追求的认识,所以不了解自己为何总感觉空虚不足,只懂得去追求外在物质借此欲填补空虚,却不知这其实是由于精神上欠缺太过所导致,没能够对症下药的去满足精神上的欠缺,误以为继续努力追求外在物质就能解决这问题,结果就造成越追求越感到空虚不足的结果,于是便产生了所谓"欲壑难填"的现象。其实真的是欲壑难填吗？事实上这时候只要懂得去满足精神上的需求,自然就可以解决问题,解除空虚不足的心理状态,这样一来自然就不会再有强烈追求外在物质的需求了。物质与精神层面的需求达到平衡对人而言是最好的状态,也就是说,人生在世,可以靠追求内在层面的满足与提升而产生满足充实感,进而能达到降低不当的物质需求的欲望的结果,反之亦同。

物质生活与精神生活是不同的维度,但又同时存在于一个世界,是以物质与精神间能起相互影响的作用而非毫无关系。但两者间的特质有极大的差异,例如:物质是有限的,精神是无限的;物质是越用越少的,精神可能越用越多;精神是人只要努力就能提升的,而物质则努力之外还有遇不遇的问题;物质是暂存的,而精神是可能永恒不灭,并且两者相互是不能够直接等量转换的。"故君子敬其在己者,而不慕其在天者。小人错其在己者,而慕其在天者。君子敬其在己者,而不慕其在天者,是以日进也。"(《天论》)对于易受外界因素强烈影响干扰之物质与天生之背景条件,君子是不会费心专门为之汲汲营营,而会专心一意在尽己之努力地完善自身内在,因此其德行修养才能日进,至于外界物质之收获,对君子而言常是尽其在我之后的附带。

人的灵魂,因堕落而感空虚不安,因提升而感充实平静,此乃自然而然之感,无须学习,不用人教。是故,人之行恶者,乃后天环境使然,非天生之自然者也。就有如大多数人生来视力好、身体机能正常,然因为后天的生活饮食习惯,造成近视眼、老年病,如能好好注意保健,则能健康快乐过一生。这些都是相同的道理。所以影响人的精神状态 以及幸福指数的条件并非单纯靠物质上的享乐与丰足就能达到,它们牵扯到了许多非物质层面的部分，例如坚毅、勇敢、乐观、勤奋、安宁、珍惜等，人类是种对比的动物，关于幸福的感受随着情境的不同，会有着极为巨大的差异。由此也可以证明，幸福是属于内心的感受，与外在的物质条件没有绝对的关系，甚至有时，过于丰沛的物质反而会让人更难感受到幸福。

人天生拥有者不一定好，且肯定不完美，就如同父母生我们而我们不可能挑父母一样，父母一定有各式各样的不足与问题。但这并不是坏事，毕竟这样我们才有努力的空间，才能有进步的动力。正是因为人天生不完美，所以我们才有机会经过教育学习而完善、成就它，活着才有意义，而不至于整天无所事事，如活死人般暮气沉沉。因此上天虽然没有将我们创造的完美，但是却给予了我们完美的可能，给予了每个人能够自我完善的能力，我们有最强大的学习能力，具备良好的可塑性，并且我们还有一颗有义之善心，它具有指引我们贴近道的功能，让我们会思虑、能分辨、好好恶恶，所以只要我们愿意为自身的完善付出努力，不使心受到蒙蔽，我们就拥有一步步接近道的能力，而道也绝不会排拒我们。

由本章我们可以得知：心，是教育之所以能成立的基础与主体，是人之所以为人的最重要的器官，因为人之所以为人就是有义，而心是能知、能辨能分的，并在清明状况下是能知道、合道、中理的原善。且它还掌管人的一切言行举止，是“出令而无所受令。自禁也，自使也，自夺也，自取也，自行也，自止也”（《解蔽》），主观能动性非常强。由于它处于内在，只有自己能知道它的真实状态，所以只能靠自己才能去感知、确认它学习积累的真实程度。由于人都是戴着面具在与人交往互动，是以只能靠内省（《修身》）之方式来锻炼自己的心力，让其强大起来而使独处时不易被怠惰（《王霸》曰：“心欲綦佚”）、情欲所轻易动摇、遮蔽，进而逐渐习惯此自觉自律,最终达至能优游其中而自在自得。

　　而性恶之恶,则为荀子教育主要欲改变与消弭之对象。由于性是不可学(《性恶》),不可事(《性恶》),不能为(《儒效》)而可化者。所谓化并非是改变了性,而是改变了人的行为,因为荀子说:"状变而实无别,而为异者,谓之化;"(《正名》)因此性并未被改变,改变的是人之行为,是以教育所欲改变的是人的行为而非性本身。事实上,人之所以能分出善恶看的就是表露于外的言行举止,这是只能在与外界交往的过程中产生的存在,当没有行为发生且没有与外界有任何交流互动的情况下,是很难得到是非好坏对错之判断的。因此是非好坏对错基本上是五官与外界互动后产生的,而心就是用来管理人的五官,让其尽可能往"长虑顾后"(《荣辱》)的方向去靠拢、前行。

第四章　荀子教育思想之主轴：礼教

　　明白荀子教育的基础与主体以及教育所要改变消弭的目标后，接下来要探讨的是如何让这目标实现？综观全文可知，这必须靠礼教。楼宇烈先生说："礼教的根本目的是让人们认识到自己是什么身份的人，这样身份的人言行举止应该遵守什么样的规矩。"①这也是荀子教育思想之主要目的之一，是以其特别重视"礼"，在全书当中"礼"贯串其讨论的所有主题，礼与同样贯穿全书之教育学习思想之关系密切到几乎难分彼此，因此谈"礼"几乎就等同于在谈荀子之教育思想。而礼教又可细分为礼、义、礼义，这三者间的关系相当错综复杂，因此荀子在讲述三者时常互通，是以我们必须要视语境来判断才不致产生混淆问题。而在正式讨论三者错综复杂之关系前，为正本清源，笔者必须先从一个类比的举例说起，因为这将有利于我们接下来厘清此三者。

---

　　①楼宇烈：《中国文化的根本精神》，中华书局，2016，第3页。

第一节 礼教之创生

一、以《正名》之语言文字创造积累对比

如果我们片面从荀子部分之描述来看,相当容易对"礼"产生一种"纯由圣人所制作出"的错觉。但其实荀子清楚地知道"礼"并不是凭借一己之力能够创造发明,而是经过千千万万的人代代共同努力积累,经历千千万万颗心灵之探索、尝试,最终才成为现在的样貌。并且这诞生的过程之起始是自然创生、自发形成的,然后经过约定俗成而渐渐越来越丰富并形成规模,进而产生体系的结果。当然,在这过程中少数杰出人物的确发挥了促进作用,造成深远的影响,他们功不可没。

荀子在《正名》篇中正面直接论述了:语言文字是人创造的,但却绝非某个人从无到有的发明,是人群社会化到达一定程度后,因需求而自生自发、约定俗成,并其经过一代代人不断创造、调整、积累到一定程度后,再由某个或某几个才能、悟性特出者完善的结果。这个道理,占据《正名》篇中相当大的篇幅。

"若有王者起,必将有循于旧名,有作于新名。"每一大朝代兴起的王者,在其定鼎天下之后,通常皆会对名实问题做出一些循旧与创新的工作。他是否会自己一个人来完成这项工作呢?照理说,在开国后千头万绪的情况下,需要王者决断的事务繁多,因此当会指派聪明才智适合的人,与他"共同"完成这项工作,所以说:"故知者为之分别,制名以指实。上以明贵贱,下以辨同异。贵贱明,同异别,如是则志无不喻之患,事无困

废之祸,此所为有名也。"他们为尽快建立起新朝代的秩序,必须先让名实相符,因为如不先完成此任务,政令将相当难传达、贯通,毕竟"古有万国,今有十数焉"(《富国》)。当时王者可是将诸多语言、词汇、概念有所差异的部落、种族汇聚在同一个体制之下,想必语言文字混乱的状况一定远超现代。并且当词汇之语义与名词统一后,有关贵贱、异同等重要词汇方能各有所归、有条有理被清楚分判。如此在沟通交流与传达政令时才不致产生误解与落差,造成地方发生因困惑不解而废弛乃至违反政令的祸患,当然这也必定会产生教育上的问题。

可正如上文所述,大家原本有这么多不同,又如何能由单方面的人群来决断名实是否相符呢?"然则何缘而以同异?曰:缘天官。凡同类同情者,其天官之意物也同。故比方之疑似而通,是所以共其约名以相期也。"荀子认为,那并不是问题,因为我们皆是人,所以天生的五官感受、情绪反应等皆无太大差异,因此常用的语义彼此间也自然会差不多。是以只要能找出语义大概相通的习惯用语来比拟对照,然后再共同约定出适宜的说法,如此即能达成共识而理解彼此之意思,不致产生偏差或误解,容易达到教育目的。

最重要的是,我们皆具有一颗相同功能与感受的心,"心有征知。征知,则缘耳而知声可也,缘目而知形可也。然而征知必将待天官之当,簿其类,然后可也。"(《正名》)因此我们只要根据有"征知"能力的心,告诉我们透过正常(当)之耳目等感官所接收到(簿)的同种类之感受,然后经过比对,自然可得知彼此所言是否相合的答案,这也是教育之所以能成立的基础。

得到这答案后,即可将互通的词汇类比,以达成沟通交流的目的。

"名无固宜,约之以命,约定俗成谓之宜,异于约则谓之不宜。名无固实,约之以命实,约定俗成,谓之实名。"所以说一般名词并没有一定要怎么说才恰当的问题,是可以凭制定者依实际状况制定或改易的。只要大家对其定义(命)能有共识并且习惯使用(约定俗成),能达成"互通彼此实指之定义为何"之目的名词,即可称为"实名",这是教育得以大规模普及的关键存在。

但同时亦会有一些现有的词汇,它们在经过一个大时代的流变与不同民族、地域间混杂使用后,至今大家依然相通而有共识,"名有固善,径易而不拂,谓之善名。"这种我们可称之为"善名",它完全不需要被调整或再创造即可径自被继承使用,这很方便教育之跨时代与跨地域、跨语言之传承。

以上所言稽核、制定名实相符之语言文字的方法与过程,是相当关键且重要的,"此事之所以稽实定数也,此制名之枢要也。后王之成名,不可不察也。"因为这与礼法之制定有许多相通处,所以后起之王如欲成就其王者之名,不可不参考比照之。为何笔者在此会出现这样转折性的解释呢?这是由于《正名》篇之内容在此处之后,出现明显可用于解释"后起之王要如何方能得到大家认同(符合道),以及如何则无法得到大家认同(悖离道)"之相关内容的趋势。其实这样的转折并不突兀,因为大家皆知道,正名的目的并非单纯只为让名实相符,而是为在名实相符后能更好地解决许多政治与教育上的问题,所谓"名不正,则言不顺;言不顺,则事不成;事不成,则礼乐不兴;礼乐不兴,则刑罚不中;刑罚不中,则民无所措手足。"(《论语·子路》)即是此意,而荀子的说法则是继承这思想后之进一步发展罢了,由此亦可知"正名"对教育事业的影响有多重大而深远。

在礼义法度上得到人们认同的方法,一般而言要基于人性而能与大家达成共识,如此即能取得初步的认同感而可能被接受。但我们要如何方能与他人进一步达成共识呢?"实不喻然后命,命不喻然后期,期不喻然后说,说不喻然后辨。故期命辨说也者,用之大文也,而王业之始也。"这是说当我们欲传达的道理(道)他人无法理解接受(晓喻)时我们则需给予明确的定义(命),明确定义后仍理解不具体时我们则需从多个角度来立体的形容(期会)之,多角度形容仍是理解不清时我们则必须进一步详细解说其前因后果,解说后仍是难以理解接受时我们则必须想办法辨析他到底是为何无法理解接受。而我们之所以如此努力去争取要让大家理解接受,全是为得到大家从心底口服心服之认同(用之大文),此即后起之王者之所以能成就王业之基础。这内容亦可用于教育目标如何让人接受,很具借鉴意义。

接下来荀子利用其对语言文字特质的认识,多角度来说明其所指之"一"与"道":"辞也者,兼异实之名以论一意也。辨说也者,不异实名以喻动静之道也。期命也者,辨说之用也。辨说也者,心之象道也。心也者,道之工宰也。道也者,治之经理也。心合于道,说合于心,辞合于说。正名而期,质请而喻,辨异而不过,推类而不悖,听则合文,辨则尽故。以正道而辨奸,犹引绳以持曲直。是故邪说不能乱,百家无所窜。"我们透过语言文字欲表明何谓"一",必须使用不同的实名来多角度立体形容(期会)之。我们想利用一个实名来让人理解接受(晓喻)什么该动作、什么该静止(合道与不合道)的道理,则必须采取条分缕析(辨说)的方式解说之。我们之所以用多角度立体形容来定义(命),是为达到条分缕析之说明的目的。条分缕析之说明,则是为将心中所感知之"道"具体的形容出来。而心,是知道且能指导人实现道的。而道,则是一切治国理政之方的原则。所以只要心不受蒙蔽即可合于道,此时的解说方能明确地表达出心所感知之道,使用的词汇方能清楚地将想要说的传达。这样道的名实即能正确的被人多角度立体的形容,朴实的人民自然能够心服口服的理解接受"道",辨别异说即不会出差错,类推什么该动作、什么该静止也不会背离道,听别人说的道理能立即分辨出合不合道,辨析他人为何难以理解接受道时即可尽知其为何。以这样对"道"之正确认识的状态来辨别奸言,犹如引墨绳以判断曲直般容易。这时候任何的邪说皆无法混乱我们对道的认识,对诸子百家的偏见也就不能像现在这样活跃而被人广为所接受。这可直接用于回答"教学时该如何令所教授之内容让人心服口服接受?"极具教育之实践意义。

二、荀子之教育原理与目标:道

由于荀子在《正名》篇中自上段引文起,开始出现大量涉及"道"的内容,是以笔者在此不得不先稍微岔出,尚请诸位读者理解。此处主轴引文仍为《正名》之内容,然为证明荀子对"道"之定义,是以不得不引用荀子其他篇章内容旁证,耗费功夫厘清一下荀子所谓的"道"为何?根据前文可知,道与心之间的关系相当密切,心能感知"道"、能指导人实现道、能合于道。当然,道与心绝不等同,因为道是古今不变者,且存在于万事万物中(《礼论》曰:"万物为道一偏,一物为万物一偏"),而"义心"则是属于人类所独有的,虽每个人皆有心,且人心古今也基本相通,但是人有生有死,有时代之差异性,有聪明也有蠢笨的人,有积累厚也有积累薄的,形形色色相当复杂。然也正因为如此,给了研究者更多能用以厘清"何谓道"的线索。

既然人如此复杂,那人们又是怎么靠心来认知"道"的?《解蔽》曰:"人何以知道?曰:心。心何以知?曰:虚壹而静。……未得道而求道者,谓之虚壹而静。……知道察,知道行,体道者也。虚壹而静,谓之大清明。"所以并不是每个人皆天生即能知道的,而是必须要让自己处于"虚壹而静"的状态,让自己的心不被遮蔽,如此始能与道相通。在这"大清明"的状态下,方能够内察而明道,知晓言行该如何符合道,能优游于道中体悟其玄妙,学习方向与效率也能更正确、更高效。

因为天下没有一个相同的人,无论个性、长相心理状态、能力、生存环境、种族、习俗、年龄、职业、生活条件与背景、宗教、思维模式与生产关系,等等,皆各有所差异。所以荀子并不把心等同于道,而只是把心之功能、功效类比于道,然后强调出"人之道":《儒效》曰:"先王之道,人之隆也,比中而行之。曷谓中?曰:礼义是也。道者,非天之道,非地之道,人之所以道也,君子之所道也。"又说:"唯圣人为不求知天。"(《天论》)①由此看来,先王所传之礼义中道,是为导人向善以成君子的"人之道"。这与荀子教导大家借由心与道之间的相通性,来探索道、追寻道、理解道、遵行道的目的相同,为的不单纯只是"爱道",而是为了让人类更好地生存在这天地间,与万事万物和谐共处、互惠互利、共荣共赢,"两者相持而长"(《礼论》)。这是在强调道德教育的重要性与必须性,认为只要是人就应

---

①"唯圣人为不求知天。"此处亦可解释为:只有圣人,由于已贯通天人之道,此时自然就无须再刻意向外寻求印证了。

该接受道德教育。

是以我们可知，荀子对"道"的定义（除《天论》处）与先秦其他思想家比较大的区别在于，他基本将"道"限定在"人之道"上，所以当其言何为"道"时，讲法常会贴近人道中影响最广大的政治范畴，例如前文引过之："道也者，治之经理也。"荀子在此的"道"是指"治国理政之方的原则"。另外在《正名》篇中又说："道者，古今之正权也；离道而内自择，则不知祸福之所托。"这一方面告诉我们"道是古今相通的"，两方面告诉我们"道是能帮助我们做出正确权衡、权变的"原理原则。所以如果一个人偏离道而一味向内依靠可能被蒙蔽的心来决断、行动，那是不明白"道是既存在于内心，又存在于外界万事万物中而可相互验证"的道理，则又是等于将祸福寄托在未知而不确定之境地。所以我们在儒家的引导下懂得向内寻求的同时，也要懂得透过对外界的认识来验证心中感悟，此即为何要"格物致知"又要"诚意正心"（《大学》）的缘故，如此不断切磋琢磨的积累，才有贯通内外的一天。

但我们也不能把"道"看作外在的约束、规范，因为"道"与人人天生皆拥有而能互通的心是关系密切的，《正名》曰："凡人莫不从其所可，而去其所不可。知道之莫之若也，而不从道者，无之有也。"由于每个人的行为表现，皆是基于自己的心之指引而发出的。所以其实每个人只要能够从自己之不被遮蔽之心出发，自然能够"知道"，而当我们的心真正"知道"后，行为自然不可能不合道，因为心即是人们一切行为的起始，《解蔽》曰："心者，形之君也，而神明之主也，出令而无所受令。"所以只要心"知道"，人其他方面也就能合道。由上述内容看来，道的功效与"心"相当类似，皆有助于人调节过与不及，皆可帮人们做出正确的判断与选择，进而能影响到人们的遭遇。而前文也提到心只要不被蒙蔽是可以合道的，可见心与道的关系之密切。心虽不等于道，但是可知道，可合道。道德是源自内心的，是以道德教育必定符合人心人性，并且是人之所以为人不可或缺的。

另外对于道的定义有，《君道》曰："道者，何也？曰：君之所道也。君者，何也？曰：能群也。能群也者，何也？曰：善生养人者也，善班治人者也，善显设人者也，善藩饰人者也。"荀子此段把道与君直接联系起来，认为君王利用道的原则所创造出的礼义法度，以此来引导人们，使人们能因势利导地在大自然中与万物和谐共处、繁衍生息，能用礼义法度将上上下下之人按部就班的各归其位并依法治国，能尚贤使能地让有德与有能之人得以被彰显且被放置在各自适宜的位置上，能赏罚分明地对不同等级的人给予不同之服装、器物的纹饰以鼓励、激励人们。这样的君王让人们在他的领导下，能够稳定的传承、发展、进步，所以夸之为"能群"，而此亦符合荀子所谓的"道"（人之道）之定义。

在《强国》篇中，荀子更直接将道与人所熟知的道德条目联系起来："并己之私欲，必以道，夫公道通义之可以相兼容者……道也者，何也？礼义、辞让、忠信是也。"这段内容是在要求君人者，如果想要国富民强，即必须尽力做到将自己的私欲能依循"道"的原则，因为荀子认为：大公无私这理念其实与"人之所以为人之内在义心"是可以相通而能兼容的。所以说"道"其实并不外乎于人，而是跟人与人之间相处的美德（人道）"礼义、辞让、忠、信"是能相贯通的。道德教育是符合自然天理，不是强加的存在。

另外在《正名》篇中尚有一条："道者，进则近尽，退则节求，天下莫之若也。"这段从表面看来似乎与道之定义有关,但仔细分析即可发现,说得其实是道的功效,并且也是与人道相关之内容:道啊,它能帮我们在欲望高亢而外在条件符合且允许时,一定程度的尽兴而不过度以致伤身害命;至于在外部条件不符合且不允许时,则又能帮我们学会暂时节制自己的欲求,以待来时之机。《修身》曰:"志意修则骄富贵,道义重则轻王公;内省而外物轻矣。传曰:'君子役物,小人役于物。'"所以天底下没有比"道"更能够帮人们在物质世界与精神世界中寻求到最佳平衡的。道德教育的功效可协调内外,并让人自觉自律自主自立。

以上即是笔者经过整理、归纳、分析得出的《荀子》一书中其对"道"之基本定义与功用描述。而"道"对于荀子之教育思想而言,既具有原则之指导性,又具有目标之指向性,因此是非常重要而不可或缺的一环。

继续回归讨论《正名》篇:"志轻理而不重物者,无之有也;外重物而不内忧者,无之有也;行离理而不外危者,无之有也;外危而不内恐者,无之有也。"笔者之所以将这段提前放到此处,乃是为呼应前文物质世界与精神世界对举之说法。另外,这段引文由于牵扯的内容过杂,所以笔者未全文引用而仅将其重点精简摘出,以助大家更容易看清楚荀子想要传达的思想。这引文在提醒我们:当一个人轻视内心(精神世界)告诉我们之道理时,没有不出现重视物质(物质世界)倾向的;当一个人只重视外在物质,没有不出现内心忧虑、空虚问题的;当人的行为偏离内心所告诉我们的道理,长远看来没有不出现外在遭遇危难问题的;而外在遭遇危难时,内心也没有不会因此大受影响而产生惊恐问题的。所以重视内在才是根本,这能让我们不成为"以己为物役"之物质的奴隶,只要懂得以内心告诉我们的道理"养目""养耳""养口""养体""养形""养乐""养名",

我们即可达到"重己役物"（《正名》）而成为自己主人之目的。这段可看出荀子当时已注意到内在世界与外在世界间的相互关联问题，本段可搭配前文《修身》曰："君子役物，小人役于物"段来阅读，这将物质与内心对立的说法相当具有开创性意义，值得我们注意，并且这也是荀子教育思想欲解决的主要矛盾之一。

正如前文所述"道"这么好，这么重要，影响这么大，而人的心与道的关系又如此密切，荀子甚至判定治乱的关键存乎一心，那人的行为怎会出现如此多不合道的问题呢？《正名》曰："故欲过之而动不及，心止之也。心之所可中理，则欲虽多，奚伤于治？欲不及而动过之，心使之也。心之所可失理，则欲虽寡，奚止于乱？故治乱在于心之所可，亡于情之所欲。……性者，天之就也；情者，性之质也；欲者，情之应也。"荀子认为，人之所以行为会出问题，全是因为心受到蒙蔽。因此只要我们的心能够不被情欲所干扰、蒙蔽，能随时处于"中理"之状态的话，无论欲望过强或过弱产生的"动过之"与"动不及"的行为，其实皆能靠心来调节，使它不至于产生"伤于治"的混乱、纷争。所以说治乱的关键全在于"心是否能不被蒙蔽的正确认知道"，至于欲与情，只不过是人天生而质朴的本质与身、心、理正常的反应，不应该是我们讨论的焦点所在。教育的主要对象是人的内心，以及梳理心所衍生之问题。

笔者将这段放在最后，是为凸显"道"的人间属性。君人者如欲让自己得到大家从心底心服口服的认同，那就必须要能赢得大家的好感，让大家相信你是跟大家站在一起的同伴，所以绝不可让自己站在人民的对立面，这样的以身为师的潜移默化教育才能长久，《正名》曰："以仁心说，以学心听，以公心辨。……故知者之言也，虑之易知也，行之易安也，持之易立也,成则必得其所好而不遇其所恶焉;而愚者反是。"荀子认为欲得到大家从心底口服心服的认同其实并不困难,道理也相当容易理解,即是要懂得将心比心的与人们平等的沟通(以仁心说),要虚心而不带成见的听大家的意见与感受(以学心听),要大公无私的用中立客观的心态来辨别是非对错、善恶赏罚(以公心辨)。那基于我们彼此能相通的心而感悟出道理的人所说的话,只要我们能扪心自问、静心思虑,就能理解;如果愿意遵循行之,则会发现容易让身心安顿;只要能坚持遵守这立身处世之道,将容易让我们能自立自强;如把时间段拉长至修道有所成就后,会发现自己容易遇到好人好事而不易遭遇厌恶之事。然而不懂得遵行、持守"道"之短视近利而愚蠢的人则结果会刚好相反,这就是接受或不接受道德教育之间的差别。

以上即笔者针对《正名》篇中之深入剖析、解读、阐释后,得到的研究成果,大家会明显发现,荀子在讨论语言问题时,其实心里面想讨论的依然是有关于"礼义、义、礼"等之教育起源与原理。笔者将此内容安排于本章第一节,主要即希望能对接下来的论述能有正本清源的帮助。

至于心是怎么和礼教之礼义法度(主要的教材与教学内容)互动,并且进而能形成良性循环机制的?首先我们要知道部分礼义法度是自然产生出来的,所以"未有知其所由来者也。"(《正论》《礼论》)并且还是"称情而立文"(《礼论》)而产生出来的,这些都再次表明了礼义法度符合人性、人心之一面,绝非悖逆人心而压抑强迫人的存在。因为礼义法度是依据天地大道与大清明的善心相互印证后所制定出来之最有利于人道发展的存在,并且是依据无数代前人的智慧经验的尝试与积累、去芜存菁的善果,同时还符合当代社会现况而由后王制定出来的,所以绝不会也不应脱离现实当下。其产生出来的目的虽说难免会带给人们一定程度的限制,但那都是基于最小的牺牲而欲换取最安和乐利的未来。并且只要愿意努力奉行、积累它,就能借由这利人利己的礼义法度晋升阶级,获得奖赏与荣誉;反之,如果一味想放纵自己的情欲或怠惰(《王霸》曰:"心欲綦佚")而不欲遵循奉行它,那就很容易陷入害人害己的境地,甚至被惩罚。

第二节　教育主要内容:礼义与义、礼的定义及功用

一、荀子教育思想的原则:礼义

礼义,顾名思义,是荀子教育之主要内容"礼"之所以起的原理原则、根据。由于当时礼的涵盖范围很广,以致在荀子的笔下可明显观察到它几乎包括一切"人道"的相关内容,所以礼义的重要性自然就被荀子提得很高,偶尔亦会与道(有时指人道,有时指天道,而礼义偏指人道)联系在一起。因为当时语言文字常会有假借、通用或混淆的现象,是以有时荀子言礼指的却是礼义,有时候言礼义指的却又是礼,有时候言义指的也是礼义,甚至言礼时指的却是义。这类情形时会发生,因此我们在判断与归类时必须依据语境来决定如何论述,以词汇之含义来分类而不被字词表面所混淆。所以笔者会依据:1. "礼者,表也。"(《天论》)是以在单纯言礼时,荀子基本上会较偏向外在的形式的描述。2. "义者,宜也"(《中庸》),所以如果单纯言义时通常会讲得特别抽象而不具体,并且常与"天道"相通用。3. 礼义,指与人之道相关之处事原则。接下来对以上三点词义来做分类。

(一) 何谓礼义?

荀子认为:"先王之道,人之隆也,比中而行之。曷谓中? 曰:礼义是也。道者,非天之道,非地之道,人之所以道也,君子之所道也。"(《儒效》)他此处将礼义等同于"中",并且强调先王之道与君子之道即人们所推崇的人道。为让人更理解何谓中,他随之又说:"凡事行,有益于理者,立之;无益于理者,废之。夫是之谓中事。凡知说,有益于理者,为之;无益于理者,舍之。夫是之谓中说。事行失中,谓之奸事;知说失中,谓之奸道。"(《儒效》)所以简单地说只要合于理的即为中,由此我们可得到礼义等于中理的论断。而《正名》曰:"心之所可中理",这是说只要我们的心能处于不被蒙蔽的大清明状态,这时候心所认可的自然就符合"理"。因此可知"人道之礼义"与"大清明之心"在荀子的笔下是相通的,它们皆"中理",皆着重于人道,皆能帮人分辨好坏、善恶、忠奸。

从这角度来看,《不苟》曰:"诚心行义则理",可以解释为"只要我们笃实不欺于心的奉行礼义,即可事事符合理";《乐论》曰:"著诚去伪,礼之经也。"则可解释为"笃实不欺于心的去除虚伪,这才符合礼的经义"①。由这两条引文来看,我们可更加确定荀子笔下的礼义与心之间的相通关系。

"君子"在荀子的笔下与礼义之间的关系极为紧密,《王制》曰:"礼义者,治之始也;君子者,礼义之始也;为之,贯之,积重之,致好之者,君子之始也。"虽说每个人皆可能成为君子,但那也是在学习与奉行礼之后,既

---

① 《乐论》曰:"穷本极变,乐之情也;著诚去伪,礼之经也。"因此笔者此处翻译,乃基于"乐之于情"与"礼之于义"之格式对仗规律所得者。

然如此,此处又为何会说"君子者,礼义之始也"? 这里指的是否为"先行者"之意? 因为后面接着说:只要能实践礼义,贯彻礼义,积累并重视礼义之修养,乃至于喜好之,如此即可成为促进天地间良性循环之"第一力"(成为"君子之始")。所以这段引文一方面告诉我们"礼义是治国理政的基础原则"外,同时也告诉我们每个人只要愿意"为之,贯之,积重之,致好之",即可成为君子,进而能成为促进礼义的先行者、第一力。

本小节最后两则引文乃从正反两方面告诉我们礼义的定义:"礼义之谓治,非礼义之谓乱也。"(《不苟》)"夫义者,所以限禁人之为恶与奸者也。"(《强国》)由此我们可知,礼义是治国理政的基础原则,如果政事按照礼义为之即可得到治理,而不按照礼义则长远下来会产生混乱的问题。换个角度说,礼义也可说是具有"限制、禁止人们朝坏事与破坏秩序的方向发展"之功能。

根据上述可知,礼义即是:人道的行事准则、等于中理、能帮人分辨好坏善恶忠奸、是治国理政的基础原则、有助限制禁止人们做坏事与破坏秩序,并且"人道之礼义"与"大清明之心"是相通的。所以教育礼义、学习礼义是为了让人往利己利人方向发展,并且这是顺人心(《大略》)、合人性的"长虑顾后"(《荣辱》)行为。

(二)礼义教育的功用

此处笔者基本将引文分为五类,分述如下:

1.《荣辱》曰:"故先王案为之制礼义以分之,使有贵贱之等,长幼之差,知愚、能不能之分,皆使人载其事而各得其宜,然后使谷禄多少厚薄之称,是夫群居和一之道也。"《不苟》曰:"推礼义之统,分是非之分,总天下之要,治海内之众,若使一人。"这两条引文内容相近,说得皆是分等级与

"群居和一之道"。由于物质世界的有限性,以及等差方能激发人的进取心,所以我们必须依据礼义分出多寡(多劳者多得)、是非(赏是罚非)、贵贱(依德行高低而定)、长幼(尊长慈幼)、知愚(智者劳心愚者劳力)、能不能(能以授官,德以叙位),总揽天下之要职而分之于智愚贤能,让人尽其才而各得其用之宜,然后依据前文括弧内之方式来分配,这样全天下人即可心服口服的接受礼义法度之教育思想体系,团结一心,如臂使指若一人。

2.《王制》曰:"故制礼义以分之,使有贫富贵贱之等,足以相兼临者,是养天下之本也。书曰:'维齐非齐。'此之谓也。"《致士》曰:"德以叙位,能以授官。"《礼论》曰:"因以饰群,别亲疏贵贱之节,而不可益损也。"此三则引文基本围绕着阶级划分的规则之描述:礼义可说是一"不可益损"之公平分配原则,但意思并非指"平均分配",而是根据对群体不同的贡献与德行高低而定,这样的分配原则(德位能官、亲疏贵贱)乃是为让人心服口服接受并奉行礼义法度教育而产生,这是"礼"极为关键且重要的功能之一,终极目的是要让天下的人皆能逐级得到足够之合情合理的分配。如果大家平均分配,那则会是最不公平公正的分配模式,定然会产生养懒汉、缺乏进取心等各式问题。而礼义教育就是要指导大家学会往利己利人方向发展以及避免问题的原则。

3.《修身》曰:"体恭敬而心忠信,术礼义而情爱人;"《礼论》曰:"孰知夫礼义文理之所以养情也。"《性恶》曰:"是以为之起礼义,制法度,以矫饰人之情性而正之,以扰化人之情性而导之也,始皆出于治,合于道者也。"此三则皆与人之情绪感受相关,而情绪是人天生拥有的存在,所以我们绝不可去之或忽略不理,要正视并善于引导。荀子教育思想认为,礼义与法度(文理)皆是为帮助我们疏导欲望和情绪(情性)，过与不及皆容易产生问题，所以我们要存养、温养或激活它们，让它们合于教人自爱与爱人的礼义法度，让人能处于身心最舒泰的状况，如此人与人以及与己、与物间的关系就不会紧张，能够和谐安治，合于天地大道。而守信用对于交朋友、做生意、取得他人信任感与好感、正心诚意等皆有积极意义。是以"信"有益心安于正、心无挂碍，如此则心易正、意易诚。这就是礼义教育的功效。

4.《强国》曰："故人莫贵乎生，莫乐乎安；所以养生安乐者，莫大乎礼义。"《礼论》曰："故制礼义以分之，以养人之欲，给人之求。使欲必不穷于物，物必不屈于欲。两者相持而长，是礼之所起也。……故礼者养也。"此两则主要与"养"相关，而养乃荀子教育思想中相当重要的教育方式与目标：由于荀子所说的人道之理皆是顺势而为、合情合理的，所以不会要人做对自己不利之事，同时又能符合实际环境的现实，因此能达到的必定会是共赢互惠效果。是以遵循礼义能让人心中喜乐、生活安和，而生活在礼义教育与学习的环境中能使欲得到存活、温养，使物与欲间得到平衡并满足人人各自需求。

5.《性恶》曰："故为之立君上之势以临之，明礼义以化之，起法正以治之，重刑罚以禁之，使天下皆出于治，合于善也。"《儒效》曰："积礼义而为君子"，此两则与君子相关。至于学习积累礼义而成就之仁人君子，只要有机会成为上位者，必定会遵循礼义原则以教育感化大家，用法度来指引以让人有所依循，并教导人们如违反会受惩罚以使人不至犯禁而害己伤人，这样天下百姓即可轻松有序生活而不用担心动乱或权益无故受损，这样的治善之道，即是礼义教育存在的价值与意义啊！

由上述可知,礼义的教育功用相当多,虽说其实并无具体实指内容,然教育我们之处事原则始终坚持如一,所以说:"信信,信也;疑疑,亦信也。贵仁,仁也;贱不肖,亦仁也。言而当,知也;默而当,亦知也。故知默犹如知言也。"(《非十二子》)而世事万变,所以我们学习后应用的方法也该要随情境而随时权变,《儒效》曰:"与时迁徙,与世偃仰,千举万变,其道一也。"说穿了,礼义其实万变不离其宗,它此即一种人道之处事原则,它不背离天道是以要我们顺天使力,不离人事"故错人而思天,则失万物之情。"(《天论》)是以需聚焦于自身义心,就不致会泛滥而茫然无所依归。

二、合情合理之原理:义

(一)何谓义?

"义者,宜也"(《中庸》)。宜,从甲骨文的字形可看出,这一词汇其原始乃指"分肉"之意。古时候祭祀完的肉,要采取分肉的仪式,将肉分给大家。然而分肉时要注意些什么?要依据什么标准来分?谁该被分?分多少?这些皆是需要谨慎注意考量的,不可以随意处之,否则就会造成纷争,破坏和谐;反之如果分的好,即可加强大家的凝聚力,达到劝勤赏善的教育效果。

而荀子口中的义是指什么呢?《王制》提到:"水火有气而无生,草木有生而无知,禽兽有知而无义,人有气、有生、有知,亦且有义,故最为天下贵也。"是以荀子认为,人比禽兽优越的地方即人类懂"义"。那么何谓义?《议兵》曰:"义者循理",也就是说"义"是按照合情合理的方式做事。那何谓合情合理?《强国》曰:"夫义者,内节于人,而外节于万物者也;"

由此可知,荀子心目中的义之教育,是教人懂得节制自己身心而不放纵,并能与自然能和谐相处,如此即可成为人,而不堕为禽兽。

义,与礼义比较起来它更贴近于"天道",但天道也不是与人道就完全无涉,彼此之间是有许多互通之处:《礼论》曰:"故绳者,直之至;衡者,平之至;规矩者,方圆之至;礼者,人道之极也。"《乐论》曰:"礼也者,理之不可易者也。乐合同,礼别异,礼乐之统,管乎人心矣。"《大略》曰:"仁,爱也,故亲;义,理也,故行;礼,节也,故成。"从以上三则引文综合来看,我们可知:天道,是"理之不可易者也",无论平直、方圆,皆是天道的体现。它存在于万事万物中,当然也会存在于人事中。天道就像是一个大圆,而人道即其中的一块,天道中有万事万物各自所最适宜的道理,《天论》曰:"万物为道一偏,一物为万物一偏。"所以有鱼之道、狗之道、猫之道、树之道、草之道、花之道、水之道、火之道、风之道、土之道等无穷无尽种道,彼此间既息息相关又不全然一样。对人而言,最高的理想当然是"心合于道"(《正名》),可那并非人人可及的境界,所以义之教育教人先从生活周遭的事情努力起,爱人、行事合情合理、懂得节制、遵行礼乐,这些皆是符合人人皆具的"义心"所感知、理解于大道的人道行为,所以说义是"人道之极""管乎人心"。

由于天道与心在虚壹而静(《解蔽》)情况下可相通,进而发挥出神而明之的功效:"君子养心莫善于诚,致诚则无它事矣。惟仁之为守,惟义之为行。诚心守仁则形,形则神,神则能化矣。诚心行义则理,理则明,明则能变矣。"(《不苟》)由此看来,守仁行义背后的根源其实即诚于心。诚心守仁这样的内在力量只要功夫足就会表露于外在气质精神上,这对他人会产生强大而神奇的教化效果;而诚心行义则能与道之理相互印证,掌握原理后面对不同的情境状况即可随事而权变、时变。当我们在心境上开始有修养后,自然会变得不那样容易被情绪所左右,生气的时候、高兴的时候皆能处于较清醒的状态而不至作出太过或不及的行为反应。

(二) 义的教育功能

义与礼义的差别在于:义较抽象而偏天道,礼义较具体而偏人道。《礼论》曰:"天地以合,日月以明;四时以序,星辰以行;江河以流,万物以昌;好恶以节,喜怒以当;以为下则顺,以为上则明。万变不乱,贰之则丧也。礼岂不至矣哉! 立隆以为极,而天下莫之能损益也。"此段虽是言"礼",但其实讲得明显是义,因为所描述相当大程度已超乎人道范畴,是人们在观察万物并且与心相互验证后,就会得到该如何行动会最合宜的原则性教育道理。学习它能使得我们好恶之欲与喜怒之情得到节制而不致太过或不及,无论身处什么样的身份地位,皆能如鱼得水般的顺遂而明察秋毫。这古今中外皆相通而不可损益的教育道理,可帮助我们遇事不乱,如违反它就会遭遇不测之失,是以此即我们最应该推崇奉行的教育至道啊!《强国》曰:"并己之私欲,必以道,夫公道通义之可以相兼容者,是胜人之道也。"因此君人者如果能透过学习与积累将人道之私提升到公道无私的境界,那这样的国家就必然能够在竞争下最终胜出。

正因为义的教育功用如"道"般广大而无所不包,所以无论什么身份地位的人皆应该学习并遵循奉行:《富国》曰:"故自天子通于庶人,事无大小多少,由是推之。"《强国》曰:"君臣上下,贵贱长少,至于庶人,莫不为义,则天下孰不欲合义矣?"《王霸》曰:"君臣上下,贵贱长幼,至于庶人,莫不以是为隆正;然后皆内自省,以谨于分。"此三则讲得内容十分相近,皆是告诉我们从天子到庶民,无论是大事小事、公事私事、吉事丧事,我们皆应该依据这道理来行事。因为义乃存在于人人自身的心中,所以许多情况下我们只需内省(《修身》)即可分辨出来事情是否合义。只要大家皆能尊崇这正义之理,凡事合义而为,形成强大氛围后,自然就不会有人敢再随意做出千夫所指的无耻行为。"故导之以理,养之以清,物莫之倾,则足以定是非决嫌疑矣。"(《解蔽》)是以我们凡事只要能根据义理,使心保持清明状态而不让外物干扰,那样"义"之教育就必定能够指导我们如何判断是非、抉择取舍。

既然如此,要如何方能让人们衷心为之? 这牵扯到人心人情方面的问题:"推恩而不理,不成仁;遂理而不敢,不成义;审节而不知,不成礼;和而不发,不成乐。故曰:仁义礼乐,其致一也。"(《大略》)由于人们天生皆有好好恶恶的情感与认知能力,所以对我们有恩情的人,我们自然容易对其产生亲近之心、产生感恩之情,而这种情绪即促使我们愿意自动自发守仁行义(《不苟》)的强大动力。并且这种情绪不易让人感受被强加或强迫,而会心甘情愿地做出合义行为。所以说:何谓仁? 仁即从恩情出发的一种回应之理;何谓义? 义即勇敢地去行合理的事(《修身》曰:"其行道理也勇"、《法行》曰:"坚刚而不屈,义也");何谓礼? 礼即合于心知之义的审察礼节、制度;何谓乐? 乐即将心中所感知的和合之情发诸于外。由此可证,仁义礼乐其实道理是一贯的。所以笔者认为"感恩之情"即是能帮助我们卸下不必要之心防,进而能衷心接受守仁行义教育的关键第一力。

由本小节所述我们可以得到一个小结论:荀子所言的"义"之教育学习要靠人心自我的内省反思与对外界的相互验证(《大略》曰:"是非疑,则度之以远事,验之以近物,参之以平心,流言止焉,恶言死焉。")方能确知。并且人心是通公道的("公道通义"《臣道》《强国》),这样天地、人我即可相贯通,公道便实实在在存于人心当中了。

三、荀子的主要教学内容:礼

(一)何谓礼?

荀子重视礼教,视礼为客观、恰当而具体的行事准则,认为"礼者,表也"(《天论》)。《臣道》曰:"礼义以为文",《性恶》曰:"故坐而言之,起而可设,张而可施行。"绝不是那种口头上说起来漂亮却难以落实,或者说落实可能会成为灾难的那种"待验证之纯理论"。所以"礼"在荀子眼中是相当具体、实际的存在,由此也可看出其特重现实性的教育思想的一面。

由于人们皆有攀比之情,这是一种极容易产生庞大浪费与心理压力的情绪,尤其在礼崩乐坏后,上位者相当容易出现这种心态,这会对百姓造成十分严重的压榨与迫害。因为越是高级的礼,施行起来就会耗费越多的人力、物力、财力。《礼论》曰:"礼者,以财物为用,以贵贱为文,以多少为异,以隆杀为要。文理繁,情用省,是礼之隆也。文理省,情用繁,是礼之杀也。文理情用相为内外表里,并行而杂,是礼之中流也。"所以礼要"中流",在"财用"文理方面就不可过或不及。过了,虽然礼看起来相当隆重,但在人情方面反而容易受到干扰而不真诚,造成礼隆而人情淡薄的教育结果;不及,虽省了文理,但许多人可能会因此心生不满,造成情感上的繁杂混乱争吵问题,那就反而破坏礼教的意义。所以上位者要引以为戒,不要攀比浪费,长远而言那不仅于人于己没好处,且容易滋生民怨,与礼教之教育目的相违背。

礼，是要教育人养成自觉自律的能力，这其实是相当不容易的，毕竟颜渊也仅能"三月不违仁"（《论语·雍也》）。所以很多时候不能用"礼"这么高的要求来教导老百姓皆要达到，那就太严苛了。孙希旦说："庶人非是都不行礼，但以其遽务不能备之，故不著于经文三百，威仪三千耳。其有事，则假士礼行之……盖以其质野则于节文或有所不能习，卑贱则于仪物或有所不能备也"①。这是礼教针对不同身份地位者之所以会出现差异性的主因之一，并非瞧不起人民而是在避免扰民。

《天论》曰："故君子以为文，而百姓以为神。以为文则吉，以为神则凶也。""其在君子以为人道也，其在百姓以为鬼事也。"（《礼论》）君子由于知道仪式背后的教育意义，所以在遵行仪式而使得事情往利己利人方向发展时，会知道这皆是因人为礼教之功；而不知这道理的百姓，看见仪式后事情得到好结果而感觉神奇，进而误以为这是鬼神之外力造成的。君子知道仪式不过是表象，礼教产生之功效才是事情之所以如此的根源，因此能更奉行礼教并教导大家这个道理，这即可产生良性的有益循环，吉；而不知这道理的百姓误以为那是神秘力量的功劳，于是变得罔顾人为而一味求神拜祖，那就会"凶"而违背礼教的目的了。

礼与礼义乃是表里关系，前者是教育形式，后者是所教育之原理。两者在荀子的口中必须视语境，有时较偏言"表"，有时指的是"里"，甚至时常将其视为一体而混为一谈。"故绳者，直之至；衡者，平之至；规矩者，方圆之至；礼者，人道之极也。然而不法礼，不足礼，谓之无方之民；法礼，足礼，谓之有方之士。"（《礼论》）礼从上下文来看，此则是将两面视为一

---

① 孙希旦：《礼记集解》，中华书局，1989，第81—82 页。

体,与前相合是描述礼之原则,与后相合是描述礼之功能,而终极皆是为实现"人道"之教育目标。

另外"礼"有一个重要教育原则"称情而立文"(《礼论》)。人生在世,"人情之所必不免"(《王霸》《乐论》)。然基于外界不存在纯粹公平的现实(没有树叶一样,没有人指纹、瞳孔一样)与物质的有限性,为了让人在心理上更容易接受许多无法避免的差异,所以秤情立文,让人与人间的相处有所依循,了解根据感情的远近而有所差异是人之常情,以此消弭或减轻人见到分配及与人交往时之"常不齐均"(《赋》)而产生的情绪波动,减低不良事件之发生概率。这是制礼作乐相当重要且关键的一个教育原则,是以笔者将其列于礼之定义内。

(二)礼的教育功用

在现实物质世界中,有等差观念后才容易让人产生积极进取心,问题不在于等级本身,而是在于阶级是否能自由流通?流通根据的是什么标准?这标准是否能让人心服口服?这部分笔者于礼义处已有论述,不再赘言。在有"符合人情事理之礼"可循的情况下,如遭受"常不齐均"(《赋》)之对待时,人们始知归咎于自己不够努力而容易心安,进而使物质有限性与局限性造成的分配不公之状态被接受而能落实。至于在精神世界中,由于我们与他人起始是没有等差的,是以只要言行愿意遵奉礼,努力积累礼义道德之修养,即可不受外界条件之差异与限制的达到很高精神境界,甚至正因为外界的压抑、局限,反而让人更容易提高精神境界,拥有更大成就。所以礼的教育功能,在笔者看来有:让人心服口服与提高人精神修养这两种。

由于礼涵盖的范围相当广,所以礼教之功能繁多,但背后的礼义则相当明确,乃是希望让人往利己利人方向发展。《礼论》曰:"礼者,断长续短,损有余,益不足,达爱敬之文,而滋成行义之美者也。……故其立文饰也,不至于窕冶,其立粗恶也,不至于瘠弃;其立声乐,恬愉也,不至于流淫、惰慢;其立哭泣、哀戚也,不至于隘慑伤生,是礼之中流也。……期止矣,外是,奸也,虽难,君子贱之。故量食而食之,量要而带之。相高以毁瘠,是奸人之道,非礼义之文也,非孝子之情也,将以有为者也。"本引文强调礼教要合义,认为凡事合宜即最好。所以礼仪之文饰不会给人轻佻妖冶之感,简略的仪式也不会让人感觉贫瘠刻薄;其声乐会给人安详愉快之感,而不至流于低俗淫秽或散漫沉闷;有关哭泣哀戚方面的仪式不会让人过度哀恸而伤生,总是让人适度、适可而止,符合礼义。如果有人坚持要超时的守丧,这虽然相当难达到,但会被懂礼教的人鄙视而否定。所以我们吃饭适度,根据腰的粗细来系腰带,凡事不可过与不及。例如互相攀比而鄙视简略的仪式,此即教导人为恶之奸邪,不仅不符合礼义,更会由于攀比而扭曲礼之教育目标,反会让孝心不显甚至变味而不纯粹,这明显不是在行礼而是在炫富、攀比或是别有所图,与礼教背道而驰。

　　上段引文提出一值得大家省思的问题:攀比。事实上,许多的烦恼与纷争皆是源自"攀比"所造成的问题,而礼一定程度能避免攀比造成的危害,这是礼极为重要且关键性的教育功能。因此,荀子在讨论丧礼时提出"称情而立文"(《礼论》)与恰当适中的教育原则。《礼论》曰:"因以饰群、别亲疏、贵贱之节",以当下现实为例:婚丧喜庆乃人生大事,大家皆相当重视,所以当礼崩乐坏后特别容易产生攀比。例如婚礼时的高昂彩礼,让人到处借贷以撑面子,而事后夫妻被债务压得难以喘息;丧礼办得盛大隆重,流水席、舞台秀等,让子孙负担沉重;过年红包与年礼,让人整年的奋斗一夕尽无,根本存不下钱。这些皆是欠缺正确的礼教观念与氛围,没有考虑人民承担力之礼仪规范所造成的结果。

"故礼者,养也。"(《礼论》)这说法让荀子的礼教思想与学习教育更加紧密的联结起来。"孰知夫礼义文理之所以养情也。"(《礼论》)无论礼的规范、节制功能,还是它的仪式、象征之分层效用,皆是为使群体整体良性发展、互动、稳定、永续,所以必然不会违反人性、天道,因为那是达至一切目标的基础。所以荀子全文常提到"养",无论是养欲、养情、养生、养心、养德、养誉、养安、养鼻、养目、养耳,等等,《修身》曰:"食饮,衣服、居处、动静,由礼则和节,不由礼则触陷生疾;"礼的一切最终皆是为了养人,让人活的有尊严,活的身心健康,与人、与万物相处和谐,让族群能永续传承发展。所以说礼是人道之极,荀子之所以用礼教来引导、教育大家,让大家有礼可循地养成良好的观念与习俗,皆是为了教育的终极目的"永续传承",并且在传承的同时期待大家能更进一步的青出于蓝(《劝学》)。

荀子最终透过礼教希望培养出的是具有思索能力的主观能动之人,《礼论》曰:"礼之中焉能思索,谓之能虑;礼之中焉能勿易,谓之能固。能虑、能固,加好者焉,斯圣人矣。……圣人者,道之极也。故学者,固学为圣人也,非特学无方之民也。"在生活周遭,多数人听到他人说道理时,很少能深入思索"为什么?"只有少数人会去思考例如;真正的自由是什么?应不应该有限制?自由的界线在哪?民主为什么好?怎样的民主才是好的,等等,由各角度切入思索,进而衍生出各式疑问。荀子鼓励大家能在礼中思索:如何的礼能永世不易?怎样的礼能比现在的礼更好达到礼义?所以我们学礼并不只是为了遵循礼教,而是期望有一天我们可拥有像圣人般去制礼作乐的能力,而不只是停留在听别人说什么即是什么的初级教育阶段。

第三节 礼义法度教育的创生与传承之重要设问

一、礼义法度是否为第一圣人所创?

荀子描述礼义法度创作较详细的有三则引文,并且这三者彼此间可相通而相成,是以笔者予以综合诠解,希望借此得到较全面而完整解释:

1.《荣辱》曰:"然则从人之欲,则势不能容,物不能赡也。故先王案为之制礼义以分之。"

2.《王制》曰:"势位齐,而欲恶同,物不能澹则必争;争则必乱,乱则穷矣。先王恶其乱也,故制礼义以分之。"

3.《礼论》曰:"人生而有欲,欲而不得,则不能无求。求而无度量分界,则不能不争;争则乱,乱则穷。先王恶其乱也,故制礼义以分之。"

原初时期,由于人与人之间并没有地位阶级的高低、上下等差别,是以当人们在欲恶类同的情况下,会因为外界物质与资源的有限性加上人与人之间的无序性,以及为满足自身基本生存所需之欲求,而产生各式争执。争执只要一产生就容易演变成斗乱的状态,而当争乱发生后人的危机意识就会增强,于是就容易产生"求而无度量分界",形成恶性循环。这时人与人之间会因为事关存亡而充满不信任感且难以和谐共处,进而影响到狩猎与采集、耕织、畜牧等之生产与效率,造成集体陷入穷困境地的结果。这时候有智慧经验积累厚而悟性强的人,厌恶这样混乱无序的状态,所以综合前人的智慧经验与自己的思索制定出礼义法度,使人们有地位阶级的高低上下等差,让多劳者或对群体有功者能多得,而少劳者与无功劳甚至作恶者少得,恢复有序而分工互助和谐生产状态。

另有三则引文亦提及礼义之所起者,由于这三则皆摘自《性恶》篇,是以其论述有较强之一贯性,笔者将其置于此用以加强补充本小节之论述:

1. "古者圣王以人性恶,以为偏险而不正,悖乱而不治,是以为之起礼义。"

2. "故圣人化性而起伪,伪起而生礼义,礼义生而制法度。"

3. "故古者圣人以人之性恶,以为偏险而不正,悖乱而不治,故为之立君上之势以临之,明礼义以化之。"

这些说法皆认为有先王、圣人或圣王因不忍人的天性容易产生恶行,是以为感化、变化这种不好的行为趋势,人为地创生出礼义、制定下法度。并由于礼义法度的顺天应人特质顺势成为君上且借此立起威势,用以宣明礼义,以求能帮助人们去除偏险之危而归于正,免除背离之乱而归于治。

还有两则提及礼义创生相关内容之引文,亦摘自《性恶》篇,它们提及与本书主题密切相关的"学",是以笔者特将其并列于此给予解说:

1. "礼义者,圣人之所生也,人之所学而能,所事而成者也。"

2. "今人之性,固无礼义,故强学而求有之也;性不知礼义,故思虑而求知之也。"

这两则同样基本认为礼义是有人创生出来的,但因为这是顺天应人、符合人心的存在，所以人人只要愿意学必定能学会，只要愿意遵行照作就一定能有所成就。而现代人之所以要透过学习方能会，荀子认为那是因为人们原本没有这种能力，因此必须努力学习以求拥有这样好的能力；并认为我们由于原本不知这些有益处的道理，所以才需要借由学习与思虑以求得知礼义之道。

根据上述这八则说法，我们几乎可断定荀子是认为有第一圣人存在的。然而荀子却又说：

1.《非相》曰："圣王有百，吾孰法焉？"

2.《不苟》曰："百王之道，后王是也。君子审后王之道，而论百王之前，若端拜而议，推礼义之统，分是非之分。"

3.《王霸》曰："故百王之法不同，若是所归者一也。"

4.《儒效》曰："修百王之法，若辨白黑；应当时之变，若数一二……百王之道一是矣。"

由上述四则引文我们可以知道，制礼作乐的人很多，历代都有，如前文所言我们要效法的主要是后王之法，因为它最详尽而明确。而后王之法是怎么被制定出来的呢？荀子认为是有一群君子在审视离其时代近而资料详的后王之道后，再综观讨论资料较疏略的百王之法与其精义，抱着诚敬之心认真讨论，最终推导、归纳出礼义法度之根本原理原则，并能借此又能厘清万事万物的是非对错好坏等。所以虽然说百王之法各有差异与不同处，但原则原理并没有出入而都是归于相同之礼义。所以在根据当代现状而调整修订礼义法度时，因为有这明确的原则，很容易就制定出新的后王之道。

但最初的礼义法度到底是从何而来，上述说法还是没能给予解释，于是荀子又说：

1.《正论》曰："杀人者死，伤人者刑，是百王之所同也，未有知其所由来者也。……以人之情为欲多而不欲寡，故赏以富厚而罚以杀损也，是百王之所同也。"

2.《天论》曰："百王之无变，足以为道贯。"

3.《王霸》曰："是百王之所同也，而礼法之大分也。……是百王之所同也，而礼法之枢要也。"

4.《正论》曰："是百王之所同，古今之所一也，未有知其所由来者也。"

荀子认为，这些可能是社会发展到一定的阶段后自然产生出来的，因为"未有知其所由来者"，并且那些百王由于都是顺天应人的根据人心与天生之情欲所创制出礼义礼法，所以很多处理事情的方法技巧与态度都会自然相同，无须一一比对前人的经验智慧才能得知。所以百王之道虽说看似有许多不同，但其实其中的道理都是一贯而没有差异的。那百王所同而一贯的道理，就是后来创制礼法的主要根据与精神所在，那是古今相同而相通，自然而然所产生出来之不知是谁所创生的规律原则。

以上八则引文点醒了我们，原来荀子并非认为有"某人"一力创制出了礼义法度，而是历代有某些人在社会到了某一阶段或出现某些状况时，不断地出面制礼作乐，以将天下重归于治，是以其总用虚主词而不言明为谁，并非认定有一人独立创制并让大家世代遵守。既然如此，我们可进一步追问：荀子是怎么具体描述制礼作乐过程？

二、荀子如何具体描述制礼作乐过程

　　顺着前文所述并综合前文对语言文字创造积累的方式来看,《性恶》曰:"圣人积思虑,习伪故,以生礼义而起法度,"从语义上来看,这则引文内所生的"礼义法度"不仅是指圣人创生的,也可包括前人代代相传的,故说圣人"习伪故"。由此可知,荀子乃认为圣人绝非凭空创生礼义法度,而是有所因袭、承继,并且圣人之"思虑"一定是基于前人之"伪故"与经验而厚积薄发的,毕竟"学而不思则罔,思而不学则殆"(《论语·为政》),以圣人之聪明才智必然知晓这道理。因此圣人习伪故(包含礼义、法度、习俗等)、生礼义,而后人再凭其所生之礼义积累以成圣人;是以后王久了会成为先王,而今人积累修习礼义即可成为后王。此即人类凭借语言文字之特性,配合教育行为不断积累下之历史演变过程中的承先启后、不停促进圣王产生的良性循环机制。其实各地的习俗、伪故这类"不文之礼",它们必然是经过历史的考验与人心的筛汰,始能被后世圣王看到,进而成为他"思虑"与"生礼义而起法度"的依据,这也符合前文提到之"道是既存在于内心,又存在于外界万事万物中而可相互验证"的道理。

　　类似的现象在人类社会化的过程中必然是不断地出现,各地的"伪故"即是如此积累成型,进而成为习俗的。但这些零星而没系统、甚至彼此冲突之不规范的礼义法度越来越多后,必然会出现一些人受不了这样混乱状态而忍不住要来整理、规范它们,他们之中当然会有整理不好也会有整理得十分妥善而获得大家赞赏的人,那大家赞赏认同者就容易留下名字与传说,成为后人所敬仰的榜样。《儒效》曰:"注错习俗,所以化性也;并一而不二,所以成积也。习俗移志,安久移质。"由此可知,即使是习俗亦并非一下子就影响到人,也是需要积年累月的"安久"才会产生"移质""移志"的化性之效。圣人在成长的过程中,自然也会践行、体悟、感受,进而思索这些想要对他产生"移质""移志"之存在。

由前文我们亦可推知,在礼义法度形成的漫长过程中,免不了会出现一些推动其加速形成具体有效之系统范式的关键人物,这种人荀子称之为圣人或先王、圣王。在过程中,少数杰出人物的确发挥突出的作用,产生深远的影响,甚至正是他们清楚指明出以后礼仪法度的发展方向(礼义),这为后人学习、应用或调整变更礼仪法度提供可靠的依据。所以从这角度来看,说礼义是圣人探索出来的制订礼仪法度的原则也是完全可以成立的。但我们必须要知晓,圣人之所以能探索出礼义,也是基于继承前人经验并善加学习、积累、思索的结果,这道理就与荀子批判地继承前人思想是相同的,《非十二子》曰:"今夫仁人也,将何务哉?上则法舜禹之制,下则法仲尼子弓之义,以务息十二子之说。如是则天下之害除,仁人之事毕,圣王之迹着矣。"这一段就像是荀子对自己的定位与激励,希望自己能成为这样的仁人,学习效法古圣先贤而继承其智慧经验,以除天下之害,兴天下之利。

在此必须强调,于荀子的理论中并非只有圣王可以制礼作乐,《王制》曰:"君子者,礼义之始也。"始,可解释为起始、创始、先行者等意。同时荀子认为"君子小人一也"(《荣辱》),差别只在君子愿意遵从礼义而小人背离礼义。这意思等同于说人人皆可为君子,进而人人可成为"礼义之始",能成为创作或先行礼义之人。同样的,人人只要积礼义,亦可成尧舜、圣人,"涂之人百姓,积善而全尽,谓之圣人。彼求之而后得,为之而后成，积之而后高，尽之而后圣，故圣人者，人之所积而致矣。"（《性恶》）是以人人只要愿意接受教育并学习奉行礼义法度，积累自己的道德修养，可以说皆有成为制订礼乐之"拥有虚壹而静大清明能力"之圣王的可能。所以虽然不是每个人皆能实际参与到礼乐法度的制作中，但至少在荀子的理论中是肯定每个人皆有一颗能知道、合道的心，并且皆具有追求道的愿望与能力，因此也皆有在制礼作乐过程中发挥作用的可能，就犹如现今法律的产生过程般。

三、最初礼义法度是同文字般自然产生的吗？

文字是基于人群社会化之需求而自然产生的，而最初的礼义也是如此吗？综合前文说法，人因为有群居的天性，当居住在一起而外在资源有限时，就不得不制定出人与人之间相互交往、分配资源的规则，鼓励能者多劳、多劳多得的同时，也鼓励额外照顾老弱妇孺，以求减少恶性竞争与内耗纷乱之事情，追求可长可久之永续发展。我们只要看一些现存的原始部落的研究可以得知，小部落时期基本上皆是共产制，贡献（狩猎能力）越大、越受尊敬者，其所被分配到的食物就会越多、越好，并且幼儿虽无劳动但也会被分到粮食，因为这对族群的永续传承相当关键，此类辞让之心是为部落的长远发展而自然根据人们经验智慧之积累所产生。《性恶》曰："故必将有师法之化，礼义之道，然后出于辞让"，"必将"一词极为关键，由此可知，只要人群发展到一定的社会化规模，拥有礼义之心的人们必将有人会醒悟礼义，进而促使礼义法度从群体中产生，这无须由谁外力强加于人们。历史上，许多礼义法度起初是人与人在互动过程中自然产生出雏形，然后经过长时期的实践经验而逐步调整、修正而渐渐完善的。所以这是自然形成的规范,不需要任何人特别去创造。

事实上,人生在世只要处于群居而必须与他人互动之生活形态,就免不了需要各式各样礼义法度的存在,用以维持人与他人、与团体、与社会、与国家的平衡稳定运作。毕竟,好逸恶劳、贪婪、自私自利等这些人们天性当中的组成分子(性恶),并不会因为你知道,即可轻松消除排解掉。是以有益群体永续生存发展的礼义法度,起初必定经过人们不断的尝试、试错,直到确认然后教育以普之,接着让人们努力练习、坚持直至融入生活、习以为常。《天论》曰:"天有常道矣,地有常数矣,君子有常体矣。君子道其常,"而君子即将这自体心中本有之天地常道融入日常生活者,这时人们才稍稍的能卸下"战战兢兢、如临深渊、如履薄冰。"(《臣道》引用《诗经·小雅·小旻》)的包袱,但它们也不是从此就消声匿迹,而是随时可能卷土重来,如附骨之疽般。

礼义法度的存在有点像是人道行为指导手册,毕竟人的心很难时时处于大清明状态而事事中理,而礼义法度则可用于教育并指导人们"怎么做较能顺利达成预想目的而不致偏颇"。《正名》曰:"道者,古今之正权也;离道而内自择,则不知祸福之所托。"所以礼法教育是为帮助短视近利、好逸恶劳的一般人远祸而趋福,所以礼义之道是犹如指引人行动方向的灯塔般的存在。礼的细节因为时变世异常会需要调整、修正,然礼义则又源自人人皆具之"义心"与万事万物大道的共鸣而得,基于"天行有常,不为尧存,不为桀亡。应之以治则吉,应之以乱则凶。"(《天论》)之天道古今不易与大公无私特质,所以我们只要依据此长治久安之正道而不走邪门歪道,自然能够万事大吉。并且习礼的内化过程,其实就跟人吃营养的东西能有利于身体的成长或维持健康,与我们散步、做运动般,是为不让我们往不好(如肥胖、高血压等)之方向发展,这并非什么违背自然的行为。

四、礼义法度之教育是外力而来的?

正如前文所述,礼义法度虽由圣人创生,然圣人也是有所因袭、学习,且这是依据"心"与"道"之共性的一种创制,《天论》曰:"圣人清其天君(心),正其天官(五官),备其天养,顺其天政,养其天情,以全其天功。"虽说这段原意是描写何谓"知天",然亦可用以描述圣人创制礼法时的心路历程:圣人首先要让心处于大清明状态,然后端正五官使其处于正常状态,(如此方能做出符合道之正确的判断)然后顺着天时与气候、物产状况等来完备人群自我养育的法度,并顺着人们的需求与大自然的规律来制礼作乐,而这样制定出之礼乐即可使人的情感得到润物无声的调养教育,进而达到与天功般让人不感到被压抑或驱使而自动自发、自觉自立的春风化雨般之教育功效。

虽然我们身为人类皆有一颗古今人我相通且具共同功能与效用之心,再加上无论在肉体与精神上皆有共性,使得我们彼此间容易产生共识。然而不同时代与地域亦有其独特的物质生产条件及价值观等,这又让我们产生无可避免的差异,所以后王必须根据其时代、地域之特色,按照符合人心的礼义来创制出切合于当代、当地人们的认知而贴近时事的礼乐法度,以教育民众,化民成俗。《王霸》曰:"聪明君子者,善服人者也。人服而势从之,人不服而势去之,故王者已于服人矣。"是以聪明而有远见的开国君主们,皆善于让人衷心服膺于其麾下,聚力以成事者也。他们皆清楚知道,只要人们能认同他所构建出的未来理想,携手同心的追随他一起打拼,即可形成无可抵挡的大势;反之如果言行不一,只懂得画大饼、说空话,自私自利的不想与大家共享奋斗成果,如此必然会渐渐人心不一而稍一受挫就鸟兽散的失去大势。所以说,能真正开国成王的人,皆知道该如何聚拢人心,使人们聚集至其麾下,并且愿意衷心服从、认同他的领导。同理可知,如果他制定的礼义法度违背人心,无法取得大家的认同、共鸣,是不可能被人们长久遵循并世代传承,其王朝即使侥幸成立也会相对容易崩溃。

礼义法度的教育基础是人类普遍的天性与关系,所产生出之合理而符合人性的规范。《非相》曰:"圣人者,以己度者也。故以人度人,以情度情,以类度类;以说度功,以道观尽,古今一也。"这一段直接地将圣人制定礼义法度的基本教育原则点出:圣人乃常人所积而成,所以能了解大家的感受与情绪,他反躬自省的用虚壹而静之心,以己度人所创造出之礼法,既必然通达人情人心(《大略》曰:"礼以顺人心为本"),也必定符合人类与大自然整体的永续发展(《荣辱》曰:"长虑顾后");他利用各式的教化方式来说服人们,让大家了解接受礼义教育的功效。并根据大清明之心所探知的"道"去观察天地,切磋琢磨地穷尽万事万物运行与相处的最佳模式,内外贯通地确认出古今如一的教育原则原理。因此,礼义法度教育不能说是外力来的,而是透过圣人将人我之心串联下的共通产物。

是以荀子才会一再强调他所阐述与关注的教育观念即人之所以为人之道,《非相》曰:"人之所以为人者何已也?曰:以其有辨也。饥而欲食,寒而欲暖,劳而欲息,好利而恶害,是人之所生而有也,是无待而然者也,是禹桀之所同也。然则人之所以为人者,非特以二足而无毛也,以其有辨也。"分辨,即是我们的心所共有的教育基础功能。心能知,能学,能被蒙蔽与解蔽,能中理也能失理(《正名》),能好好恶恶,能指导我们的言行。并且其在虚壹而静之大清明状态下能知道义,也就是说,这时的心分辨能力最强、最善、最正确,是以能合道、知道、中理。而圣人即是在这状态下制定出礼义法度教育的,因此荀子为何说"礼者,人道之极也。……圣人者,道之极也。"(《礼论》)即是指在这种情况下的圣人所创生制造出的礼教,必定是最能促使学习者符合人之所以为人之道的终极教育目标。

五、传承之经典教科书与现实应用上有无差异?

荀子清楚知道经典和当下现实具有脱节的可能性,若"不道礼宪,以诗书为之,譬之犹以指测河也,以戈舂黍也,以锥餐壶也,不可以得之矣。"(《劝学》)我们如果不遵循礼义,而一味地尽信诗书,那就犹如用手指来测河深度、用尖戈来捣壳、用锥子来吃壶中饭般,是达不到目标的。《儒效》曰:"法后王,一制度,隆礼义而杀诗书,其言行已有大法矣。"后王隆礼义而统一制定出当代规范,之所以能不死守诗书所传承之内容,是由于他已经将礼义融入自身言行当中,掌握原则、大法。是以我们应该立足当下现实,不可一概照搬古制或古代经典。因此荀子提出法后王的创见,事实上即为处理这方面理论上之漏洞。

基于"法后王"的教育理念荀子认为:"文久而灭,节、族久而绝,守法数之有司,极礼而褫。故曰:欲观圣王之迹,则于其粲然者矣,后王是也。"(《非相》)文章书籍等传承文献会因为时间久远可能消失或残缺,音乐的节奏以及口耳相传的族训族规也可能因为天灾人祸而绝传,主管法律术数的机关单位与官吏也会因年代的久远而逐渐废弛。所以我们如果想了解与学习圣王制礼作乐的原理、用意、具体内容,应要参照"因循古圣礼义而后起之王者"所创制出之现存丰富文献的法度,如此较完备而实在。

礼之义可能亘古相通,但礼的形式则因人、因事、因环境、因条件等可能会发生变动。例如太庙因整修后盖得比较大或格局稍有不同,走的路线、步数就会有所改变。而由于庙祝的兴替其对礼的认知也可能产生差异,准备的东西就可能会受到影响而必须调整。并且每次祭祀活动前的生产状况不同,导致祭祀物品可能准备不齐全或过少过多,这在摆盘放置时可能就需要有些调整。各方面因为外界变化所产生之差异,皆可能造成每次祭祀不得不有点差别。《君道》曰:"并遇变态而不穷,审之礼也。……虽圣人不能易也。"时移事易,由于生产模式、物品、技术、人员组成、自然环境、天灾人祸等的变迁与改变,许多做法与观念也不得不与时俱进的有所调整或变化,这时我们必须依据礼义的原则来检验它们,这是圣人皆必须遵循的原则。

反对礼的人认为,礼的繁文缛节浪费资源且束缚人的心性。其实,不符合时代与违背人心的礼荀子也不认为需要坚守,《大略》曰:"礼以顺人心为本,故亡于礼经而顺于人心者,皆礼也。"荀子深明此道理,所以才认为后王制定出来的礼只要符合、顺应人心即可,不一定要依据被记录在典册者。所以我们不仅可以"杀诗书"地将不符合时代条件与环境、观念的淘汰,更可以依据礼义而创生出新的符合人情事理之礼乐制度。并且认为"传者久则论略,近则论详,略则举大,详则举小。"(《非相》)许多东西会在代代传承中因为各种原因会失传、失真、模糊、误传,所以久远的传承在细节上我们很难掌握,而只能把握大略与原则;反而近代的礼乐法度由于材料充分,更值得我们耗费时间精力来细细推敲,甚至能借此反推以验证古礼之教育内容或阐发出礼义。

　　荀子的教育理论在笔者看来基本上已没有明显漏洞,算是儒家思想中第一位对教育整体理论与方法系统化者,相当具有代表意义。其教育理论体系虽强调礼法的约束力,但同时也极重视个体道德修养与内在能辨善恶的心。其主张天赋的情欲与理智应和谐统一,用礼教来引领、存养人的情感、欲望,用乐教来疏导宣泄、激发人过或不及的自然情欲。既承认人们情欲之合理性又不至走向纵欲主义,既肯定限制情欲之必需性又不至走向禁欲主义。借由礼乐,让这种身、心、灵的和谐能够在俗世生活中得以实现,而不必求助于神秘力量,且不会产生天赋情欲与理智分裂、排斥的痛苦。也就是说,乐是一个合乎礼的规范的情欲宣泄(或激发)管道,是辅助人达至中和境界的重要手段,能促进礼与情欲和谐共处。所以笔者认为,儒家的教育思想在《荀子》一书中已呈现出一套完整而清晰的理论架构。

第五章　荀子所构思之教化体系

在知道荀子教育思想中:心是教育之所以能成立的基础与主体、性恶之恶为教育主要所欲改变与消弭之对象、礼义法度为教育之主要教材与教学内容后,我们要进一步知道的则是荀子要用什么样的教育体系来实现其教育理想与目标? 并且也需了解其教育思想该如何被具体落实,例如教育的对象是谁? 教育方法为何? 学习者要如何学习? 学习的动力为何? 也就是说,本章要讨论的是教育方法论及其相关之内容。

第一节　荀子的教化效果与原则

一、教育对象与教化效果

(一)教育对象

荀子身处的时代是战乱数百年后并且战争频仍的时代,多数人没机会读书,且那时主要书写工具为竹简,书籍稀有、笨重、体积庞大,流通性低、流传困难;那时识字人口少,约九成人口不识字。虽说到了战国时期,平民也有接受教育的机会,但总的而言有能力接受教育的仍是少数,大多数仍属于"礼不下"(《礼记·曲礼上》曰:"礼不下庶人")的庶民阶层(读过书的称为士或儒),绝大多数是一辈子没机会看书识字的农民,他们甚至终生没机会离开自己居住的小乡村。所以荀子谈礼、重礼教之对话对象,基本乃针对渴望成为士阶层以上并有机会识字、看书与掌权者,而非针对不识字之无权无势的百姓。所以《富国》说:"由士以上则必以礼乐节之,众庶百姓则必以法数制之。"

是以荀子的对话对象,从作品写作手法上来分析,应该是针对有心或预计要出仕为官者之言。且当时与荀子交流、争辩者多为稷下或兰陵学者(其于稷下学宫累计待了 26 年,而在兰陵主政并设教、著书终老累计20 余年),他们不是身份地位超然"不治政事而议论焉"[1]之稷下学士,即是有出仕之心者,不是学者即是未来的政治精英分子,所以如此强调礼教的著作,本身就已表明其预期阅读的对象为士人阶层以上。因此荀子写作时,看事情的角度大多站在"维护群体利益"之从上往下看的角度来言,这也是无可厚非的事。

《荀子》此书对话的对象,从篇章名称亦可看出端倪:1. 人君(包含天子与诸侯王:《王制》《富国》《王霸》《君道》《议兵》《强国》),2. 人臣者(上至大臣,下至小吏:《臣道》),3. 欲为士者(《致士》),4. 老师(《强国》曰:"上者下之师"),5. 学生(基本是成年人,既是为人子同时也是为人父或将为人父者)。因此必须强调,正如孔子对不同的对象会施以不同的教育,荀子也有这现象,对不同地位的人会用不同教育标准而给以不同

---

①[清]王先谦:《荀子集解》,第29页。

的教育要求,是以有时其所言之道理要视对象而定,不可一概而论。由于每个人关心与了解的重点不同,所以他在施教时总会从不同对话对象之角度与状况来举例,引导大家反思、验证其教育理念。

但是从内容上来说,荀子秉持儒家一贯立场,有教无类、因材施教,对于教育对象(需要知礼、习礼、奉行礼者)并没有任何限定,这由下述引文可证:

1.《富国》曰:"故自天子通于庶人,事无大小多少,由是推之。"如果庶人不知礼义,又要如何凡事由是推之呢?所以庶人是有被其纳入教育对象之中。

2.《王霸》曰:"君臣上下,贵贱长幼,至于庶人,莫不以是为隆正。"无论地位高低、年龄长幼、身份贵贱,所有人荀子都认为必须接受礼教,以明了何谓礼,明了礼何以可贵,进而能隆礼以正言行。

3.《君道》曰:"故由天子至于庶人也,莫不骋其能,得其志,安乐其事。"如果人人皆能在礼教中优游自得,君人者切实尚贤使能,让志于礼并能奉行之人皆能受到重视而有出头机会,那么人们必能安居乐业的从事自己擅长的工作,一同为国家社会贡献心力。

4.《君道》曰:"上在王公之朝,下在百姓之家,天下晓然皆知其所以为异也,将以明分达治而保万世也。"礼教,是让大家明白自己的本分,知道自己目前为何身处如此境地,同时又能对生活充满成就感与期待感。在学习礼教后会明白,只要自己愿意努力即可出头,不愿努力则只能拥有现在这理所当然的待遇。

如此上下自然无怨而能各安其位以达治,天下自然即可安保万世稳定。

5.《君道》曰:"则臣下百吏至于庶人,莫不修己而后敢安止。"只要用礼修己即可获得荣耀与禄位,只要不依礼行事就会被指责或惩罚,如此人们自然会积极行礼方能感到心安。

6.《强国》曰:"君臣上下,贵贱长少,至于庶人,莫不为义。"无论什么身份、地位、家世背景,人人皆需要懂得礼义、学习礼教,如此方能知晓如何合宜行事。

7.《君子》曰:"圣王在上,分义行乎下,则士大夫无流淫之行,百吏官人无怠慢之事,众庶百姓无奸怪之俗。"只要圣王制定出明确的礼仪规范以教育大家,大家也衷心学习并奉行遵守,在这样的氛围下,士大夫自然不容易做出放荡违法行为,百官也会兢兢业业做好本分事,庶民百姓自然也不易产生出奸邪怪诞的迷信习俗。

8.《大略》曰:"故礼之生,为贤人以下至庶民也。"所以说礼教之所以被创生出来,即是为要帮助所有不懂礼义法度好处的人,能够有机会借此改善自己的生活与身心状态。

(二)教化效果

我们要判断清楚一个人的思想,首先,我们要厘清他欲达至的高度,《礼论》曰:"争则乱,乱则穷。先王恶其乱也,故制礼义以分之,以养人之欲,给人之求。使欲必不穷于物,物必不屈于欲。两者相持而长。"可知荀子的教育目标之一是希望借由礼义道德教化,使人的欲望与物质间的关系能达到相互促进、和谐永续、互惠互利、共存共荣的状态而不受物欲所困;让世上人道中之纷争减少,甚至消弭。所以说"礼者,人道之极也。"(《礼论》)希望能借由礼教之力让人道的世界复归于圣王之治世,让天下安定,君臣相惜,人民安居乐业并身心健康,使人与大自然和谐相处。

其次,我们要知晓他选择什么教育方法以达至预期之教育效果?从全文看来,荀子选择的明显是礼乐教化,认为只有靠它人人方能有法可依、有例可循,《儒效》曰:"礼者,人主之所以为群臣寸尺寻丈检式也。"进而达到《正名》中的:"非不欲生而欲死也,不可以生而可以死也。……故治乱在于心之所可"。让人能心服口服地躬行此教育理念,以达至长治久安状态,必要时甚至会心甘情愿而义无反顾的牺牲小我,这是由于此道理是源于我们的心,能与我们共鸣,并得到我们内心的认可。

当然,通常教育学家必然会解释他为什么会选择使用这样的方法的理由,荀子认为那是因为人存有一种必然产生恶的行为趋势,从现象界的事实来看,人的行为由于外界的有限性与局限性天生易于促成恶的产生,所以荀子在经过实际观察与实践后,客观地给这行为趋势定了个名字叫"性恶"。并且他认为,每个人皆拥有透过教化使自己变得更有道德的可能性,只不过那让人变善的具体实践方法是由拥有虚壹而静能力的人,根据古人所阐述之源于人心之原理以及当代之现实状况所制定出来的,此即后王的法度比先王更符合当下而更应被遵守的原因。至于那些有虚壹而静能力的圣人(圣王)所制定出来之礼法,即是用来教化人民,使人民学习后能知晓该如何做方能突破阶级的局限,满足自身所需,安居乐业的过上"重己役物"(《正名》)之身心健康的生活。

对于内外的教育问题,荀子的教育思想中是有所阐发的,《正名》曰:"志轻理而不重物者,无之有也;外重物而不内忧者,无之有也;行离理而不外危者,无之有也;外危而不内恐者,无之有也。"说得即是此理,轻视精神上的修养,即容易感到空虚不足,产生永无止境之追求物欲的行为;这时即使不停地去追寻外物,也无法填补内心的空虚忧郁,这是无可避免的现象,此即天道给予我们的指引。"意志"两字从字形拆解,可看成是"心之音"与"士之心"的意思。因为知道人的行为不一定能达到其心中预期的效果,所以用"志"强调的是人类的自由意志,这也体现道德的自择性而非源于外力拘束的限制、枷锁。又说:"内省而外物轻矣。传曰:'君子役物,小人役于物。'"(《修身》)他认为一般人受到物质界的局限性所致,只要人不能脱离物质界的束缚,此趋势就必不可免。但如果能懂得追求精神世界的收获与提升,那对外物的需求感也自然会变得较轻,较不易受到物欲的控制。最终透过教育与学习能达到"重己役物"(《正名》),而避免"以己为物役"(《正名》)。

荀子为说服大家相信其所提倡之教育理念并不是在糊弄人,而是真实可信并确实可行的方案,于是他不断地从各个角度,举各种例子,来证明其所说之合情合理性。并且将一切理论的基础建立在人人皆具的"义心"与天地大道的相互印证上。如此学习者既可凭己心之反思来得到印证,又能与外界实际历史经验和现实状况对照,进而能对此教育产生强大信任感。相信这内外切磋琢磨后得到的教育理念,本身即是荀子对自己说法如此有自信的原因。

由于不同身份的人荀子的教育预期效果也会稍有差异,在此举出三例予大家参考:

1. "君者国之隆也,父者家之隆也。隆一而治,二而乱。自古及今,未有二隆争重而能长久者。"(《致士》)针对出仕者而言,因为身份的转变,就必须要调整其评判事情先后缓急的顺位,而不能像在庶民时总以家族为先。致仕者被要求要学会移孝做忠与无私,如当忠孝不能两全时而又欲尽孝,根据儒家传统,必须弃官而去始能回归原本庶民属性以尽孝。

2.《臣道》曰:"人臣之论:有态臣者,有篡臣者,有功臣者,有圣臣者。……内足使以一民,外足使以距难,民亲之,士信之,上忠乎君,下爱百姓而不倦,是功臣者也。上则能尊君,下则能爱民,政令教化,刑下如影,应卒遇变,齐给如响,推类接誉,以待无方,曲成制象,是圣臣者也。"荀子对人臣的要求分成四种,当然期待大家接受礼教而学会礼义后能成为"功臣""圣臣"。通常"圣"字辈的要求皆是最高理想,也就是说,荀子对臣子要求的第一阶段是"功臣"。而"功臣"在他看来只要诚心学习并遵奉礼教,那引文中所描述的则皆会是自然而然能达到的教育功效。

3.《子道》曰:"入孝出弟,人之小行也。上顺下笃,人之中行也;从道不从君,从义不从父,人之大行也。"正如前文所说,荀子教育的对象多属成人(《大略》曰:"天子诸侯子十九而冠"),他们可能是为人子的同时,也可能是为人臣。荀子认为无论是为臣或是为子,皆不可愚忠、愚孝,因此进一步提出"从道不从君,从义不从父"的教育主张。认为虽说忠顺、笃实皆是为人的德行,然而当君与父之言行出现偏差时,我们必须从道从义的引导、规劝他们,如此才是最好的忠孝大行。这也告诉了我们"教育不一定是由上而下,也可能是由下至上"的教学相长之道理。

正如前文所言,"圣"是终极理想,对一般人的要求肯定不会如此高。例如大家耳熟能详的子贡让金与子路受牛的故事①,强调的教育理念即是要我们符合人情事理应对世事,决不可违背、消除人欲(《正名》曰:"欲不可去,性之具也")。因此我们"从道从义"的预期教育效果是希望创造能良性循环的人道环境,而不是一味要人奉献、牺牲。荀子也一样,并非要人人成圣,《大略》曰:"非为成圣也,然而亦所以成圣也,不学不成。"是以礼教被创生出来,本非为让人学之而成圣,不过只要愿意学习并奉行者,在足够的积累后自然就有成圣的可能罢了。

本小节最后两则引文属于笼统的概括说法,较全面地将礼义法度欲达至的教化预期效果描述出。《荣辱》曰:"故仁人在上,则农以力尽田,贾以察尽财,百工以巧尽械器,士大夫以上至于公侯莫不以仁厚知能尽官职,夫是之谓至平。"《王制》曰:"选贤良,举笃敬,兴孝弟,收孤寡,补贫穷。如是,则庶人安政矣。庶人安政,然后君子安位。"君人者当然也是荀子教育的对象,但荀子有一特别说法,认为君必须成为众人之师(参第二章第二节),所以说"仁人在上"即是要求上位者要以身作则先成为仁人,并教导大家守仁行义(《不苟》),且"选贤良,举笃敬"的序位授官,如此当然可使各职业的人皆能尽己之才。为官者因为有贤有能,会依据仁义行事,当然会"兴孝弟,收孤寡,补贫穷",如此大家必能在如此之教育氛围下安居乐业,而大家安居乐业了,君人者自然也就能安坐其位。

_____

①张双棣、张万彬、殷国光、陈涛注译:《吕氏春秋译注》,吉林文史出版社,1993,第526页。

二、教化原则

(一)阶级自由流通与流通标准:论德而定次,量能而授官

所谓阶级自由流通是什么?即是要给每个人一条上升通路,让人有盼头、有奔头,知晓努力可能改变命运的道理,这样方能激发人们奋发向上的动力。如果不能让人有盼头、奔头的教育思想体系,那就不是符合人性之合情合理的思想流派,就可能被淘汰或推翻而被改革。而荀子教育思想之基础,即是建立在符合人性、人心之上的一套思想体系。《王制》曰:"虽王公士大夫之子孙也,不能属于礼义,则归之庶人。虽庶人之子孙也,积文学,正身行,能属于礼义,则归之卿相士大夫。"他一方面让人有盼头,知道努力学习礼教能突破阶级;一方面也能提醒上位者要督促子孙"属于礼义",这样方能保有现在的身份地位与生活条件。

荀子用礼教来避免或减缓上层分子的腐化堕落,"不能以义制利,不能以伪饰性,则兼以为民。"(《正论》)如做不到的人就只能成为民,这样阶级的自由流动可让上层不断有活水,处于新陈代谢的健康状态。中国的历史从这角度看来即是"部分人之偏私与公道"所修订出之不同礼义法度间的斗争,因此后来出现以儒家经典为主要考选内容的科举制度,这是儒家所提倡之人道一定程度上的教育成功。可事实上由于中国古代并没有依照荀子的教育思想架构来施政,让所有的阶级能自由流动,历代帝王仍然是血缘继承制的,这便形成某种不良的教育作用,使大臣们也容易出现"为自家权益着想乃理所当然"的门阀观念。所以后世不少人为巩固家族的利益,努力想让阶级流动僵化,而这错误的行为亦需要理论上的支持,于是部分后世解经的内容就因而掺杂了这类偏差思想,导致部分儒

家思想越来越偏颇、僵固。

正如前文所述,荀子非常重视教育与学习,在他这样实事求是的研究型学者眼中,"成圣"不会是人们学习的唯一目标,因为太高远反而可能让人难以产生动力,《大略》曰:"故礼之生,为贤人以下至庶民也。非为成圣也,然而亦所以成圣也,不学不成;"既然礼教是为了让圣人以下的人有进步的方向与目标,又不能目标太远大而把人吓跑,所以荀子相当实际的进一步提出"论德而定次,量能而授官,皆使人载其事,而各得其所宜。……人之百事,如耳目鼻口之不可以相借官也"(《君道》)。如此每个人皆有贴近自己的循序渐进之实际奋斗目标,自然容易产生强大动力。让人们依据德行修养的高低(无私及民胞物与的程度)来决定其地位与待遇的高低,并按照不同的才能来分配工作项目,让人人皆有进步的目标与适宜的工作。且强调,各部门彼此间就如同人的五官一般,不可相互干扰,要权责分明。

荀子之重学教育思想对后代影响很深远,《儒效》曰:"我欲贱而贵,愚而智,贫而富,可乎? 曰:其唯学乎。彼学者,行之,曰士也;敦慕焉,君子也;知之,圣人也。"所以说"学习"即是为打破阶级、让阶级能自由流动的最重要力量。想要让自己阶级低下变成高贵,想让蒙昧无知变成讲道理、有智慧,想要挣脱贫穷的枷锁,唯有勤奋学习才可能真正帮忙实现。只要学了礼义法度后而奉行之,即可成为士阶层;只要衷心崇慕、信仰礼义,即可成为君子;而如果在礼中仍能思索,进而原则地对礼作出有益的补充或调整,那即是圣人。受这么重学的观念影响,"科举制度"于汉武后独尊儒术之思想氛围笼罩下,可说是只需要一个契机即可产生的制度,而那契机就需要原本门阀强大禁锢力量的消减与松散。在南北朝长达数百年的解构下,这契机终于来临。新统一天下的大有为隋朝政府在重整天下时因长期纷乱而人才流失严重,门阀也尚未喘过气,天下严重缺乏人才,终得以催生出科举制度,只不过这代价实在太大。

笔者认为荀子之"谲德而定次,量能而授官,使贤不肖皆得其位,能不能皆得其官"(《儒效》)的礼教理念,不仅能起激励作用,让有能力者积极习礼否则能力再大"位"也不高;还能起一种以身作则的教育示范,《君道》曰:"上贤使之为三公,次贤使之为诸侯,下贤使之为士大夫,是所以显设之也。"荀子认为无私及民胞物与之道德水平越高者,地位就应该越高且官位越大、待遇越好,毕竟地位高、官位越大的人对群众的影响力就越大,所以当然也应该更慎重地要求其德行。但问题是,我们要怎么保证上位者的素质水平呢?此即荀子一直强调阶级自由流通与学习间之关系的原因,因为唯有阶级自由流通,上位者才会始终维持紧张感而不致懈怠;而学习则是上位者维持一定素质水平的保证,因为贤者上、不贤者下,上位者在不断被比较、检验下,只能随时维持自己高素质状态,如此才不致被教育所淘汰。

荀子在书中一再强调这类贤者能者上,不贤不能者下的教育观念,《王制》曰:"无德不贵,无能不官,无功不赏,无罪不罚。朝无幸位,民无幸生。尚贤使能,而等位不遗;"《致士》曰:"德以叙位,能以授官。"《富国》曰:"德必称位,位必称禄,禄必称用。由士以上则必以礼乐节之,众庶百姓则必以法数制之。"他认为只要能够建立起这样"无德不贵,无能不官"的政治教育体系,加上各式荣誉或物质上的赏罚教育,自然能使人人皆愿意奋发(也可不奋发,不过只能安心为民而受"法数制之");基于"天生我材必有用"之自然原则,只要愿意工作,这社会必然能让人有事做的"各得其所宜"而"等位不遗"。

　　然而这一切绝不会是我们学者说了算，必须君人者认同才行，是以荀子说："故君人者：欲安，则莫若平政爱民矣；欲荣，则莫若隆礼敬士矣；欲立功名，则莫若尚贤使能矣。"（《王制》）他鼓励君王，如果想要有为就需"尚贤使能"，想要国家安定与王位稳固就要"平政爱民"，想要得到他人由衷的尊荣与崇敬就必须要"隆礼敬士"。用类似的话语不断劝诱君人者，希冀其能改弦易辙地依照他所规划并于兰陵实践的教育实验成果来做，并坚定相信如此天下必能重归于一而太平繁荣。

　　有些人对"阶级"相当敏感，但其实分等的目的即是为了让力量能够如臂指挥的灵活集中，让许多原本难以做成的事情在分等下才可能更好、更快、虚耗更少的完成。虚耗更少即可保护自然与存养民力，促进永续和谐，创造共赢局面，而不是加速对环境短视近利的破坏。并且荀子的分等是让等级能自由流动的分等，而非让特权阶级僵化独占的分享。分等的标准即是依据对群体的贡献程度或拥有越多能对群体产生正面积极效益之特质者，才有资格成为对大众有影响力大的越上位者。至于一个人的能力则是分配职务之依据，越有能力者其职务越高但权力不一定越大，权力大小必须依拥有对群体产生正面积极特质（德行）之修为高低而定。此即《君道》"论德而定次，量能而授官"的真意。这观念影响后世相当大："厉贤予禄，量能授官。"（《史记·平津侯主父列传》）而此处再加上《正论》中"有义荣者，有势荣者；有义辱者，有势辱者。……爵列尊，贡禄厚"，这"依德行或贡献授荣誉虚衔"的教化环节，如此制度就更完满而能符合现实官位有限之所需。

（二）先己后人的双向互动教育模式

双向互动有良性的也有恶性的,荀子提倡的自然是良性积极正面者,而反对、否定、排斥负面消极恶性的互动。《强国》曰:"夫义者,所以限禁人之为恶与奸者也。"礼义教育是为了防止人为恶所创制的,我们如欲产生良性互动,"必先修正其在我者,然后徐责其在人者"(《富国》),也就是说,教育的开端首先要从己做起,要自己先做到而示范于人后,才有资格要求他人互动,《修身》曰:"以善先人者谓之教,以善和人者谓之顺;"我们先善待人即是在教导、引导他人也这么做;所以如有人善待我,我就应回之以善,这样即能产生有利于彼此的和谐正能量,让国家社会往互惠双赢方向发展一点。"故王者先仁而后礼,天施然也。"(《大略》)是以自身先有仁爱之心,然后再要求彼此言行符合礼义,这样天然之举乃是常道。如欲形成正面积极的良性互动教育氛围,"从己做起"绝对是最佳方案。

正因为先己而后人是促成良性互动的第一步骤,所以我们要学会时时反省自我,《修身》曰:"见善,修然必以自存也;见不善,愀然必以自省也。善在身,介然必以自好也;不善在身,菑然必以自恶也。"这教育观念相当重要,但也有风险,因为"他人不一定会回之以良性互动"。不少人会因此怀疑、退缩或放弃先己后人,从而陷入恶性互动模式。其实良性、恶性常是一体两面,而"为仁由己"(《论语·颜渊》)也常在一念之间。《议兵》曰:"爱民者强,不爱民者弱;"常人大多是愿意好来好往的,从大数据的角度看,只要国家懂得善待、爱护人民,人民必凝聚力强、认同度高,愿意为国家奉献付出;反之,如国家不爱惜人民、保护人民权益,而任意驱使,甚至迫害人民,这样的国家则无论人口再多、资源再丰富也不可能强盛,人民必如一盘散沙。所以诚心认同荀子教育原理者应先以己为示范,这样才易朝良性发展双向互动,《王制》曰:"君子者,礼义之始也。"表达的即是此意。

笔者强调双向互动必须先己后人的说法,是符合荀子原意的,《富国》曰:"必先修正其在我者,然后徐责其在人者,"《修身》曰:"以善先人者谓之教,以善和人者谓之顺,"所以我们必须"以善先人"这不仅能让自己更好,且同时能产生教育之效果。自己先做好、先示范,就能产生出良性的第一力,并且别忘了要"徐责其在人者",因为荀子认为独善其身是不够的(《非相》中"君子必辩"即是基于此心态所产生之主张),如此才可能促进良性循环的启动,而这亦是符合天道人心之"以善和人者谓之顺"的顺天应人做法。荀子所提倡之"先己后人的双向互动"教育原则,一方面可对遵奉礼教者产生鼓励提醒之效,另一方面则能给尚未遵奉礼教者起示范引导之教育功效。

荀子的双向互动教育模式是继承前人的智慧经验而来的,《论语·八佾》曰:"君使臣以礼,臣事君以忠。"《论语·颜渊》曰:"政者,正也。子帅以正,孰敢不正?"《论语·为政》曰:"先行其言而后从之。"《论语·颜渊》曰:"先事后得,非崇德与?"《论语·子路》曰:"先之,劳之。"此五段话皆含有双向互动、先己后人的意思,告诉我们凡事不能理所当然,如果认为理所当然就危险了。而荀子将这两种观念进一步发扬光大,全文中几乎只要涉及上对下有所要求时,就会先要求上位者先做好,以此双向互动之教育原则将上下的对立消弭并更有机地紧密结合在一起。

当然我们的互动期待一定必须合情合理,并一定要能与人们内心起共鸣,所以荀子相当强调"诚"的教育功效,《不苟》曰:"君子养心莫善于诚,致诚则无它事矣。惟仁之为守,惟义之为行。……圣人为知矣,不诚则不能化万民;父子为亲矣,不诚则疏;君上为尊矣,不诚则卑。……操之则得之,舍之则失之。"诚所代表的不仅是诚心诚意,也有澄清无蔽的含义。正如前文所述,"义心"是人人皆具且能相通的,所以说"操之则得之,舍之则失之"。因此我们必须诚心守仁行义的对待彼此,方能得到"亲""尊"的好教育效果;绝不可虚伪化、形式化,否则人心是必然会有感应的,进而造成"不能化万民""疏""卑"的负面教育结果。这负面教育当然不符合礼义教育互动的期待与要求,相当容易导致恶性循环,绝对是荀子反对而极力避免的。另外,荀子在抬高人之地位的同时也对人提出高于一般动物的要求,这其实也属于荀子双向要求之教育原则的一种体现模式。

这教育理念亦囊括了孝顺与慈爱两者,孝顺与慈爱也是必须双向互动、由己做起的;当您希望孩子孝顺时,您就要先想想自己是否慈爱;当您父母慈爱对您时,也请想想自己是否孝顺。这道理在朋友之相交与上下级关系中,也是相通的。希望别人怎么对您之前,自己要先懂得怎么对人,否则自己做不到的事,又凭什么去要求别人? 情不能是单方向索取,双向互动永远是增加彼此感情的最佳教育策略。双向互动的彼此珍惜,这样"情"才会越用越多,"感"才会越用越丰富。所谓"双向互动、先己后人",包含沟通协调的含义在其中。由于不是"理所当然",是以必须懂得尊重彼此的感受。

另外,正如前文所述,荀子的教育思想有政治目的,这是我们无须回避且应该正视的。《君道》曰:"法者,治之端也;君子者,法之原也。"所以法律也是教育的一环,不可滥用但也不能不用,重点在于君子的先正其身,才是一切法能被落实的根源。正如子曰:"己所不欲,勿施于人。在邦无怨,在家无怨。"(《论语·颜渊》)为政者必须尽力避免他人怨气的产生,《正论》曰:"汤武者,民之父母也;桀纣者,民之怨贼也。"桀纣即是私欲过重而压榨人民,不能先正其身,不晓良性双向互动的基本道理,让人民产生太多怨气,所以才理所当然被推翻的。那要如何减少怨气的产生呢?荀子认为,增强上位者对自我欲望克制的能力,以及时时将人民的利益放在心中,将人民的利益当成是自己的利益,这样自然无怨。事实上,宏观的来看,人民的利益与上位者的利益本是一体的,然而短视进利者却不了解这道理,容易犯杀鸡取卵、竭泽而渔的错误。"水则载舟,水则覆舟。"(《王制》《哀公》)民心可近、可爱亦可尊、可畏,君人者如何能不用心思虑?

荀子十分强调以身作则、言传身教的力量,并认为要求对方不一定能做得到,毕竟我们认为的好如果对方一时之间无法共鸣,就可能会抗拒而不会乐意接受。《宥坐》曰:"故先王既陈之以道,上先服之;若不可,尚贤以綦之;若不可,废不能以单之;綦三年而百姓从风矣。邪民不从,然后俟之以刑,则民知罪矣。"荀子都是先提出对上位者要求的,因为毕竟权力越大的人的言行举止,所影响的人口数就会越多,并且也越能造成风行草偃的示范效果。如果示范的教育功能不显,那就尚贤以鼓励之,再不行就用废除做不到之人的官位与待遇来警告之并使之受到孤立;如此教育、示范、劝导、警告经过三年,如果仍有人听不懂道理且无法自行领悟,就只能不得已的采取刑罚手段以让其有强烈的切身感受、切肤之痛,以求能助其知错改过。由于儒学特质是以情感为基础,《论语·卫灵公》:子曰:"躬自厚而薄责于人,则远怨矣。"是以《荀子》强调"学"背后亦有给人学习而有机会改过之用意,让此体系显现出不致太苛而无情的样貌。然而,不晓得为什么?从何时开始?许多互动且先己的要求竟变成单向要求,造成弊病丛出、人性扭曲等严重后果。

　　荀子不仅强调正向互动，同时也强调为政不以德必遭人民仇恨、厌恶，甚至被人民推翻，所谓"无言不讐，无德不报"（《富国》《致士》）。是以其不断重申：做出不利于百姓之事或拥有偏颇观念与行事作风者，下场也必定会凄惨。此即荀子体系极重要之双向互动、互利共赢原则，希望借此教育思想观念能让国家社会形成良性互动、循环的上升局面。《富国》曰："兼而爱之，兼而制之，岁虽凶败水旱，使百姓无冻馁之患"，先王乃为爱人民才制订礼教道德规范，为百姓"长虑顾后"（《荣辱》）着想才不得不依据天时驱使人民。《强国》曰："百姓贵之如帝，高之如天，亲之如父母，畏之如神明。故赏不用而民劝，罚不用而威行，夫是之谓道德之威。"民众这些反应、行动，必须是基于良性双向互动的诚心而为，否则必不能长久永续。

　　"先己后人的双向互动"强调的并非是单向呆板，而是双向灵活互动的合情合理教育模式；并非一味地向外索取，而是提醒人们在己身行有余力时应反哺回报、有受有施；是在尊重每个人类主体的同时，不忘感恩回报己身之外的一切人事物。毕竟人生在世吃喝求存，不可能不向外求索，我们日常衣食住行等所需、所用大多是来自他人的劳动成果。我们可能根本不认识对方、不知晓对方的存在与付出，但我们多方面之便利享受，确确实实是建立在众人的血汗辛劳上。或许会有人说：我之所以能享有这些，是由于自己或家人工作所得换来的，并非平白获取。这说得十分正确！懂得有付出才有获得，知晓"种瓜得瓜，种豆得豆"，已经是拥有基本善念。只要再稍微强化"推己及人"观念，将心比心，即可让大家皆正面积极、彼此好来好往，减少"自以为是、唯我独尊，徒惹他人不快其至瞧不起"之恶性状况产生。这世界没有谁比谁天生高贵,每个人只要有心皆能为国家社会贡献一己之力;无论任何人的付出皆应得到他人尊重,同理我们也该懂得感谢他人的辛劳。此即良性先己后人之双向互动教育模式,并非违背天性人心的高深道理。

第二节　教化、政教、教与学

现代一般观点认为:教育主要指的是上学、读书。然而在中国古代,所谓教育指的却是用各式的方法引导人民,是以《荀子》中"教"一词在全文中基本多用于"教化、政教"之意。《荀子》全文一共出现 51 处"教"字,其中"政教"者八次,"教化"者八次,"教诲"者七次,共二十三次。①

一、教化与政教之定义与方式

由于中国古代没有现代人所指称的那种"全民普及之每天聚在一起,有固定课纲、教材与专门老师,在固定的时间段讲授课程"的学校式教育体系,且也没人会逼迫每个人一定要接受制式教育。是以大多数平民或不想或无力接受学校教育,一般人心中多只知柴米油盐酱醋茶。尤其在先秦时期,人与人之间的交往没有现代如此频繁、复杂,信息多较闭

①政教八次:《仲尼》一次、《王制》两次、《王霸》两次、《君道》一次、《强国》一次、《大略》一次,教化八次:《王制》二次、《臣道》一次、《议兵》一次、《正论》三次、《尧问》一次,教诲七次:《儒效》一次、《强国》两次、《礼论》两次、《成相》一次、《大略》曰:"教之诲之"。

塞,一般人听不懂太烦琐深远的道理,所以在许多时候相当难靠讲道理、说原因的方式来引导人们与其互动。大多情形只能靠最直观而容易让人理解的刑罚与武力来威吓、影响、导引人民,当然,这样的方式简单、见效快,但是却无法让人衷心信服。而这时各地官员、三老、乡绅等公众人物以身作则的"无言之教"就会显得格外重要,因为唯有人格的感召教育,方能润物无声,深入人心,且无副作用。

(一)教化与化

《论语·颜渊》曰:"政者,正也。"在《荀子》书中何谓教化呢?所谓教化,并不是通过强制的方法来化人,《王制》曰:"劝教化""广教化",看修辞即可知道,这是用劝导与推广的柔性方式来化导人民。《尧问》曰:"礼义不行,教化不成,"由此可知,荀子的目的是要通过礼义教育来化导人民,化的目的是为提升整体道德水平与氛围。这样能达到什么教育效果呢?《议兵》曰:"礼义教化,是齐之也。"《王制》曰:"论礼乐,正身行,广教化,美风俗。"原来教化能够让官民上下齐心齐力,能让人们行为端正,让当地风俗变良善。

教化,并不排斥任何教育形式,所以可包含现代之教育模式,不过在荀子口中的教育更多指的是以春风化雨的方式,让人民心悦臣服的产生认同,然后日久习以为常的教育模式。所以其教育观念中极为注重人心、人情,总会尽可能地去引起人们情感上的共鸣,让人降低排斥而容易认同接受。因此十分重视教育之环境氛围与师友的影响,倾向采取动之以情、说之以理、给予荣誉、激发同情心等教育方式,《王制》曰:"然后渐庆赏以先之,严刑罚以纠之。"想尽各种办法来教化、导引、影响大家的观念以及言行举止。至于刑罚,上一节亦提过,那是最后不得已的手段,《议兵》

曰:"刑罚省而威流",刑罚不可滥,其存在目的是为预防严重偏差以及增加教育之威严罢了。

由于古代官员常自比为父母,视百姓为子女,《礼论》:"诗曰:'恺悌君子,民之父母。'彼君子者,固有为民父母之说焉。"这说法目前文献可征的最早材料是《诗经·大雅·泂酌》,比荀子所处的时代早好几百年。荀子在对待百姓的教化态度上,《大略》曰:"爱之而勿面,使之而勿视,道之以道而勿强。"据此可知,绝非是采取勉强教育方式,也非硬是要灌输给对方什么,而是自然而然的感染、感动、影响对方,并且在教导后绝不会时时监视之,如此方能让其产生自觉自律的精神。《臣道》曰:"政令教化,刑下如影。"由于教育绝不可一味地宽容、放纵,所以仍然必须随时维持刑罚的威吓,以保持(课堂)秩序来维护大多数人(学生)之权益。且刑罚其实对不想犯罪的人而言,存在感几近于无,是以笔者建议无须太过敏感而排斥之,毕竟绝大多数刑罚是能保障一般民众权益的。

既然讲教化,那就不能不厘清在荀子口中到底何谓"化"?"状变而实无别而为异者,谓之化"(《正名》),这是说"某东西的实质没产生分别,但于外在发生变异"的意思。那荀子关心的是什么"状变而实无别"呢?《儒效》曰:"性也者,吾所不能为也,然而可化也。……注错习俗,所以化性也;"《性恶》曰:"故圣人化性而起伪,伪起而生礼义,礼义生而制法度;"原来他所谓无法令之产生分别者,是人的天性;而靠"注错习俗"创生出之礼义法度使之发生变异的,则是人的外在行为。由此我们就可以明确地将荀子教育目标进一步的锁定在"人的外在行为"上,此即可用以厘清一直以来对荀子"性恶论"说法的许多争议问题。因为性本身是不能化的,唯有外在之行为可用教育使之产生变化,所以我们可确定荀子所谓的恶与所要化的,皆是人在受到资源有限与局限性之影响下之"外在行为易造成恶"的问题。

由此可知"化性起伪"之化,与其说是变化,在《荀子》中更多时候其实可将之定义为强化,毕竟荀子认为性是不可化的"状变而实无别",所以起伪乃是为强化性之不足。借由人为的正面积极力量激奋善心、善意,使心不被蒙蔽,皆是希望让人更像个人、更符合人之道。例如《富国》曰:"其德音足以化之",四处称誉有德者的声音是能强化人道德上之不足;《王霸》曰:"主能治明则幽者化",君人者只要能将明面上的问题切实治理好,如此幽暗处也自然能被强化而不怕出问题;《臣道》曰:"以德覆君而化之,大忠也;"臣子用德行与观念、氛围来笼罩、覆盖、围绕君王,自然能让其的德行被强化;《性恶》曰:"明礼义以化之",上宣明礼义自然能强化礼义的观念。以上诸引文用强化皆能说得通。

我们在知道"化"在《荀子》一书中的定义并借此厘清教化之意涵后,接下来再举三则引文来更直接说明何谓教化:

1.《议兵》曰:"县贵爵重赏于其前,县明刑大辱于其后,虽欲无化,能乎哉?"此则内容类似驴子眼前的红萝卜与牛马屁股上的鞭子般,不同的是,并不是在画大饼糊弄人民,让人民看得到却吃不到。而是实实在在地用制度告诉人民,只要愿意努力,即可挣脱阶级的束缚成为统治阶层。并且刑罚也是在最后不得已并且严重犯错伤害他人权益时,才会被执行。荀子认为这样的教化方式是相当有效的,想来这应是他在兰陵验证后得到信心。

2.《乐论》曰:"夫声乐之入人也深,其化人也速。"荀子相当注重乐教,所特别用一整篇来论述乐教的功能与重要性。此则引文中荀子发现声调与音乐对人的影响又强又快,并且是春风化雨的让人在不知不觉中受到影响,例如《成相》《赋》两篇大致是属于韵文类作品,这在先秦诸子文章中是较罕见的,显示出荀子对音调之教化效用具有强大信心。

3.《正名》曰:"故明君临之以势,道之以道,申之以命,章之以论,禁之以刑。故民之化道也如神,辨说恶用矣哉?"聪明明理的君主借由权势来推广礼义之道的教育,用道理来引导人们,用命令来仲张礼义的正确性,用文章来论辩礼义之道为何重要,用刑罚来禁止人做出违背礼义之事。像这样用各式各样的方法营造出崇尚礼义的教育氛围与环境,自然能产生庞大强化人道精神之神效,如此一来我们这些儒者又何须要耗费唇舌去与人争辩呢?

由上述例子我们可以感受到"化"字在礼义法度教育的推广、落实中多么关键,是以"化"字可说是荀子教育思想中十分核心且重要的理念,值得每个儒家学者细细品味、深思。

(二)政教与诚

《荀子》所谓的政教不是政教合一的意思,乃是"用政治的方法达到道德教育目的"之意。何谓政治的方法?《致士》曰:"临事接民,而以义变应,宽裕而多容。恭敬以先之,政之始也。然后中和察断以辅之,政之隆也。然后进退诛赏之,政之终也。"这是说,当面临现实事件与民众之多变状况时,要懂得随时掌握礼义来随机应变地处理,如此自然就不会急促而会态度宽宏、精神且从容不迫,显现出处理方式的灵活多变性。在处理政事、面对民众时首重态度恭敬,这是行政时最基本的素质。接着如能够掌握中和之道的辅以适当的明察决断,即可将政事处理得更好而受到推崇。然后善用进退人才与惩罚奖赏机制,则属于处理政事的最终步骤。本则引文所述之各种方法,皆是属于政治的方法,包含对待人的态度、处理事情的能力,以及选用提拔或罢退人才与奖善惩恶。《论语·为政》曰:"或谓孔子曰:'子奚不为政?'子曰:'《书》云:孝乎!惟孝,友于兄弟,施于有政。是亦为政,奚其为为政?'"孔子认为自身之孝悌行为已是一种政治教化行为,荀子同样在书中也有《子道》篇,显然是认同这说法,由此可见他们对于所谓政治的方法之认定有多宽。笔者看来基本上只要是合于礼义之一切能让人感知到的行为,包括音乐诗歌、小说戏剧、教育、媒体、法律、报纸杂志书籍上的言论、娱乐方式与内容、以身示范的言行举止等,皆可被他们归类为政治的教育方法。

在《荀子》中"政教"一词非特指宗教,《君道》曰:"隆礼至法则国有常,尚贤使能则民知方,纂论公察则民不疑,赏克罚偷则民不怠,兼听齐明则天下归之……如是,则臣下百吏至于庶人,莫不修己而后敢安止,诚能而后敢受职;百姓易俗,小人变心,奸怪之属莫不反悫(诚实谨慎)。夫是之谓政教之极。"隆高礼而推崇法以及尚贤使能,这是在态度上的表态;集中群众的议论而公开且不偏私地让人民来审察,以及奖赏要及时立刻,而惩罚则可稍微偷缓①,这两者则属于施政的技巧与方式;最后提到专属

---

① 此处乃按照《致士》曰:"宁僭勿滥",《议兵》曰:"刑罚省而威流",《正论》曰:"故赏以富厚而罚以杀损也",《君子》曰:"刑罚綦省",《成相》曰:"明德慎罚"等省刑慎罚原则,所做出之解释,笔者站在尽可能不改字而忠于原文之立场,尚祈见谅并不吝批评指教。

君人者之正面特质:要心胸开阔、眼界宽广地听取各方不同意见以及明察所有事物。这样一来所有人皆会反躬自省自身的修养后才敢安歇,真正有才能将事情做好才敢受职。在这样的教育氛围与环境下,大家皆会往利己利人方向发展转变,此即"政教"所欲达到的终极目标啊! 由此可知,"政教"的目的是要鼓励大家修习与实践礼义法度,让百姓衷心认同人道礼法并习以为常,最终希望促使大家能自动自发、自觉自律的奉行礼教,共同朝长治久安的良性循环方向发展。

政教,教的对象是人民,用的是政治方式予以教育,教育目的是为落实礼乐道德;受教者之所以受教的目的是为自身的改善与提升,而自身之改善提升自然可实现道德目的,而道德之目的乃是为了整个国家社会的良善与平和,而国家平和良善人民自然能和乐安康,所以这其实是一种双向促进的过程。《王制》曰:"本政教,正法则",如果一定要一句话说政教的目的为何? 简单地说就是"正法则"。然这说法过于抽象,为帮大家容易了解,我们可反过来问;什么是违反政教呢?《仲尼》曰:"然而仲尼之门,五尺之竖子,言羞称五伯,是何也? 曰:然! 彼非本政教也,非致隆高也,非綦文理也,非服人之心也。"由本引文可知,不隆高礼义、不遵奉礼仪、不能让人心服口服,这三者即是违反政教的行为,这综合上一段的说法即可辨清政教的含义:即以各式政治方法让人心服口服的隆高并遵奉礼义。

正如上一段所言,政教有一个相当重要的特点,即必须能让人心服口服,所谓"不诚则不能化万民"(《不苟》),可何谓诚?《不苟》曰:"夫诚者,君子之所守也,而政事之本也,唯所居以其类至。操之则得之,舍之则失之。"诚,是君子所守护的。正如前文所说,能让人心服口服,因此是一

167

切政事的基础根本。它能让人们自发地聚集到君子所居之处,只要我们愿意即可掌握它,只要一放弃就会失去它。那到底诚是什么?《不苟》曰:"君子养心莫善于诚,致诚则无它事矣。惟仁之为守,惟义之为行。"据此可以确定,君子所守护的是仁,而只要我们愿意即可掌握的是义,所谓"惟仁之为守,惟义之为行"即是对诚的具体描述。此处结合第三章的内容即可知道,一个人只要守仁行义的努力让心保持虚壹而静的大清明(《解蔽》)状态("养心"),自然能知义,因为不受蒙蔽的心是能通公道的。而"诚心行义则理,理则明,明则能变矣"(《不苟》)。所以在诚于心的情况下,人必然能遵行义,在能事事遵行义的情况下当然能办事合理、中理,事事合理、中理即可明白万事万物间的共通原则,明白事物间的共通原则后,无论世事如何千变万化皆能因掌握原则而随之应变不殆。这样内外即可贯通而无所阻碍,可说是达到最理想的教育境界了。

从上述两小节可知,政教与教化这两者,在《荀子》中的功能、意义、目标基本没有出入,为避免与现代"政教"一词产生混淆感;并且硬要区别教化与政教在所指的范围上,教化能稍微比政教要大而可包含政治人物本身,是以笔者于本章选择用教化一词作为标题。至于本节标题为何不用"教育"一词而用"教化"?这一方面是为凸显荀子教育思想的特色,一方面乃是借此点出传统儒家教育模式及观念和现代教育间的重大差异。

二、荀子所谓教之定义与内容、方法

所谓教,《修身》曰:"以善先人者谓之教",综合上小节所述可知,教在荀子看来不一定是要上课告诉对方什么,以身作则的先实践"善"本身即是一种重要的教。儒家传统原本是要求上位者成为下属的榜样,要自己先能做到再去要求别人。所以简单地说,教即是将大家认同而对彼此有益的观念与方法,传递、延续下去的一切行为。

《礼记·学记》曰:"建国君民,教学为先。"任何欲聚集人群团结在一起的人,皆要以教育与劝学为先行要务,毕竟只有让大家有共识与认同感后,才有可能进行接下来的一切政治措施。《大略》曰:"不教无以理民性",然而在荀子之前与当时代,兼并、反复乃常见之事,这使得民情风俗与观念相当混乱而趋向于丛林法则。这应该也是荀子这么重视教育、教化、师法的主要原因之一吧?

(一)教之内容

虽说荀子将教的范围说得相当广,但总有教育的核心,《儒效》曰:"故诸侯问政,不及安存,则不告也。匹夫问学,不及为士,则不教也。"教的是"安存"的政治之理,是"为士"所必知的之学问。那为士所必知的学问是什么呢?《王制》曰:"虽王公士大夫之子孙也,不能属于礼义,则归之庶人。虽庶人之子孙也,积文学,正身行,能属于礼义,则归之卿相士大夫。"由此看来所教的是用来正身行、明是非的礼义。《礼论》曰:"人有是,士君子也;外是,民也。"此论述核心"是"为何? 根据本段推论看来,乃是"礼义",此即其所欲教之最主要内容。

由于儒家敦慕古代的圣贤之治,所以常将期望中的理想套在古人身上,荀子也是如此。《非十二子》曰:"古之所谓仕士者,厚敦者也,合群者也,乐富贵者也,乐分施者也。远罪过者,务事理者也,羞独富者也。"由此可知,他想教出的学生是待人敦厚朴实,善于与群共处,乐于助人富贵,并喜欢与人共享。这种人自然能够远离罪过与不祥,能掌握办理事情的道理与方法,认为一个人而不是大家一起富贵是可耻的事。

而要教未来影响力最大的上位者什么呢?《强国》曰:"然则凡为天下之要,义为本,而信次之。古者禹汤本义务信而天下治,桀纣背信弃义而天下乱。故为人上者,必将慎礼义,务忠信,然后可。此君人者之大本也。"孔子宁可去兵、去食,但认为"自古皆有死,民无信不立。"(《论语·颜渊》)可见信用在他们眼中的重要性,仅比相当于道的义稍次,可说是行政与教化之处事基础。毕竟没信任感,无论说什么、再有道理,也不会得到他人支持与拥护。没有人,其他一切行政、教育就无从推行、落实,"庶人者,水也。水则载舟,水则覆舟。"(《王制》《哀公》)所以君人者的大本是人啊!而人民唯有产生强烈信任感后才可能聚集在身边不离不弃,守信用对君人者而言就是如此重要。

另外,儒家教育思想中有一相当重要的原则即是基于"爱人",《论语·颜渊》曰:"樊迟问仁。子曰:'爱人。'问知。子曰:'知人。'樊迟未达。子曰:'举直错诸枉,能使枉者直。'"这类似之说法在《荀子》中不少:"仁者爱人"(《议兵》《子道》)、《修身》曰:"术礼义而情爱人"、《不苟》曰:"上则能尊君,下则能爱民"、《王制》曰:"平政爱民""慈爱百姓"等,可见其之认同与重视。至于"举直错诸枉"类同于《致士》曰:"进退诛赏",则是让大家知道只要直道而行就会受到褒奖、推举,反之如违逆人道礼义则会被废退、惩罚。这样双向教育的施力,即可帮忙人们往利己利人方向发展,自立而立人,自助而人助,这才是真爱。

至于教的最终极目标是什么呢?"而群天下之英杰而告之以大古,教之以至顺;"(《非十二子》)至顺,乃顺天应人之最高治国理政与为人处世之道理,这也是荀子全文论述的教育思想主轴之一,既包含天地至理,也囊括人道精神。《强国》曰："且上者下之师也,夫下之和上,譬之犹响之应声,影之像形也。故为人上者,不可不顺也。"所谓上行下效,风行草偃,官员们的行为即是一种教育,相当大程度会影响整体的风气或氛围。所以荀子要求上位者就必须要有为人师的自觉,要懂得事事必须符合顺天应人的道理。

(二)教之方法

荀子不断强调上位者要先做好榜样,孔子慨然叹曰:"……不教其民,而听其狱,杀不辜也。……故先王既陈之以道,上先服之;若不可,尚贤以綦之;若不可,废不能以单之;綦三年而百姓从风矣。邪民不从,然后俟之以刑,则民知罪矣。"(《宥坐》)所以首先要公开表述、告知大家礼义法度,接着要"以身作则""尚贤",并在必要时施以刑罚,这些皆是教育方法当中极为关键的事,万不可轻忽。

《致士》曰:"故一年与之始,三年与之终。用其终为始,则政令不行而上下怨疾,乱所以自作也。……言先教也。"荀子强调教育宣导期一年,试行期两年,合起来共三年,期间要注意行政的态度、自身素质、技巧、方法等之先后轻重缓急,并且需以宽容待民。如因个人不当行为而累积民怨,必将对国家社会有无穷坏处,不可不慎重以待。

由于荀子把赏罚视为重要之教育方法,所以把赏罚的观念亦代入礼中,《礼论》曰:"刑余罪人之丧,不得合族党,独属妻子,棺椁三寸,衣衾三领,不得饰棺,不得昼行,以昏殣,凡缘而往埋之,反无哭泣之节,无衰麻之服,无亲疏月数之等,各反其平,各复其始,已葬埋,若无丧者而止,夫是之谓至辱。"这完全是把礼当成惩罚之用。[1] 另外《富国》曰:"故不教而诛,则刑繁而邪不胜;教而不诛,则奸民不惩;诛而不赏,则勤厉之民不劝;诛赏而不类,则下疑俗俭,而百姓不一。"由此可知,教的方法也是分阶段的,一开始教道理,然后用赏罚来进一步加深大家的印象与行事习惯,塑造出遵奉礼义法度的氛围与习俗,以形成良性的双向互动循环。

在教的时候,要注意师法传承并尊师重道,因为感恩是为人的基本。《大略》曰:"言而不称师谓之畔,教而不称师谓之倍。倍畔之人,明君不内,朝士大夫遇诸涂不与言。"如果言行处事不懂尊重前人的经验与智慧、站在其肩膀上,这样的人是不值得信赖的,聪明明智的君主是不会接纳他的说法,而其他官员在路上遇到他也不会愿意跟他交流。或许有些人认为这样太武断、威权,没科学精神。但荀子这说法其实是基于对师有极高之严格要求的前提条件下,并不是一味言师,毕竟"从道不从君"(《臣道》《子道》)的道理荀子也深知。当然他这说法必定是因为眼见"当时的天下价值观混乱,诸多异说层出不穷,个个皆自以为是,相当诡奇创新而迷惑人,可大多缺乏积淀与足够历史验证"所发出的感叹。

---

[1]笔者在西安宝鸡青铜器博物院看到——1952 年 2 月陕西岐山县董家村出土的西周晚期的铭文"亻朕匜(音 ying yi)",内刻有 157 字,记载的是迄今可见最早而完整的诉讼判决书。铭文的含义是"你违背自己的誓言,竟敢与你的上司争讼,你必须再立信誓,并使你的上司和其他见证人相信你的誓言,方能重新任职。"这内容凸显出当时"以下犯上,于礼有损"而必须受罚的现实状况。由此可知,礼法在当时彼此之间有许多可以相贯通而会交互影响的事实存在,或许这也是之后到了汉代会出现引《春秋》经文来判狱的原因吧? 参刘海年:《文物中的法律史料及其研究》,《中国社会科学》1987 年第 5 期,第 207—223 页。

《性恶》曰："今之人，化师法，积文学，道礼义者为君子；纵性情，安恣睢，而违礼义者为小人。"从这则引文我们可以更清楚地看出，荀子最急于要教导的是那些放纵其性情，任意胡作非为而行事违反礼义之人；要教出的是能灵活化用师法来应对现实事物，积累修习文理之学并实践礼义的人。由此即可印证上一段引文的"称师"，乃化用师法之称师，并非一味原封不动地照搬。

对于不同身份地位的人，荀子会提出不同的教育方式，《大略》曰："天子诸侯子十九而冠，冠而听治，其教至也。"一般人 20 岁行冠礼而"天子诸侯子"则提早至 19 岁，看来在当时王子必须比一般人稍早接受成人教育，而教导其的方式是让他们去政事厅态度端正而严谨的"冠而听治"。

事实上第四章所言之"正名"与上一节提到之"论德而定次，量能而授官"、"先己后人"、以身作则等，以及上一小节强调的赏罚原则、守信用等，皆亦属于教的方式。是以教的方式很大程度可结合前文来看，此处不多赘言。

三、荀子所谓学之定义与内容、方法

由于政教、教化与教三者，基本皆是由上而下的一种引导、化育、教授方式，是偏向由外而内的力量。但正如前文所说，荀子是讲中道的，既然有由外而内、自上而下的教化力量，那是否也有自内而外、由下达上之强调个人自主能动力量的教育方式呢？此即本小节所要阐述的范畴"学"。

何谓学？

人生在世，只要拥有肉身就免不了产生区别与好恶，需要学习成长。

学即是为改善自己的身心现状,凸显自己存在的价值与意义。所以学习绝不是坏事情,尤其对于想提升自己或改变家人境遇的人而言更是如此,毕竟现实世界各种资源皆是有限的,人身处其中怎可能不受其影响？不为自己或家人的温饱与幸福而汲汲营营？"学"可谓是贯穿《荀子》全书的基础概念,荀子重学的观念是直接继承于孔子的,不仅第一篇同样是讲"学",并且全文充满劝人学礼的谆谆教诲之情。笔者在此尽力尝试将其主要含意彰显,以利大家进一步认识荀子的教育思想。

(一)学之内容

《儒效》曰:"不学问,无正义,以富利为隆,是俗人者也。"基本上荀子把人分成两种,就跟孔子把人分成君子与小人一般,一种是愿意学习并遵循先圣所制定出来的礼义人道者,一种则是不愿意学习遵守的俗人(大多地方荀子称小人),而俗人通常只崇拜追求财富与利益,为此受"物役"(《正名》)而庸庸碌碌的同无头苍蝇般。例如《儒效》曰:"纵情性而不足问学,则为小人矣。"一味放纵自己的性情而没有去询问或学习该如何节制之想法者,这种人可被称为小人。

荀子主要希望人们学会什么？《解蔽》曰:"故学也者,固学止之也。恶乎止之？曰:止诸至足。曷谓至足？曰:圣王也。圣也者,尽伦者也;王也者,尽制者也。两尽者,足以为天下极矣。"所以我们努力要学习的即是学会节制情欲。然而要节制到什么程度呢？荀子认为只要满足自己所需后而知止即可。然而何谓满足自己所需？荀子说:这就要根据圣人所制定的礼义法度。所谓圣,即是让人能尽知其在伦类中所处之位置上的权利义务。所谓王,即是让人在制度的保障下能尽得其所处之位置上所应得者。能够让人尽知又能让人尽得,这样的人所制定出之礼义法度必然能让天下人皆处于最适宜的状态。所以我们要学的即圣王所制定出来的礼义法度,以帮助我们能知所满足于自己当前所处位置之应得,至于不满足者则需继续努力提升自我,如此自然能增加"应得"之分量。

荀子把"学"的思想放在最前头,并认为唯有学方能"化性起伪",全书几乎把"人道"中一切的善皆归功于习礼所致,这明显是为彰显教育功能的夸大之举,但也的确引人深思:道德教育,不就是为帮助无法单靠自力成就己身者,使其能凭借教育之辅助离恶趋善?是以需要接受道德教育者当然是自身情欲太过或不及而克制力较弱,或不知该如何始能达至"人我双赢之利人利己为人之道"者。想来荀子所欲劝学之对象即是此类人,而这与身份、性别、年龄、地位、工作等外部条件皆无涉。当然,如果是天生灵性充足而自制力强的人,正如子夏所说:"虽曰未学,吾必谓之学矣。"(《论语·学而》)是以道德教育只需避免其行差走偏,于关键时对其稍事点拨即可。

事实上,这种教育观念在荀子之前就存在,《论语·季氏》中孔子曰:"生而知之者,上也。学而知之者,次也。困而学之,又其次也。困而不学,民斯为下矣。"由于儒家关心的是需要学习的人群,所以基本上荀子所劝学之对象应是此引文的后三者,他们需要学的即是他们所不知的礼义之道,学的目的是为了解决或解开他们在生活中所遭遇的困境与困惑,至于遭受困境困惑却仍不积极想去学习的人,其就会成为比一般人民不如的下等人了。

由于学习本身并非是毫无负担之事,它是一件必须耗费大量时间精力的行为,为鼓励大家愿意积极学习,所以荀子时常强调学习礼教的好处:"学者非必为仕,而仕者必如学。"(《大略》)虽说学会礼教所传授之道理不一定能让人成为士,但如果想踏入士阶层就一定要努力学习并践行礼教才可。当然,现实与荀子所构思之贤者、能者上而不贤不能者下的选才机制是不完全相符的,所以荀子必须说出一些"能宽慰人同时又符合所传之道的效用"的话,《宥坐》曰:"君子之学,非为通也,为穷而不困,忧而意不衰也,知祸福终始而心不惑也。……遇不遇者,时也;死生者,命也。"君子之所以学习礼教之道,目的并不是一心为求通达与当官,乃是为了在贫穷时能不至感觉困顿而束手无策,在遭遇忧患时能不致产生意志衰退(消沉忧郁)的问题,能知晓祸福之所以往来与死生之所以存在的道理,如此自然内心就不会感到迷惑而随情欲物欲摇摆。至于遇不遇以及死生问题并非是人们能自主操控的,是以没必要纠结于此。

虽说现实是残酷而让人难以自主的,但对于内心修养层面的努力我们不可因此受干扰而松懈,《大略》曰:"非为成圣也,然而亦所以成圣也,不学不成。尧学于君畴,舜学于务成昭,禹学于西王国。"我们学习虽不是专门为了成为圣王,但只要一心遵奉礼义、笃行法度,努力不殆地学习后,即可拥有成圣王的本钱。当内在境界能不断积累到一定程度,这时如刚好能遇到适当时机,就很容易把握机会而一飞冲天,例如尧舜禹他们皆是在这样努力学习积累,而后遇到适当时机才成就为圣王的。荀子这样讲的用意当然是为了激励大家,希望人们能努力不懈地学习这"与人身心有益并能导人为善,促进群体与自然间之永续和谐"之教育思想体系。

而君子之学到底学的是什么具体教材内容?《劝学》曰:"学恶乎始?恶乎终?曰:其数则始乎诵经,终乎读礼;"由此可知,荀子教育一开始是教导学生背诵经典的,而最终则是反复研读、体悟礼经。那背诵的经典又是哪些呢?《儒效》曰:"诗言是其志也,书言是其事也,礼言是其行也,乐言是其和也,春秋言是其微也。"《劝学》也曰:"礼之敬文也,乐之中和也,诗书之博也,春秋之微也,在天地之间者毕矣。"《诗》教能使人表达心志与广博见识,《书》教是举例让人了解真实面临事件时该如何应对,《礼》教主要是激发人内在敬意与调节外在言行、文饰并重视实践的,《乐》教是调和人的情感使之不至过或不及,《春秋》之教是传达孔子的微言大义而让人对礼义的理解更加的深刻、立体。由上述两条引文看来,荀子是很看重这些教材所能产生之教育功能的,然而他却又说:"礼乐法而不说,诗书故而不切,春秋约而不速。"(《劝学》)这是否有矛盾的问题呢?事实上这只是由于"其义则始乎为士,终乎为圣人"(《劝学》),荀子更重视礼义的一种"隆杀辨"(《乐论》),乃为强调读书的意义而认为教材只是工具,因此如出现教材内容与时代不合的状况时,他甚至主张"杀诗书"(《儒效》)。

荀子所重视之"礼义"具体地说是什么呢?《劝学》曰:"君子之学也以美其身,小人之学也以为禽犊。"由此可知,奉行礼教之君子所学之礼义能让自身往美善的方向趋近;而小人之学则不符合礼义,如果学习他们则会作出禽犊般的行为。《劝学》又说:"为之人也,舍之禽兽也。"由此可知,荀子要我们所诵之经、所读之礼只是为了让人成为一个人,而不可像禽兽般不知礼义。是以我们之所以要学习礼教乃因为我们是人,而礼义不过是教我们"如何扮演好人的角色"罢了。也正因为我们是人,所以才"不可须臾舍也"(《劝学》),希望我们的言行举止随时像个人该有的样子。《性恶》曰:"可学而能,可事而成之在人者,谓之伪。"是以荀子要我们学习的并不是什么违反人心天性而难以落实者,而是符合人皆有之义心。人们只要愿意学即可把握,只要愿意遵奉照做即可有所成就之"人

177

为创生出来有益于人的教育思想体系"。

当然,我们学习绝不可漫无目的与边际的乱学,虽说人类的学习能力特别强,但荀子清楚知道人的时间精力生命有限,"凡以知,人之性也;可以知,物之理也。也可以知人之性,求可以知物之理,而无所疑止之,则没世穷年不能无也。"(《解蔽》)所以他只希望人们专注于学习最重要、最有价值意义的"礼义"。这与子曰:"行有余力,则以学文"(《论语·学而》)是相同的道理,他们将人短暂一生中最需要接受教导且影响最深远的部分指出,反复论述它的重要性与优越性,希冀借此能让人们乐于学习并践行它。鼓励人们学礼义、学先王之道、学经典内容,是认为这对任何人的将来皆有助益。经典当中蕴藏丰富古人的智慧经验,告诉大家如何才容易得到好结果,如何方能改善现状,如何方能避免误入歧途。

(二)学之方法

《荀子》全文第一句"学不可以已"(《劝学》)就告诉我们学无止境,不可以停止。然而是学什么无止境而不可停止呢?"君子博学而日参省乎己"(《劝学》),由于博学对荀子而言只是为验证心中的义,是以其无止境而不可停止之焦点是在于内省。因为要日日内省自己的行为举止是否有偏差,然后改正或强化,所以这行为当然就必须始终持续而不能止息。《儒效》曰:"故君子务修其内,而让之于外;务积德于身而处之以遵道。"而当君子在努力提升自己内在道德修养时,就自然不会过于执着外物而能谦让。这样努力积累自己德行而时时注意言行是否遵循正确的原则再处理事物。此即荀子所提倡的君子之道,听起来似乎压力很大,且任重而道远。

但真实的情况并非如外人想象中那般让人感觉沉重而难以喘息,因为这一切皆是顺天应人的道理与规则,是能与我们的内心相印证而起共鸣的。所以在遵守时容易产生成就感与自我认同感,这绝不是纯粹外力强加于人身之冷冰冰的规则,而是贴近于人心之亲切、热情的好师友、好邻居般的存在。就如上小节所说的,荀子只不过是希望让我们成为人而不至堕落为禽兽,所以说"学莫便乎近其人。……学之经莫速乎好其人"(《劝学》),因为当我们看到有道君子时,心中必会容易感觉喜悦而油然产生敬意。或许有些人会因为敬意而不敢接近他们,但那是不利于己且非君子所乐见的,所以荀子提醒我们要勇于亲近他们,这样即可很大程度的帮助我们更快更好地去学习、领悟、实行之。

我们要怎么分辨有道君子?其外在具体表现是什么?"君子之学也,入乎耳,着乎心,布乎四体,形乎动静。端而言,蝡而动,一可以为法则。"(《劝学》)因此,他们是已将所学不仅学进脑子里,更已与义心相互验证而深植心中,并且将它渗透进肢体五官,所以无论言行皆会符合礼义法度的端庄而不疾不徐,如此他们的一切当然符合顺天应人之法则而可以成为我们学习的榜样。而我们学习道德时如能有良师益友在旁,塑造出良好学习氛围,必然能事半功倍地由心灵感受认同,乃至发诸行动的模仿学习,内外共鸣且一致的达成学习目标。

至于不愿意学习礼义法度的人我们称之为小人,小人他们与我们并没有什么根本上的不同,《性恶》曰:"故小人可以为君子,而不肯为君子;君子可以为小人,而不肯为小人。"是以差别只是在于肯或不肯,这完全是属于自我选择的"怠慢忘身,祸灾乃作"(《劝学》)之惰性太强造成的结果,绝非天生的差异。因为单纯地从本质来看人类,荀子认为是"材朴"(《礼论》)而"质美"(《性恶》)的可塑性,所以他才不断劝诫人们要坚持学习而不懈怠。提醒大家"不知则问,不能则学"(《非十二子》),要大家懂得虚心,不可自以为是,"犹玉之于琢磨也。诗曰:'如切如磋,如琢如磨。'谓学问也。"(《大略》)所以"学"即是因为知道自己不能而欲能之,"问"则是必须明了自己不知才有办法知之。如此大家必能借由学习而日益往良善的方向发展,因为经过雕琢的玉才可卖出高价,透过学习的人方能彰显自身独特价值。

当然,荀子并不认为我们学一堆道理在脑中就有意义,他认为:"不闻不若闻之,闻之不若见之,见之不若知之,知之不若行之。学至于行之而止矣。行之,明也;明之为圣人。圣人也者,本仁义,当是非,齐言行,不失毫厘,无他道焉,已乎行之矣。"(《儒效》)所以学的流程首先是要先听闻礼义之道,然后则是见到能奉行礼义之道的人与之共处并效仿之,然后探索外界的道与自己的内心起共鸣而逐渐深知其义,最后则必须能够全心遵奉礼义而笃行之,如此才算是一套完整的学习流程。在笃行当中我们方能真切感受、体悟,进而真实明悟顺天应人之道,到这程度已是达到圣人之高度了。所谓圣人,即是心中充满仁义,一切以仁义之心来判断是非,并依据仁义之心来领导一切言行,乃至待人接物从心所欲(《论语·为政》)的皆不会产生偏差。这是为什么呢?此乃因为这不过是他曾经实践过的重复之举罢了。所以说"圣人者,道之极也。故学者,固学为圣人也"(《礼论》),圣人即是人道的最完美体现,而我们皆是人,是以皆该要努力学习成为一个不像畜生的人,因此我们当然应要努力跟圣人学习为人之道。

而这样的人如果成为王者,那必然能够值得我们效法学习,《解蔽》曰:"故学者以圣王为师,案以圣王之制为法,法其法以求其统类,以务象效其人。"所以说,学习即是要以圣王为师,按照圣王所制定出来的法度来要求自己,根据他所制定的法度逆推出法则来并整理出统类纲目,最重要的是要在言行举止上努力效法模仿他的为人。并且不仅是圣王,事实上,所有上位者皆应该要努力让自己成为下位者的老师,《强国》曰:"且上者下之师也,夫下之和上,譬之犹响之应声,影之像形也。"这样上下必然能和谐相处,就犹如回声、镜像般相互协调、同调。因此说:"彼学者,行之,曰士也;敦慕焉,君子也;知之,圣人也。"(《儒效》)我们学习孔、荀这套顺天应人之道的教育思想体系,能照做的人可为士,能衷心崇慕、信仰礼义的人可为君子,内外贯通而知晓顺天应人之道的人则可为圣人。

由前文可知,学的最高成即是成为王,那已经身为王的人仍需要学吗?《论语·先进》:"子路曰:'有民人焉,有社稷焉,何必读书,然后为学?'子曰:'是故恶夫佞者。'"子路他所提出的疑问,相信也是不少人的共同疑问。但这道理其实很明显,因为不学这些治国理政与为人处世之道理方法,当真正执政掌权后,就会容易犯错而致使领地产生动乱,这既不利己也会危害百姓。由于道理如此明白,是以子路会被孔子斥之为"佞",且或隐含有"此事乃贪图一时方便轻松而不用耗费大量时间精神专门学习"的原因在背后?《法行》曰:"少而不学,长无能也……是故君子少思长,则学;"因此"长虑顾后"(《荣辱》)的君子不会如此愚蠢,他们知道如果年轻时不努力学习,等到年长需要独立自主能力时将会发现无能为力,那时就悔之莫及了,所以他们会掌握年少时的宝贵光阴努力学习。

天下能力与学问这么多,各有各的好,各有其用途,然而学习方向、内容错了,结果将会有极大的差别,《大略》曰:"君子壹教,弟子壹学,亟成."就像"蟦"与"梧鼠"的差异一般,所以君子不会乱教,只会教顺天应人的礼义之道,而学者也不应随意浪费自己有限的精力时间乱学一些不重要的,应该要专心学君子所教之道,此即最完美的教与学之状态。

《劝学》曰:"伦类不通,仁义不一,不足谓善学。学也者,固学一之也。"由上下文判断,并参《修身》曰:"故学也者,礼法也。"综合看来,这里所谓"一之"指的应该是一仁义。荀子认为礼法能达到一仁义的功效,因为礼法是通达仁义之道之守仁行义的圣人所创制,所以方能反过来促进人达到"一仁义"。然正如前文所述,这其实是一种双相促进的过程,一仁义后人们自然就更能感悟内外间的差异与变化,切磋琢磨慢慢积累并深入感悟即可渐渐澄清出最纯粹的相通之处,最后如能贯通内外而成圣,这时也就能反过来制礼作乐了。

基于这样的双相促进,是以荀子说:"其数则始乎诵经,终乎读礼。……故学数有终,若其义则不可须臾舍也。为之人也,舍之禽兽也。……故学至乎礼而止矣。"(《劝学》)学习即是从一开始不懂或不熟悉礼义出发,因此先借由经典来让人熟悉、知晓书中所传达的智慧与经验,然后再开始习后王所制定出来的法度并遵行之,借此验证内外,最终在不断积累、探索、验证后最终贯通内外之义,这时再来读礼经,方能真正读懂文字后面所传达的道理。所以说习礼是一辈子的事,因为既要每日实践奉行后王所制定出之礼,又要去仔细厘清礼经背后的道理以传诸后世,礼义必须无时无刻不伴随在身边,因为"为之人也,舍之禽兽也",我们是人所以本不该"须臾舍也"。

"沉思"是研究型人格的哲学家最容易沉浸的状态,为告诫这种人(或许荀子生活周遭这种人较多),《劝学》曰:"吾尝终日而思矣,不如须臾之所学也。"这讲法并非荀子首创,孔子也说过:"吾尝终日不食,终夜不寝,以思,无益,不如学也。"(《论语·卫灵公》),由此可知,通常情况下,学习本身即为一件相当有效率的行为,这是由于书籍乃将前人的经验智慧浓缩在文字中而呈现,所以这样的自学行为当然会比一个人从无至有的思索来得有效率。然而圣人并不是单纯的学习,他甚至能在礼中思索,《礼论》曰:"礼之中焉,能思索",因此,荀子也同样极为重视思考,毕竟孔子也说:"学而不思则罔,思而不学则殆。"(《论语·为政》)思索在学习的过程中是为了最后贯通内外,"诵数以贯之,思索以通之"(《劝学》),以求达到内外相合的最终境地。所以思索乃在学习的末期阶段,于我们不断累积、验证内外之义与道后,欲达至完全突破两者间之隔阂时的重要手段,既不可滥用也不可不用。

《性恶》曰:"今使涂之人伏术为学,专心一志,思索孰察,加日县久,积善而不息,则通于神明,参于天地矣。故圣人者,人之所积而致矣。"又说:"以仁心说,以学心听,以公心辨。"(《正名》)所以荀子并不是要我们关在象牙塔中的闭关自学,双耳不闻窗外事,不知人间疾苦。而是要我们学与习的同时要不断内外印证"参于天地",看新闻印证,借日常待人接物印证,"博学而笃志"(《论语·子张》)。敞开心胸的以仁心去关爱现实人生,以学心去虚心倾听,以公心去大公无私而不戴有色眼镜的辨别是非善恶。这才是践行中道并讲求实际的荀子,所以会不停鼓励大家学习的主要目的与意义。

在上述两节厘清了荀子教化体系之原则与目标、教育对象、教化模式,及教与学之内容和方法后,我们基本上就可以将荀子教化体系之大体轮廓较清楚地描绘出来。但这样还不足以让我们满足,因为荀子还有能更加完善其教化体系之关键性要素:乐教。加上此部分后,荀子的教育思想才算是没有理论上的明显缺陷。另外,由于笔者研究荀子教育思想的目的并不是为了兴趣乐趣,而是希望其能对现实有所助益,是以还会借由与当下教育之差异性比较,来立体地突显出荀子教化体系之价值与意义,同时这亦能反过来使我们更能感同身受地体会其教育思想之苦心造诣。

第三节　含乐教之教化体系与当代教育

本节先将荀子教育方法中十分重视且而能完善其教化体系的关键要素:"乐教"突显出。并于此基础上,再进一步将荀子教化体系与现代教育思想做一比较,以助读者能对教化体系之教育特质与价值意义有更直观而深刻的认识。

一、完善荀子教育体系的关键要素:乐教

人一辈子应该要有一项运动嗜好,这样对身心健康有长远而积极之影响,并能减少子女与社会的负担;同时人一辈子应该要懂一种乐器或艺术(绘画、毛笔、雕刻、捏泥、舞蹈、歌唱等),因为这能宣泄人的情绪、表达人的情感,让人懂得欣赏美的事物、能养成积极乐观的心态,这样方能更好地面对真实世界的不如意与残酷。

荀子为了培养人们健全的身心,主张天赋的情欲与理智应和谐统一,《乐论》曰:"故乐者审一以定和者也"。"一"是制定礼乐的原则,而礼乐乃依据礼义所制定出,所以此处的"一"应是礼义之意。礼可用来引领、指导、规范人们的行为,而乐(艺术与娱乐)则可用来疏导宣泄或激发人

过与不及的自然情欲,以存养人的情感、欲望。"乐教"即荀子得以实现"既承认人们情欲之合理性又不至走向纵欲主义,既肯定限制情欲之必需性又不至走向禁欲主义"之中道理念,所提出的具体方案。

《礼论》"礼者,断长续短,损有余,益不足,达爱敬之文,而滋成行义之美者也。……其立哭泣、哀戚也,不至于隘慑伤生,是礼之中流也。"礼乐之道,即让人在感情浓烈而高亢时能不致太过(损有余)而过度伤身,又能帮我们在情感欲望低落时激发情绪(益不足)以符合礼乐仪式背后之礼义(行义之美),如此可让我们行为与内心情绪达成和谐(爱敬之文)的状态,此即礼乐的中和功能(礼之中流)。所以说:"故乐者,天下之大齐也,中和之纪也,人情之所必不免也。"(《乐论》)乐,即拥有这种让不齐之情齐之(大齐)的神奇功效,能让人情所不能免的情绪波动与差异,在这"中和"教育功效的调节下符合纪律规范。

乐,在荀子的教育思想体系中是一种能联络人情感、抒发人情绪,并导人向善的重要配套措施。礼,为何对许多人而言会产生束缚或逼迫的感受呢? 从丧礼中荀子的解释的角度看来,答案十分的明显:因为《礼论》曰:"称情而立文"。由于"礼"是取人普遍情感的平均点而制定出来的,也就是说,事实上在制定礼时就已知道,有部分人可能会因为情感太丰沛或情感太薄弱,造成在行礼的过程中感觉到被压抑或被逼迫行礼,这也是许多人对礼有所反动的主因之一。

然而这时候该怎么办? 在荀子教育思想中有没有提出解决这明显理论漏洞的办法? 事实上他当然有考虑到这方面问题,于是便提出"乐"来"中和"那些情感上的问题。借由"乐"来将人们过于丰沛的情感宣泄,或将过于淡薄的情感激发,这样人们在行礼的时候礼与情就能调和一致,如此自然就不会感到受压抑或被强迫了。所以说:"且乐也者,和之不可变者也;礼也者,理之不可易者也。乐合同,礼别异,礼乐之统,管乎人心矣。穷本极变,乐之情也;著诚去伪,礼之经也。"(《乐论》)由于人情是千变万化而让人捉摸不定的,然透过乐即可让过度者得到平复、不足者得到激发(穷本极变,乐之情也),这样大家的情绪即可在这礼乐中达到协同的状态。而礼之经义是存乎于义心中的,只要我们能诚于心的解其蔽,其自然会显现而能与天地万物中所存之道相互印证。如此自然能达到"从心所欲,不逾矩"(《论语·为政》)的"和之不可变""理之不可易"的境界。

由上述可知,"礼"是管人行为举止的过与不及,而"乐"则是管人情感过与不及之问题的,两者缺一不可,相辅相成,不能偏废。如此礼乐的教育思想体系才会完美而不至于容易产生反动者,"礼"才可能达至养情、养身、养欲的教育功效。然由于我国的文字为象形表意文字,不擅长保存声音,以至于乐在古代总缺乏一稳定明确的记录保存方法,因此极容易造成在流传的过程中失传或失真的现象,也因此免不了总容易让部分人在行礼的过程中,由于缺失了乐教之功能而感受到被压抑或逼迫,进而产生反动,此乃大憾。从这看来,乐崩是礼坏的先兆,所以孔子如此的重视当时配乐的《诗经》,而强烈排斥郑声也有了理论上更充分之依据。

正如前文所引"乐合同,礼别异,礼乐之统,管乎人心矣。"乐(包含一切艺术),是用来调和人过于丰富或过于淡薄的情感;而礼,则是用来规范人的行为,让不同身份者根据不同的关系、不同程度的情感,各得其宜地行不同庄重程度的礼。由于人情是不可捉摸而随时波动的,所以当情感过于丰富时,我们就可用艺术来疏导宣泄之;当情绪过于淡薄时,我们也可则用艺术来激发之、存养之。所以如欠缺了《乐论》,荀子就难以圆说"礼"必能达至养情、养欲之功效。《儒效》曰:"乐言是其和也"。《臣道》曰:"调和,乐也;"和,是荀子认定之乐教中十分关键性的一种功能,当人们沉浸在优美的音乐声中,戾气、怨气等负面情绪能随之消减;在战场上"闻鼓声而进,闻金声而退"(《议兵》)、"军旅铁钺者,先王之所以饰怒也"(《乐论》),音乐能产生协调、激励,甚至弱化敌人(如垓下之围的四面楚歌)的功效;在大卖场音乐能促进人购物,许多老音乐能勾起人不同时期的回忆与情绪等,音乐的功效相当多,如能懂得善用必可发挥让人惊讶的教育效果。

　　例如《三大纪律八项注意》被称为"红色经典第一歌"与"中国第一军歌",多年来传唱不衰,在许多场合(如 1984 年的洛杉矶奥运会上)皆可听到,它可说是当初红军由弱变强,最后夺取天下的功臣之一。相比起埋头死背规矩与条条框框,用唱歌的方式更容易让人轻松记住,朗朗上口的声调与通俗易读的歌词,哪怕是从未读过书的人,听上几遍也能记得,进而接受歌词中的"己所不欲勿施于人"(《论语·颜渊》《论语·卫灵公》)之精神。周华健唱的歌《忙与盲》中有段歌词:"忙是为了自己的理想,还是为了不让别人失望?"这首歌相当能打动人心,但同样的意思用荀子引用《论语·宪问》中孔子的话来说:"古之学者为己,今之学者为人。"(《劝学》)道理并没有不同,但是感染力与受众人数明显可看出差距。当然《论语》及《荀子》可以传诸久远,而歌曲很容易在传唱过程中失传或变形,这则又是各有优劣的另一层面问题了。所以说:"夫声乐之入人也深,其化人也速,故先王谨为之文。……则百姓莫不安其处,乐其乡,以至足其上矣。"(《乐论》)并且,早在国民革命时期,在《三大纪律八项注意》尚未创出前,它的旋律就先行诞生,以它填词的各种版本歌曲已在中国广为传唱,可见其音调的受人欢迎。另外有笔者小时唱过之《字母歌》以及《多来咪》,前者是为了背诵英文字母而唱,后者则是帮助背诵音乐七个音符,它们皆相当简单、易学,并且在朗朗上口后能让人终生难忘。这些例子皆能证明音乐的渲染力与影响力,有人说音乐是超越语言的存在,是相当有道理的。

美育虽不是道德,但能勾引起人对于善的向往之心,是以艺术教育除了能产生调节情感的太过不及之功能外,还具备有激励向善的功能。欧阳修《赠无为军李道士二首其一》中论述琴艺时说:"弹虽在指声在意,听不以耳而以心。"认为琴曲最重要的不是悦耳,而是动人心。所以听的人用心理解音乐,弹得人用身心合物以表意,两者用追求完美之两心交流,心心相印,是以能激荡出艺无止境的精神,达至艺术的最高境界。而《王霸》曰:"口好味,而臭味莫美焉;耳好声,而声乐莫大焉;"我们闻到好吃的会感觉想吃或饥饿,这可能会造成纷争;但是听到好听的声音却不会为此产生争夺问题,因为只是听我们的心灵就已能得到满足与喜悦。所以说乐教是最适合普及而投资划算的教育模式,尤其值得大力推广。

音乐的分享与精神上的追求有相似处,例如皆不会越分享越少而可能越分享越多,皆能带来心灵上的满足,《乐论》曰:"乐者,乐也。君子乐得其道,小人乐得其欲;以道制欲,则乐而不乱;以欲忘道,则惑而不乐。故乐者,所以道乐也。"荀子所赞同当然是要符合人道之义的乐,所以奉行人道的君子方能借此"得其道"。而这种能让君子乐道的音乐,也能让小人快乐且使情欲符合道义;反之如因为情欲而不顾道义,则容易产生困惑而不快乐之结果。所以乐教,是要让人在符合道义的情况下得到快乐,如此的快乐才能实在而长久。《礼论》曰:"其立声乐,恬愉也;不至于流淫、惰慢。"所以合礼的乐,是能让人感到恬适愉悦的同时,又不至让人感到下流、淫靡、懈怠、散漫。这同时也提醒我们,不好的音乐相对会危害深远而干扰力强大,所以对于音乐不可不慎重对待。

本段三则引文由于与人民相关,是以综合予以诠解才比较全面而完整,《乐论》曰:"夫民有好恶之情,而无喜怒之应则乱;先王恶其乱也,故修其行,正其乐,而天下顺焉。"《儒效》曰:"平正和民之善"、《强国》曰:"和人心",由于人皆有好好恶恶之情,当产生此情绪时,如欠缺能对应纾解或消弭的办法,那情绪就容易积淀成为怨气,进而引发社会问题与动乱。而圣王为避免这样的趋势,采取了两手策略,一是用礼来导引人的行为,二是用乐来调和情绪而使人归于正,如此即可促使天下和谐安宁而有序。而天下安宁,受惠最大的其实是人民,是以这些"长虑顾后"(《荣辱》)的举措是符合人心且对人民乃善之善者。

　　《乐论》曰:"夫乐者,乐也,人情之所必不免也。故人不能无乐,乐则必发于声音,形于动静;而人之道,声音动静,性术之变尽是矣。……足以感动人之善心,使夫邪污之气无由得接焉。"喜怒哀乐皆是人们天生而必然有的情绪,当快乐的时候难免会付诸于神色行为。而礼乐这两者,一负责动静言行举止,一负责声音,并同时皆能对人内心起作用,如此一来也就将人之道的一切变化皆囊括在内了。所以说荀子之人之道教育体系当中不能无乐教,如缺了乐教,那整个教育体系就会不能完整而有缺陷。好的音乐足以激发人之善心,而使得偏邪污秽之戾气怨气难以累积,并进而影响到人民的行为。所以《乐论》曰:"乐者,圣王之所乐也,而可以善民心,其感人深,其移风易俗。故先王导之以礼乐,而民和睦。"音乐,是圣王所乐于制定且制定出来能让天下人快乐的,它可以将民心导向良善和乐的方向,感染力强大、影响力深远,且具有改易不良风气与习俗的教育功效。所以先圣先王们皆懂得善用礼乐来引导人民,使人民能在这样制度下、环境下,人与人及自然间皆能和睦喜乐的和谐相处。

　　《乐论》曰:"夫乐者,乐也,人情之所必不免也。故人不能无乐,乐则必发于声音,形于动静",所以"乐"有"喜好"的特质,它们应该要是真心诚意、不沾染杂质的状态下才是最好的。这样的状态，只有在追求归属于精神上、向内寻求层面的存在时，方能真正达至，否则容易落入"短暂的快乐而事后更寂寞，追求物质上的喜好却越追求越不满足、越空虚而痛苦"的境地。因此《乐论》曰："正声感人而顺气应之，顺气成象而治生焉。……故其清明象天，其广大象地，其俯仰周旋有似于四时。故乐行而志清，礼修而行成。耳目聪明，血气和平，移风易俗，天下皆宁，美善相乐。……金石丝竹，所以道德也，乐行而民乡方矣。"符合人道礼义的正声是能感人肺腑而助人调顺体内郁结之气的，是以只要能借此声乐来调顺内气并且形成体系，如此即可直接对身心起到良好作用而达成养生之目的。所以音乐当中的清明之音就像是仿效天，而广大辽阔之音则是仿效大地，在听这样的音乐时我们人就会像是俯仰盘旋流转于四时天地之间。这样的音乐在演奏时能助倾听者达到心智清明的效果，这能让我们更好地去感受内心之义，促进礼义修养的提升并影响我们的言行能更符合礼义。礼乐能帮助人民调理内气而使耳聪目明、心智清明、血气平顺和谐，进而能达至改易不良风俗习惯，使天下安宁，美好与善良皆得到彰显而共享快乐喜悦。用金石丝竹这些制作成的乐器与演奏出之音乐，是能用以导人成德的，所以只要乐教能被推行人民就会朝着正确方向前行。以上之综合所述是对乐教：如何产生功效、能达至何种功效较完整的描述。

人向内求能得到答案，这是真实不虚的，但，得到答案后呢？不需要努力或付诸行动吗？何况好心办坏事的情形在现实世界中极为普遍，例如疼爱小孩但是宠过头、想过上好生活但是把身体搞垮、想出人头地但却成为罪犯等。所以方法（术）在认识内心自身的同时，也是十分重要且不可或缺的。然并不是每个人皆能够明辨事物的本质，找出最合情合理实现人们内心愿望的良方善法。而儒家所说的圣人，他在学习、继承前人智慧的同时,尽力从旁指引辅助一般人,制定出一些原则,让人们得以减少负面结果发生的概率,希望让大家能互惠共赢。而真正的儒家学者大多则是在自身感到受益后产生认同,才愿意将这些通用并有益的方法分享给大家,期望能让更多人共同受益。因为"群体好"在儒家看来个体也会好,所以儒家判断是非对错多习惯从群体利益出发,例如《尚书·泰誓》曰:"天视自我民视,天听自我民听""民之所欲,天必从之,"都是这类观点的体现。

二、教化体系和当代教育之主要差异

正如前文所述,古代教化的定义比较广,所以施教的方法多样,用现代的话语来说即是包含家庭教育、学前教育、学校教育、社会教育、社区教育、成人教育、终生教育、法律教育、道德教育、职业教育、自学教育等,并且基本上是比较偏向于群体的秩序与利益方面的维护与促进。而当前中国所谓之教育,则一般说的是学校教育,顶多包含部分家庭教育(因为学校教育必须与家长互动),所以无论教育的目标、教学的方式、教育的内容多少会有所差异,这是我们关心与研究教育者不得不正视与厘清的问题。而为帮助我们更好认识古代教化体系之特质,从了解当下教育之现状着手切入,会更容易让人能直观感受并了解此差异的影响。

人皆有不同社会所需之特长,所以只要能挖掘出自己的天赋潜能,即不用担心没饭吃,因为对该地区的人群而言缺了谁皆可能造成需求无法得到满足,是以社会上必定有人需要你的特长,我们无须妄自菲薄的逼自己成为他人,这社会中必然有属于每个人适当的位置。是以教师与家长的教育任务是尽可能不要去干扰孩子,要做的是辅助他们发掘自己的长处,避免孩子行差走偏即可,因此尊重孩子的主观意愿与感受即变成一件十分重要的事。上述这样因材施教之"维齐非齐"(《王制》)"率性之谓道"(《中庸一》)的才智教育是采取各种方法激发孩子的热情,挖掘其天赋潜能,排除对天赋发展可能之干扰。不随意否定孩子的想法与兴趣,引导孩子往能有所产出或能带来成就感、或能提升自我某方面能力等有建设性的方向走去。由于孩子容易懒散而耽于安逸,缺乏主动积极性,所以师长们必须从旁协助、观察辅导,避免他们行差走偏,但绝不可告诉他们该走什么路,一切皆要靠他们自己去感受内心,然后做出选择。在其找到"天命"①而产生热情,确实清楚认识自己的本心后,坚持努力追求会是必然产生而避免不了。

至于现代中国由于采取的是计划式教育模式,信奉的是精英教育,因此把所有孩子皆当成"通才"对待,要求严格而全面,不够尊重孩子内心的主观意愿。用尽各种办法鼓励大家努力成为国家栋梁之材,而不成材者即会被层层淘汰,希望借此来赶英超美,富国强民,目标性与指向性很强。所以难免会产生排他性,对于可能干扰目标完成的"多余"行为会自动过滤,使得图书馆常变成装饰、体育课、美术课、音乐课等与考试无关者常被牺牲,学前与基础教育变成"不要输在起跑点上"的揠苗助长、强力灌输。必须强调,笔者的意思绝非反对精英或成材之计划式教育,而是认为应该要采取分阶段之分层教育模式,此部分于本节后文将详述。

事实上,当前中国提倡之刻苦式精英教育现况的背后,是存在理论基

①《中庸》曰:"天命之谓性,率性之谓道,修道之谓教。"朱熹对此段解释说:"人物各循其性之自然,则其日用事物之间,莫不各有当行之路,是则所谓道也。……性道虽同而气禀各异,故不能无过不及之差",所以兴趣教育是合道的,而中国传统的道德修养教育则由于人天生不懂"开内",所以才一定需要有人来教育之。

础的。因为数千年来我国实施与注重的是德政合一的教育,正如前几章不断阐述的,古代读书除了是人们提升自我与成为士人的阶梯外,所学习的更是"人之所以为人"(《非相》)的一门学问,是无论男女老幼、有钱没钱、地位高低、权势大小、能力强弱的人皆不可或缺的"人之道"。所以在养成教育的过程中,强迫学习会有其不得不为之必要性。并且这样的观念一直存在我们的典籍、民俗、家教、小说故事、谚语中,此流风所及使中国至今有如此多人推崇并奉行刻苦学习的教育观念。但我们要分清楚的是,传统乃是为追求道德修养境界提升而鼓吹此教育理念,然而对待当前主要传授知识技能的教育体制则应有所修正,这教育观念与态度上的区别是当前从事教育者必须要厘清的。"战战兢兢,如临深渊,如履薄冰。"(《臣道》引用《诗经·小雅·小旻》)"死而后已"(《论语·泰伯》),用来讲道德境界的维持与提升是对的;但对于知识技能的创新与突破,讲得却应该是因材施教之"维齐非齐"(《王制》)"率性之谓道"(《中庸一》)理论。

　　古人教学的目的是为建构良好的社会习俗,所以总教人该怎样做人的道理与方法。所以教育是国家的根本,提升人民的素养是提升国家竞争力的基础,品格的力量是一个国家最基础的力量。古代中国长期注重德政合一的全人教育直至清末,而当前教育则基本承袭自欧美。欧洲教育自中世纪时期将道德方面交给上帝来教化后,教育专变为着重知识技能的传授与研究创新的场域,此即近代教育为何成为偏重知识的传输与科研理性的场域之因。当然这极具其现实工具性的意义,也是近代科学能够突飞猛进的重要原因。现代中国教育变得极度重视知识技能的传授与灌输,相对而言缺乏原本传统教育中最重视的修身养性之方、待人处事之法与齐家治国平天下之道,这是相当可惜的一件事情,因为此两者是能相互促进而补充的。

当前教育从效率上而言十分高效,能于相对短的时间内培养出大量国家急需的人才,这从我国这几十年突飞猛进的发展即可看出,不像古代中国培养一个人才通常耗时较长久。举中医为例,从学徒到终于能出师独立行医,一般至少要十年以上。并且在入门成为正式学徒前之观察期(一般3年左右),师傅(《大略》)除了会针对其是否有天赋来严格筛选外,更重要的是会透过洒扫应对等过程考验学生之品行,这是中国古代教育极为与众不同的特色。无论学武、学医、学商、学佛、学戏曲等,基本皆会先耗费不短时间来培养或考验学员的品行,这关过后才可能传授"真功夫",也就是说此乃前提而非条件。

然而当前教育是没有这关的,所以相对而言效率高出极多,而且教学之基数大,采义务之全民教育模式以大浪淘沙,让人相当难不被裹挟而随波逐流。然笔者认为,所谓"效率",如果建立在必须牺牲自身文明的优点上,这样的教育本身可能会有许多值得吾人检讨省思之处。现今大家观察到的副作用有:由于缺乏人品筛选过程,一个人能力越大,危害也越大,造成许多食品安全与毒品之类大规模的严重犯罪问题;由于不是人择学而是学择人,所以相当容易扭曲人之天性,极易产生自我否定与失去生存意义之心态,进而导致忧郁或自暴自弃状况,甚至出现自杀之行为。单讲效率的教育,容易培养出许多上述两种趋向的人,并且当越多人接受这样的教育,从比例上而言即等于同时制造出越多对社会有严重危害的犯罪者与心态有缺陷之人,从长远而言这是得不偿失的。

以上两者可让我们看出,当前我国教育有误用传统教育观念以及遗失原本教育优良传统之问题。我们在直观地感受与了解当前教育后,再回头来看中国古代教化体系,即更能切身感受其特质与重要性。

正如荀子所规划之"德以叙位,能以授官"(《致士》),读书是一种改变先天命运的渠道,古人如果不读书基本上是子承父业,完全没有选择的空间与机会。而在当下的制度与社会环境下,读书依旧是个能使人生拥有选择权与选择能力的重要手段,差别只在于古代不是所有人皆必须读书,或者说不一定有能力与机会读书;而现代几乎所有人不得不读书,无论有没有能力或想不想都必须参与其中,否则在当前之大氛围下会生存的格外艰难。所以古今各有其优劣,很难断言好坏。

但由于当前普及全民教育,规定所有人要去尝试突破个人出身的限制,这解放了人们对于未来职业的想象,让每个受教育的人拥有更自由的择业权力与自主空间。这使得所有人得以在性向不受限制的环境下,激发出个人的潜能与热情,进而为国家社会的发展进步提供动力,此即近代全球各领域的发展能如此飞快的主因之一。但我们在享受权力的同时,也必须自己承担寻求就业的风险。

传统教育注重的是培养健康人格与生活能力等教育基础,而当代中国教育则是把基础教育视作后续教育之准备。何谓教育基础?笔者认为"一切有利于教育目标之促进与实现者",皆可称之为教育基础。那教育目标是什么呢?笔者认为,教育目标应是"发掘学生的天赋才能,并导人向善"。学校绝不可变成:分出高下,竞争强弱的竞技场。我们既然身为人,要发扬的就该是人道而非兽道,这也是孟荀一再提醒我们的道理。所以知识技能的教导,应是为辅助发掘学生的潜能;而导人向善,则是中国传统教育一直以来的教育目的,这是"人之所以为人"(《非相》)的基础。能力越大,如果不懂的为人处世的道理,没有底线,对社会国家的危害就越大,所以两者应该要相辅相成,不可偏废。

当前教育由于把基础教育视作后续教育之准备,学校学习只是一个单纯的过度,大家只专注于学习知识技能。也因此造成事实上学历完全与一个人的真实价值、能力、意义与幸福感产生了脱节,这是对教育很大的伤害与嘲讽。人生在世,无所不能的通才或许有,但必定极为稀有,绝大多数人是偏才,有些人偏重理工、有些人偏重文科、有些人偏爱外语、有些人热爱数学。如果偏科相当严重的学子,在目前的体系极难出头,因为在他们没来得及崭露头角前,会不断接受到来自其所爱与所信任的家长、老师们的否定,进而容易陷入自我否定的状态,被扼杀了热情与活力,看不见未来与希望。只能每日为"补短版"而庸庸碌碌耗尽大半时间与精气神,埋头与自我天赋天命所不擅长者搏斗。因此只有天赋偏科不严重却又刚好在语文、数学、外语这三大领域有所天赋者,才最适合在这样的体制当中存活且悠然自得。

当前基础教育阶段,充斥许多不够基础的教育内容,同时又缺乏古代教化体系方面的教育,并且考核制度也基本偏向学习成绩。在这样的现状下我们应该如何应对呢?笔者认为,我们可以结合教化体系教育观,从调整老师、家长、孩子的教育观念着手。如此一来,在面对没有任何改变之相同教育内容、制度与考核方式时,那些观念与心态上能够随"人本教育观"转变的老师、家长、学生,至少能不再感觉那么苦而压力如此庞大。因为当老师、家长、孩子有正确的观念后,即会知晓该如何取舍,知道教育本应有之先后轻重缓急顺序,明白成绩其实不代表能力、好学校不代表未来。然后慢慢会释然而逐渐改变心态与行为模式,不再埋头挤向大家认为之好学校,压力自然减轻,进而会懂得往学生能感受到幸福感与成就感之方向追寻,各美其美,美美与共。

三、教化体系和当代教育如何互补？

至于如何调整大家的观念与心态呢？笔者建议首先要将教育清楚区分成两大区块，一块是未来谋生用之知识技能教育，一块是教化体系方面的教育。在观念与态度上，要确实将两者视为并重而相辅相成，不能继续抱只注重知识技能的成绩，而忽略教化体系方面的培养之教育观念与心态。所谓教化体系方面的教育，教导的是些永不过时的能力，无论男女、年龄、将来要从事什么职业、身份地位如何，它皆会是种有用的存在。它包含了做人处事的道理，个人修养的方式，能让社会往良性方向循环的价值观与行为模式，以及日常洒扫、简单的木工水电常识、投资理财、时间管理、生涯规划、生命教育等皆包括在内。这部分不同于知识，而是要在日常生活之中践行的，所以不能将它用教知识之方式来传授，而要将其当成生活来体悟，所以楼宇烈先生常说，这类教育应该是"学一点，体悟一点，做一点。"而不是一味地要求多学。即使学不多，但能切实运用在生活中，那也就足够了。

其次笔者认为，人在不同时期教育应该要有不同的偏重，孔子说："吾十有五而志于学"（《论语·为政》）。志，15岁应该要开始用心学习准备出仕之学问，这在笔者看来像是在提醒人们可学习谋生的知识技能了。所以在15岁之后，才是笔者认为学生应开始更深入学习未来志业相关知识技能的起始阶段。因此我们大致可将学校教育分成两大阶段：基础教育时期之注重教化体系方面的教育阶段，以及高中与之后的偏向未来谋生用知识技能教育阶段。当然，不同年龄层的教育重心也必须随之有所调整，所以应该调配不同年龄段要学的内容，并且授课技巧与态度也应该要因此而有所差异，不可一概而论，要分而视之。

　　小学是要让孩子培养良好生活习惯与思维能力的最佳时机,本不宜教太多太深。要看长远,为未来一辈子打基础。这阶段应该加强的是道德、伦理、法律等观念以及日常生活能力等这类教化体系方面的教育,并同时协助孩子自由摸索志趣,以及尝试寻找其心怡而能促进身心健康的运动与审美艺术活动。将一些能影响人一辈子的不可或缺的东西在这阶段打好根基,那房子才可能盖高,树才可能长壮。人一辈子皆需要靠正确、积极、健康的身心与基本生活能力来过日子,而学习这些的最佳时期即孩童成长阶段。心性、习惯、价值观,以及体育、艺术等嗜好之养成,会影响人一生。引导孩子学习为人处世的道理,使其懂得进退应对之方,拥有正确的价值观与人生观,并对自己未来有所规划与期待等,这是此阶段教育最应当重视的部分。当然简单的数学、语言文字、外语能力、地理历史,以及音乐、美术等也相当重要,毕竟人格发展应当全面,毕竟足够基础的基础知识,即是生活的,必需的,自然的。

　　初中阶段仍是属于基础教育阶段,不过由于孩子进入了青春期,所以对两性方面会特别好奇,这时候教育的内容当然必须涵盖这方面的生活知识,不可回避,毕竟"欲不可去,性之具也"(《正名》)。当然这时除了教授更多且更复杂的教化体系方面相关内容外,同时根据孩子大致的兴趣方向可开始对知识技能逐渐增负。照理每个人一定感觉得到自己内心悸动,当人渴望改变、渴望突破、渴望做某事或不喜欢、厌恶某事时,即是判断的最佳时机。也就是说,答案在每个人自己心中。所以孩子要不断尝试去感觉做什么最适合自己的能力与喜好,因为它可能即为其天赋天命,只有找到它,方能最好的安顿身心。这并不是说做自己天赋天命的事情即可让人从此幸福快乐、无忧无虑,而是耐受力会有很大不同。做自己天赋天命的事情时,即使再苦、再累、再烦、再挫折,但内心仍然是充实饱满的,此即最大之差异。并且属于自己天赋天命的方面,人会特别擅长,容易上手。这些皆是要孩子个人自行体会感受的,任何人皆帮不上忙,师长能做的是提供孩子多元发展的充分探索机会。

高中大学教育,则重在知识技能之传授,同时要教导学生独立自主的思想与能力,为其将来出社会而准备。所以技术职业等分科教育,应该主要由高中大学来负责。当然有关教化体系方面的职业伦理道德教育,也是这阶段不可或缺的。正是从小至今引导孩子思索尝试的探索自身,此时其应对自己的将来有了一定的方向感与目标,所以这阶段之学生应该有能力选择出符合自己未来期待方向之科目来学习、加强,并能尝试落实。针对学生之志业方向之调整、提升、启动,是属于这阶段之技术教育层面的任务。但是别忘了,这社会是残酷的、竞争是激烈的,所以这时期也需要比之前更刻苦努力,如此才可能表现的更突出,进而能从人群中脱颖而出,最终得以从事与自己天赋天命相关的工作。这阶段学生之所以会去复习加强,不该是被学校或家长、老师要求,应该是自己主动去选择的结果。因此这阶段大家皆很刻苦,在各自不同之兴趣与天赋的领域、在自己想要的方向上努力。而刻苦磨炼,只要是与自己的精神契合,就不会成为一件苦差事,例如:假设你喜欢跳舞,为了能精进自己的舞技而自觉刻苦训练;同样的,喜欢打球的人,喜欢绘画的人,喜欢乐器的人,喜欢数学的人,喜欢外语的人等也是一样,到这阶段皆需要极度的刻苦复习、锻炼,但他们身苦而心不苦。

至于研究生教育,则已经属于职业教育中的一门特殊类职业属性的教育范畴,本不是每个人皆需要并且适合接受的一种教育。当然,这时期的教育任务不应该是为了跟随、顺应社会,因为其所扮演的角色是推动社会发展进步,乃至于超越过去。所以一定程度的会与社会脱节,一定程度的必须站在旁观者角度,一定程度的需要由政府、国家给予荣誉与赡养,这些皆是为了群体的长远未来而必须要的付出。

如此教育根据上述所言分成不同阶段与不同的偏重,这样即可以避免彼此间的相互干扰。只是许多人将教化体系方面的教育与未来谋生用之知识技能教育两者纠缠在一起,如此会头尾无法兼顾,鱼与熊掌难以兼得。但两者其实是可以并行不悖,只不过这有本末先后问题,毕竟孩子们的时间精力有限,因此不得不需要有所取舍。

简单来说,在基础教育阶段,应以教化体系方面的教育为主,同时尝试引出孩子本身的渴望与兴趣,这些皆是第一阶段最重要的任务。在尝试兴趣的过程要让孩子尽可能地独立思考,自由地去探索自己未来的可能性。我们有九年以上的时间(包含学前)观察孩子,一时兴起的不是真实的,只有能持久的才是重点。师长千万别将自己的期待过于强加在孩子身上。我们是辅导者,不让孩子行差走偏,没有犯罪的可能即可。学过了,坚持下来的才是学生真正有兴趣的。所以有关职业知识技能教育部分,在基础教育阶段要尽可能让孩子处于好奇、兴奋、自我探索的状态。

清楚的将就业的知识技能与教化体系方面的教育区分开来的,不可把人生中应该知道的基础素质或能力当成知识技能来教导与审核。其中的确有些东西应该从小刻苦去锻炼、训练,例如规律的生活作息、洗漱、做运动、参与家事、语言文字等,这也是在磨炼一个人的精神、心智,是人格塑成相当重要的部分,《孟子·告子》曰:"故天将降大任于是人也,必先苦其心志,劳其筋骨,饿其体肤,空乏其心,行拂乱其所为,所以动心忍性,曾益其所不能。"另外从小要尽可能多利用图书馆之类设施去尝试、寻找孩子的兴趣、天赋,不能像现在一样等到高中大学才让孩子有机会认真思索这些。基础教育时期是相当黄金的人格塑成阶段,错过了一辈子再努力也弥补不回来,任务十分沉重,并不能轻松游玩度过。

知识技能与基础能力这两种是不适合混为一谈的不同性质教育,而本书所介绍之教化体系方面的教育内容,可弥补现今教育之不足与偏颇。中国传统的"以人为本"是维持人的独立性、主体性和自我自律的精神,《劝学》曰:"君子之学也以美其身,小人之学也以为禽犊。"简单地说,教化体系教育是要把人当人来看,教人如何成为一个好人。是以目前国家开始重视原有的优良传统文化,加强宣导这方面的知识,并在教材与考核的标准中提高了这方面的比例,这是十分明智之举,刚好可以补充当前教育制度上之不足。毕竟无论是男是女是老是小,从事什么工作,拥有什么样的权势地位,收入高低,皆不能不懂做人做事的道理。并且能力越大、地位越高的人,如果没有足够的道德品质,危害的可能性也就越大,是以教化体系内容绝对是教育中不可或缺的一半。

第六章　结论与展望

　　正如上一章荀子提到的乐教一般,其目的是让大家在行"秤情之文"时,不至于有时情绪太过、有时情绪不足,进而干扰了礼义的被实现。因为礼虽是依据合情合理的标准所制定出的施行细则,然而人的情绪是随时起伏不定,且有人天生情感浓烈而有人天生较理智而情感淡薄,这时候乐教就可以很好地发挥出其中的功效。在音乐的渲染下,情绪太浓烈的人会被稍微平复其澎湃的心情,而情绪较淡泊的则会被激起应有的哀思或欢乐,然后皆能内外中和的与礼共舞,使能达到礼之原意的哀伤或欢乐但又不至"性伤"(《正名》),如此"不至于隘慑伤生"(《礼论》)的顺行礼乐,自能达到"养"的目的。所以说如果没有了乐教,礼教就容易出状况而让人感到拘束或压抑,影响到礼义的被实现。

　　由此可知荀子是注意到人们情感上的问题,并清楚知道礼教的局限性,是以才特别突出了乐教。这正如荀子说:"贤齐则其亲者先贵,能齐则其故者先官。"(《富国》)这是说:如有同样贤德或能力的人要出仕,我们应该先让亲近与故旧之熟人先显贵或为官。可知其并非不懂得人情世故,且十分懂得为人处世之法。但有时候又似乎过于理智,如《君子》曰:

"故杀其父而臣其子,杀其兄而臣其弟。"毕竟其父兄被杀,心中能完全无感、无怨者绝对十分罕见稀有,但根据荀子的理性视角看来却认为:我们应该大公无私而心无芥蒂的重用他们,这是正确而正义之做法。他说得很有道理,在理论上也非常正确,其心中判断应是:如此大公无私,对方肯定会感激而更尽心尽力。的确在历史上有少数个案如此,可那些个案之所以被记载就是因为罕见,那罕见是源于双方的罕见,而并非单指任用人单方之罕见,且不一定是站在称颂的角度记载。

历史上更常见的情形则是如卧薪尝胆①的结果,吴王夫差成了反面教材而无人称颂,因为其养虎为患,并且其行为违反历史经验一再提醒之复仇观的人情事理;而句践之所以被称颂则是基于其自立自强,忍辱负重,而其忘恩负义之一面则被大众习惯性忽视不提,因为其行为是符合一般正常人情的复仇观,复仇观念站在情感立场来看是无可非议的,而站在理性看来则有很大商榷空间。在历史上甚至有受尽了恩惠但最终仍为复仇而背叛之例子,并且他(她)们基本上都不会被过于谴责,一定程度上还被称颂,由此可证一般普遍之人心人情乃偏感性而非理性。这类普罗大众之一般人情,在荀子这类太过理智之研究型人格者心中,就容易被忽视而惯性的聚焦于合不合道理上,殊不知这样一来埋下祸患之可能性非常大,毕竟那些父兄被杀之人会一辈子日夜都处在情感之煎熬中,且其复仇将完全合情合理而易于被接受,当然天生情感淡薄者例外。

---

①《史记·越王句践世家》原文为:"越王勾践返国,乃苦身焦思,置胆于坐,坐卧即仰胆,饮食亦尝胆也。"文中没提及卧薪而只有尝胆。此则告诉我们的道理是:只要能忍辱负重的奋发图强,必能苦尽甘来。

第一节　荀子教育思想之不足与补充

由上述例子我们可知道,对于人们而言理性思维与感性思维是不一定同调的,甚至时常会有所冲突,这也是人性的复杂面之一。李晨阳说:"按照荀子这里的说法,圣人制作礼义的直接起因,是'恶其乱'。即'恶其乱也,故制礼义。'《说文解字》解释'恶'为'有过而人憎之'。先王因为'憎恶'人们的行为所引起的'乱'而制作礼义。"[1]认为荀子判断善之起源与憎恶的心理情绪有关。由此可推知,荀子是能感知好好恶恶之心所产生之力量对促进人向善的重要性与强大,只可惜其总习惯将焦点聚集在理性思辨上,而没能往正面积极的角度来看待并诠解之。

所以其说:"凡人之欲为善者,为性恶也。夫薄愿厚,恶愿美,狭愿广,贫愿富,贱愿贵,苟无之中者,必求于外。故富而不愿财,贵而不愿埶,苟有之中者,必不及于外。用此观之,人之欲为善者,为性恶也。今人之性,固无礼义,故强学而求有之也;性不知礼义,故思虑而求知之也。"(《性恶》)他非常明白人的行为举止很大程度上受到好好恶恶此天生之心影响,并且也观察到人的为善之心是源自"苟无之中者,必求于外",这跟圣人因厌恶乱、争而制礼作乐是同样之"恶愿美"的心理。但奇怪的是,其接下来的推论却又忽略了此种好好恶恶心理之非理性特质,当好好恶恶之心受到情欲的蒙蔽时是很可能非理性的出现贪得无厌、欲壑难填问题,然荀子却刻意忽略此(《荣辱》曰"然而穷年累世不知不足,是人之

---

[1]李晨阳:《荀子哲学中"善"之起源一解》,《中国哲学》2007年第4期。

情也。")这或许是基于荀子本身过于理性而不会如此,并其观察大自然的动物亦多如此所致?他认为人"苟有之中者,必不及于外"。可事实上,就算在当下物质充裕的时代,人们也从未满足,富者想要更多财富及能保障其财富的权势,地位尊贵者希望拥有更多权势及更好享受权势的财富,这才是一般正常人情,仅有少数在接受人之道相关理念之熏陶洗礼后,才能跳脱此怪圈。而其借己之观察得到了"人性恶,必须靠学习礼教才能避免恶的趋势"之结论,其实他直接说人欲壑难填,无论"中"有没有都恶,所以才一定需要学,这样照理更能得到其预期推论,那他为何不这么推论?是否当时代人的确由于物质贫乏所以危机意识较强(《荣辱》曰:"非不欲也,几不长虑顾后,而恐无以继之故也。于是又节用御欲,收敛蓄藏以继之也。"),且没有拼命挑动人的欲望导致人容易满足?还是纯粹根据其自身内省所得?或是其从一般人民吃饱就不想再吃,穿暖就不会穿更厚得知?总之,荀子应是很理性的透过自己的观察,排除了极端,始得到如此论断,而非靠推论来说道理。

从上一则看来人满足了也就不会再去欲求,是件好事;可从本段引文来看,荀子又发现人满足不一定是好事,《性恶》:"尧问于舜曰:'人情何如?'舜对曰:'人情甚不美,又何问焉!妻子具而孝衰于亲,嗜欲得而信衰于友,爵禄盈而忠衰于君。人之情乎!人之情乎!甚不美,又何问焉!唯贤者为不然。'"此则引文中人们在上述三种情欲得到满足后,表现出的反而是向善之心与善行衰败的现象,由此可证,情欲在很多情况下的确是可成为促进人为善的原动力。也就是说,情欲本身的确如荀子于《正名》所推论的是属于中性的存在,人的行为之善恶主要还是需由心是否能"中理"决定的,此推论笔者与荀子相同,并无异议。只是笔者更进一步的认为,善善恶恶之心本身并非纯粹属中性的存在,而是属非理性的偏向于善①,这与荀子所谓的理性思维之义心不同。此感性思维的偏善之心,有其自洽性的逻辑,是人类之所以能不断成长、进步的原动力。

人天生肯定不完美,这是自然之理而非坏事,因为如此我们才有上升的空间与进步的动力。正因不完美又知道如何是相对完美,人活着才必定有可努力追求之目标。上天虽未将我们创造的完美,但却给予了我们完美的可能与能够自我完善的心,使我们有强大的学习能力与良好的可塑性。我们天生而有合道的善心,它会思虑、能分辨、好好恶恶,我们只要留意不使心受到蒙蔽,并愿意为完善自身或追求更好、更多的美善而付出努力,每个人都会有一步步接近完美的可能,所以荀子说:"尧舜之与桀跖,其性一也;君子之与小人,其性一也。"(《性恶》)又说:"涂之人百姓,积善而全尽,谓之圣人。"(《儒效》),既然我们的性都一样,且礼教引领我们追求的又是一定程度不受外界因素干扰之德行提升,是以我们无须担心己身之无法被成就,只需考虑自己愿不愿意往美善的方向趋近,肯不肯为此付出足够多之努力代价。

或许由于时代因素,荀子那时的人们对于教育效率与实效的要求更

---

①笔者之所以认为其"偏善性",乃基于人都是好善而厌恶的,无论是勤奋也好、怠惰也罢,都是自以为是对自己好而如此,这牵扯到长虑顾后与短视近利的斗争问题。对不善与恶念必会产生负面排斥之心,而对善意则会自然兴起亲近之意,这是情感上之必然倾向。而人常会出现非理性行为也是基于此,所以笔者不认为其纯善。况且非理性亦不代表不好,笔者认为很多时候人就需要靠非理性才能突破困境,创造奇迹,例如伟大而划时代之发明,通常都是如此诞生的。

迫切,这令荀子跟其前辈孟子在理念推导与观念上产生轻重缓急先后的差异,其更强调由"外"(礼乐法度)而内的教育方法。荀子在教人该如何做的时候总是习惯诉诸理性,一定程度上的会忽视感性因素而偏执于理性。例如《礼论》曰:"刑余罪人之丧,不得合族党,独属妻子,棺椁三寸,衣衾三领,不得饰棺,不得昼行,以昏殣,凡缘而往埋之,反无哭泣之节,无衰麻之服,无亲疏月数之等,各反其平,各复其始,已葬埋,若无丧者而止,夫是之谓至辱。"这则规定,犯罪者在过世后,不准族党一起举办丧礼,而只能由妻子一个人,用没经过装饰的薄棺椁,尸身上只可穿戴三领之服,不准在白天送葬而只能于黄昏时下葬,妻子只能穿戴与平常一样的衣服去埋葬他,返程时也省略哭泣之礼节,不能服丧且不可有任何守丧的行为,埋葬后每个人都必须跟平常一样,心情平静的犹如没人过世般忽视淡忘他,用这样的方式让其死了还受到最重之侮辱。他把与人情密切相关的丧礼都认为应该与法一般成为具有惩罚功能的存在,这对其亲朋好友而言明显太过冷酷无情而只顾理性了。从理性上看荀子此举乃是想惩罚死者,但从感性的角度则可发现这根本是在惩罚活着的人们,那些没犯罪的人为何要受此惩罚呢?荀子明显没顾虑到这理性思维与感性思维上认知不同问题。

另外荀子认为孝悌是后天而非天然的存在,此说法亦极受争议,《天论》曰:"礼义不修,内外无别,男女淫乱,则父子相疑,"《性恶》曰:"夫子之让乎父,弟之让乎兄,子之代乎父,弟之代乎兄,此二行者,皆反于性而悖于情也……故顺情性则不辞让矣,辞让则悖于情性矣。"《性恶》曰:"然则涂之人也,且内不可以知父子之义,外不可以知君臣之正。"从此三则

207

引文可确定荀子并非一时口误,而是真心认为礼义不修父子兄弟就不会懂得辞让。这可能是其太过理智所导致之推论,因为荀子并非不知道有些礼义法度是"未有知其所由来者也"(《正论》《礼论》)的,然而却又坚持否定亲情之天然属性,此或许乃因亲见当时上位者之父子兄弟相残之严重而频繁,让人难以信任亲子兄弟之情?《仲尼》曰:"齐桓五伯之盛者也,前事则杀兄而争国",《富国》曰:"是以臣或弑其君,下或杀其上,粥其城。"当时父子兄弟为了权利相残,甚至屠城者。荀子为增加其说服力还举例说:"假之有弟兄资财而分者,且顺情性,好利而欲得,若是,则兄弟相拂夺矣。"(《性恶》)这争家产的戏码在现今社会也能看到,所以或许真由于当时物资贫乏,导致人们更容易为利益而蒙蔽亲情。总之,由此亦可看出荀子之理性思维不同于一般感性思维处。

荀子所构思的体系将人分为两个层面,一个是质朴的肉身与容纳人之存在的自然环境,它们是人一切可能性的基础。另一层面就是能思虑、能分辨、能知道且能好好恶恶的心,它能帮助人们决定行动的方向,所以人们无论做出善事还是恶行,都是"心之所可"的结果:"心之所可中理,则欲虽多,奚伤于治?欲不及而动过之,心使之也。心之所可失理,则欲虽寡,奚止于乱?故治乱在于心之所可,亡于情之所欲。"(《正名》)笔者认为,这体系对强调那"推动人积极朝心所指导之道路前行的力量"略显不足。正如前文荀子提及"凡人之欲为善者,为性恶也"(《性恶》)。认为正是物质界的不足、不公而激发了人们对于善的渴望与追求,因此荀子才认为唯有正视人们天性中之恶,才是真正能够将人之不善导之于善之最佳策略。并且荀子此处所谓"恶"明显并非言人性本质之恶,而是基于物质界的资源有限性,以致"欲多而物寡"(《富国》)容易产生争、乱的恶行之恶。笔者综合上述这些说法后得到了启发,认为正是由于人之行为或处境容易因为外界因素自然滑向恶,且这时人的好善、恶恶之心则会自然被激发,从而让人产生向上进取的动力,而得到了"善善恶恶之心其实乃是人类自出现在这世界后得以不断寻求改善进步的主因"的结论。毕竟世上如果没有恶又怎能凸显善的可爱珍贵呢?这嫉妒羡慕不平之心会推进人发诸行动,当然此心虽是偏善但行动也可能为恶就是了。

可惜的是,荀子在这部分理论上阐发不足,将善基本都归功给了心所产生之理性作用。可这也并不表示他全然没意识到好好恶恶之心的存在与功能,且事实上荀子在书中不断提及这产生力量之机制,例如"见善,修然必以自存也;见不善,愀然必以自省也。善在身,介然必以自好也;不善在身,菑然必以自恶也。故非我而当者,吾师也;是我而当者,吾友也;谄谀我者,吾贼也。"(《修身》)见人善或不善,这讲得也是好好恶恶之心所产生的自省力量,当然由这条我们亦能从侧面看出,好好恶恶之心所产生的"偏善性"力量是可能造成坏结果的,所以荀子才必须用理性的力量来引导它,要人不断内求于心,懂得自存、自省、自好、自恶,亲近忠言逆耳的良师善友,且不可短视近利而沉溺于阿谀谄媚带来的一时心喜。接着他说:"以善先人者谓之教,以善和人者谓之顺;以不善先人者谓之谄,以不善和人者谓之谀。是是非非谓之知,非是是非谓之愚。伤良曰谗,害良曰贼。"(《修身》)这类说法基本上也是把善归因给了心的理性功能"知与辨"。由此可证其过于偏重理性,没能进一步阐发好好恶恶的之心所产生之力量对人类社会进步所产生的诸多正面积极作用,甚至基本上将这人天生具有之强大动力,归为"容易过度以致造成恶果"之偏恶性的那方,这推论刚好与笔者相反,使得其在论述中虽已认识到此力量乃为可善可恶之属性,不过却难再进一步认定其是人类之所以能持续发展进步的"偏善性"动力,遂造成理论上不如性善论那么能激励人心而受到后人认同,殊为遗憾。

我们天生知道该怎么做,因为我们的心天生就清楚知道"希望别人怎么对待自己"。人性基本上是共通的,所以笔者所说之好好恶恶的偏善心,应该是人人都很容易理解并拥有的,因为此心是天生存在人们身上。我们天生知道好好恶恶,所以事实上也等于知道该怎么做才好才对。因为有好好恶恶之心,所以我们能清楚知道希望别人怎么待己,不需要任何人教就会自然知道。既然知道希望别人怎么待己,而当己用不希望别人待己的方法对待别人时,自然会知道这不对。这就是每个人必然会拥有之好好恶恶的偏善心,我们天生拥有而无须外求。既然好好恶恶的偏善心基本上是知道答案的,但为什么明知道答案却难以维持住?就算是颜渊也只能做到三月不违背仁?归根究底,问题出在于"人是生存在物质世界当中"的,因此就不得不受到许多的局限与左右,例如生理需求,例如与外界万事万物互动,例如情绪起伏等。并且,物质的特色:有限性与不可恒久性,也是让身处其间的人,难以超脱的重要原因。并且人们可能会因为自己的欲望或情绪而扭曲了此偏善倾向,因此我们才需要修身养性,强化原本偏善的倾向而避免其滑向恶。

笔者所说的好好恶恶的偏善心绝非被他人所强加的存在,说的就是人的天性,但这并非指好好恶恶之心即一定能让人做出善事。因为虽然没人不知道希望别人怎么待己与不希望别人怎么待己,这是人们天生就知道者而无须他人教。然好好恶恶之心只是个"偏善性"的力量,它可能被用来提升我们也可能令我们堕落,毕竟一般人还有好逸恶劳与短视近利问题,是以其行为上之倾向与长远永续性还是需要靠后天努力彰显,因为它是随时可能被遮蔽而迷失、误导的。有好好恶恶之偏善心不代表不会做坏事,我们之所以要学习礼义法度,就是因为人会有贪溺于怠惰的短视近利(《王霸》曰"心欲綦佚")的时候。这时人很容易做出损人利己,或是损人不一定利己的事。但这并不代表人没了好好恶恶之偏善心,心中仍然会感到焦虑,只是这焦虑感如不懂得善加适时引导,久而久之也可能会麻痹,让人出现"麻木不仁"问题。因此笔者认为,认真的正视自己的本心(诚)而问心无愧非常重要,这是一种目标,也是一种修身养性的方法。而懂得正视自己本心而问心无愧的人,一定是懂得克制自己情欲的人。这并不是人人天生都能拥有之能力,而是只有被礼教熏陶洗礼过之君子,且在经历足够努力之修身过程后,才能拥有之强大心力。

所以荀子注重礼乐教化,就是为了让人行善的可能性尽可能提高,如此亦等同降低了人为恶的比例。如果说,人生在世总是有理性与感性这两股力量在拉扯,影响人们的行为判断的话,荀子所倡导的就是偏向于理性一面之良善力量。然而理性思考一定就代表着正确中道,而感性诉求就一定代表着错误偏差吗?事实上,当信息不足时理性是很可能产生错误偏差,且如:惜身、恐惧死亡、害怕变数等心理,亦会让人很难做出纯粹理性行为;而好好恶恶之偏善感性直觉也可能让人们达至正确中道,并且完全排除情欲的理性亦是不人道而勉强人的。当然全凭情绪来决定行为判断则结果之不确定性也过高,例如讲座活动人们明明喜欢免费,但是遇到免费活动却又很容易因此轻忽、懒散、不积极,反而收费的却容易重视而积极参与;贪欲虽如荀子所言有许多负面影响,但也能让人产生无穷勇气与庞大到不可思议的行动力,所谓"人为财死,鸟为食亡""有钱能使鬼推磨",是以也是种矛盾的双面刃;另外有人喜欢看恐怖片但同时又很胆小,喜欢玩刺激的游戏(如云霄飞车、高空弹跳等)但又惧怕意外,喜欢抽烟但又知有害健康,喜欢吃美食但又怕肥胖或影响健康等。所以人性上有很多复杂矛盾的问题,相关例子太多,难以穷举。

人类自身本就存在向善与趋恶之一体两面的力量,且此二者间具有一种斗争式的相关联性,当人放纵情欲而滑向恶时反过来好好恶恶之心也会促使其产生向善的愿望。例如一个学生因为爱看小说或玩游乐器而造成成绩下滑,这时好好恶恶之心会激发其想发奋努力的心,《性恶》曰:"凡人之欲为善者,为性恶也。"但同时好好恶恶之心也可能会引人继续堕落沉迷,人都是有善恶两面的,就像是太极一样,阴中有阳,阳中有阴,而恶念每个人都有,像贪婪,痴迷,嗔怒等,这些都是属于恶念。这时候个人内心向善的愿望之强烈程度,以及师长、学友与环境、习俗就可能在善恶的天平上放下不同的砝码,最终导致学生的行为会趋恶还是向善。人本身就是有情绪的,不管是善还是恶,都是人情绪的组成部分,如果一个人的身上只剩下善良的情绪,那么就不能被称之为人了,如果一个人的身上只剩下邪恶的情绪,那也更不能称之为人。只有善恶并存,才能算是一个人。而我们要努力的就是调和两者而为己所用,尽可能让这两种力量都能产生正面积极的作用。

正如荀子一直强调的学习具有能突破阶级限制之功能,所以平民想要改善原生家庭之现状,除了运气与天赋这些人力无法掌控的条件之外,最能够依靠的就是自身的努力与引导人们朝正确方向努力的教育了。这道理其实大家都懂,但很难有足够动力让人坚持不懈去达成任务。并且刻苦虽然重要,有一定的影响效果,但是却又不是决定性的因素。真正决定平民的孩子能否出头的东西,用荀子的话来说叫作"心术",而心术当中最重要的则是"用心一也"①,用儒家通俗的话来说叫作"立志",用现代观念来说叫作"激发兴趣与热情",这也就是毛泽东所说的"志者,心力者也"。② 因为有热情,一个人才能坚定不移的百折不挠,才能产生超越他人十倍百倍的效率学习与思考,才能在外在条件悬殊的情况下急起直追。情感的力量,有时候就是那么的非理性;或者说,此非理性的力量,关键时候才是突破局限性的唯一力量。人类与人工智能最大的差异就在这里,这也是人类之所以能够永恒进步的原因,对美好未来非理性的期盼,浓烈到不可理喻,虽千万人吾往矣。只有情感,才能让人在面对绝对困境的时候,还能坚持不懈地想尽办法、创造各种条件,百折不挠的始终热情地披荆斩棘,这不是理性能赋予人们的,理性反而可能会告诉人应该放

---

①《劝学》曰:"蚓无爪牙之利,筋骨之强,上食埃土,下饮黄泉,用心一也。……君子之学也,入乎耳,着乎心,布乎四体,形乎动静。端而言,蝡而动,一可以为法则。"因为人的时间精力有限,并且因此当目标分散或错置时就很容易产生事倍功半,甚至出现南辕北辙而不能达成目标之结果。

②毛泽东:《心之力》,(2016 - 01 - 04)[2018 - 04 - 12]. https://baike. baidu. com/item/% E5% BF% 83% E4% B9% 8B% E5% 8A% 9B/9875795? fr = aladdin

弃。所以说感性才是让世界进步的原动力,而理性则是建立在感性基础上的一般性辅助准则,很重要,但并非不可或缺,甚至有时候,正是要抛弃理性的坚持、干扰,才能够在情感强烈期盼之创新基础上奋勇前行,进而最终得到突破现有理性的局限性之最前沿答案。

　　情感可让人获得超越的力量,比如"电车困境"①,两条铁轨上都有人,一个合法而人少,一个不合法而人多;对于受困于理性思维者而言,要不然就是会选择人少的轨道(理性上认为合情),要不就选人多(理性上认为合法),要不然就是难以抉择而感觉愧疚。但是对以情感为主而理性为辅者来说,这根本就没什么好困惑、愧疚的,因为他不会顺着理性者的莫名坚持与假设来看事情,他会执着地坚定认为绝不应发生这种现象,会在最根源处就想尽办法不让这样的困境产生;就算万一真发生了他也不是考虑要救谁杀谁的问题,而是会尽全力思索该如何将两边的人都解救。这就是以感性为主者与理性为主者最大区别,当理性与感性冲突时不会去考虑可行性,而是会无所畏惧、不顾一切地朝心安的方向奋勇迈进。若一味强调"理性",则容易产生道德冷漠或道德麻木现象。《天论》曰:"故错人而思天,则失万物之情。"荀子并非不强调情,然而他讲得情通常是建筑在理性基础上的情,这或许乃其不得已为之者?

　　早期的情感主义伦理学家几乎都认同有"道德感官"②的存在,这说法与荀子所说之"心"颇有相通之处,认为"道德感官"是人天生本有者,主要作用是辨别道德行为、产生道德情感。因此道德情感具有先天性,也

---

①德沃金:《法律帝国》,李常青译,中国大百科全书出版社,1996,第 165 页。

②弗兰克·梯利:《伦理学导论》,何意译,广西师范大学出版社,2002,第 381 页。

正由于这种先天性与外界刺激的共鸣才有可能产生真实不虚的道德情感实践力量。假设理性是基于族群整体长远的永续发展所进化出来的判断能力，而欲望与情绪又可能会蒙蔽理性，由此可推知理性是相对需要人们经过后天学习锻炼的一种存在，相对脆弱。然情欲所产生出的力量又非常强大，所以儒家便想到了结合所有能结合的正面情绪的力量来对抗它，其中最主要的就是利用亲情、友情、爱情、日久生情的力量，因此提倡五伦，让这些力量团结在一起。同时，荀子很清楚地知道，这世界并不是单纯的非此即彼的世界，万事万物时常处于变化当中，而天生之物对人类而言不一定都是好的，"故错人而思天，则失万物之情"（《天论》），万物对人有好有坏，甚至在不同情况下时好时坏。所以我们要懂得尽人事并"制天命而用之"（《天论》）。

　　诗，所以言志。志者，士人心之所守也。感情本来就是人们天生自然的存在，是"无邪"的，而道德亦不外于人情，所谓"缘情制礼"①就是这个意思。所以礼不是勉强也不是压抑人情，如果勉强、压抑人情就是"邪"了。道德就是众人认同并且期望的事情，而非违背人情人性的存在。就如天道（《论语·为政》："为政以德，譬如北辰，居其所而众星共之"）一般，是自然天生就会被众星环拱的，只要放开心胸，不要太短视近利或过度执着于自利，自然就能与它产生共鸣。而我们只要像北辰一样不偏激、讲中庸，就可以如诗经中的作品一般，自然合节，被大家认同而千古传颂了。士阶层，在当时应该就算是小康阶层，即所谓"仓廪实则知礼节，衣

————————————

①司马迁《史记·礼书》曰："乃知缘人情而制礼，依人性而作仪，其所由来尚矣。"并且此条还指出了礼与人性之间的关系，很值得重视。

食足则知荣辱"①者也。属于"拥有的刚好足够,又不至于太多"的人群。然而问题就出在什么叫"刚好足够"?毕竟人的欲望是很难克制且没有尽头的,所以荀子希望借由礼的力量,来分层约束之,一方面鼓励大家追求自身的完善与道德的提升,如此阶级就可以提升而获得更好的待遇;一方面人在进入组织后,自然会有制度上之规范与制衡的力量来让人不敢随意逾越、放纵欲望。

荀子很重视人的理性,但同时也不忽略感情,认为两者都应该并重。但由于其研究型人格而致其凡事皆讲求"长虑顾后"(《荣辱》)原则,而长虑顾后虽说也可把情感因素掺杂其中考虑,但其占主导地位的仍是理性。太过理性会造成很多严重的流弊,所以孔子认为只需要"再,斯可矣"(《论语·公冶长》)。荀子在笔者看来有时的确太过理性,例如其在讨论禅让观点与犯罪者之丧礼问题时,所说虽有正义之意义,然而对亲属的要求则违反了基本人情,让大多数人在感情上不容易接受,这就违反"称情而立文"(《礼论》)之创礼原则了。或许对于荀子而言,其所规划出之教育体制已近乎完美,所以他并没能发现到其源于本身性格所造成的一个问题,就是他研究型人格太过理性而不太能体悟那感性而强大之推进力"善善恶恶"的功效,这就是笔者为进一步完善其教育理论而思索出来的补充。事实上荀子也知晓这力量的存在,只不过其将之视之为负面力量而没有给予足够的重视,殊为可惜。

---

①李山译注:《管子》,中华书局,2009,第 2 页。

第二节 荀子教育思想之局限性

本节笔者主要将相关引文从《荀子》文本中理出、凸显，然后再进一步提出个人见解，希望能对于认识荀子教育思想能有所助益。并愿借此能厘清荀子教育思想于当代之适用性问题，以助其能被人们从观念上接纳，而于当代教学实践中有机会能被落实推广。

由于中国古代偏重道德修身，而当代教育偏重知识技能的传授。是以古今教育理念、模式及技巧等本不该相同，许多方面甚至需要以相反之观念来要求或对待。然有不少人无法厘清两者间性质上之差异，而将古代道德之学的教育技巧、理念挪用来从事知识技能教育之情事，或将现代教育理念用于道德修身。所以笔者此节将对两者间之不同予以分判，以厘清其要求与侧重上之差异；判明各自应采取何种教育理念与教学模式，以及应采何种态度来区别对待两者。知识技能教育与道德教育的方法、态度、技巧上异同处如下。

一、相异或容易产生曲解、误用者

1. 精英式教育与全民式教育。由于古代读书人少，且基本目的是为进政府单位工作，因此属精英式教育；而精英教育通常会比较讲求全面发展，任何事都要有一定程度了解，这样到时在位置上才不易被底下人随意摆弄，是以说："君子以德，小人以力；力者，德之役也。"（《富国》）、"大德不官，大道不器，大信不约"（《礼记·学记》）、"劳心者治人，劳力者治于人"(《孟子·滕文公上》)这类重德而相对轻才之教育理念,放在道德教育下没什么问题,但放在知识技能的教育体系下,就容易形成严重的误导或干扰,如:为求全,使得学生必须努力为补短板而耗费大半学习之时间精力,抹杀或否定了其对天赋之热情,严重影响到其潜能挖掘与性向发展。造成大家普遍鄙视或不愿意选择,现代地位不低、收入高且不可或缺的职业教育。或逆反的认为古代教育理念不符合现今教育模式之所需,而产生否定古代教育之思想。

2. 荀子谈教育、看事情的角度,思考事情总是从人道出发,是以《天论》曰:"故错人而思天,则失万物之情。"他认为我们思考天地万物一切之时,都应考虑人事方面的作用或人的需求等,这样的教育观点在讲人之道时没有任何问题,但放在当今教育体系下则会有争议。因为许多人认为研究本身必然看的是未来,而未来是不可知的,是以当下人们很难断定什么样的研究才符合人未来之需求,因此这样有所限制之教育观的设定,可能使得科学发展受到很大局限。

3. 由于道德修养讲的就是人之所以为人的道理,所以说:"为之人也,舍之禽兽也。"(《劝学》)这种贬低非读书人之人格的说法,在古代问题不大。但对于如今主要教育乃属于知识技能之相关教育而言,则问题就严重了,因为如果我们误以为读书高的人品就好,就很容易不提防那些学历高的人,然而事实是当今可能接受教育越多、知识技能越强者,反而越懂得知法玩法,知道如何制造出一些具危害性的东西,对社会国家的危害越大。

4 荀子教育思想基本是以"整体的长远利益"为优先,重视该观念或方法能否于现实中实践并产生价值,十分关心实用效益问题,《性恶》曰:"故善言古者,必有节于今;善言天者,必有征于人。凡论者贵其有辨合,有符验。故坐而言之,起而可设,张而可施行。"此种说法对道德教育而言是无可非议的,但对知识技能教育而言却容易导致"认为纯理论没多大价值意义"之倾向,是以在当下教育体系下具争议性。毕竟当前科技发展不少领域起初都是建筑在纯理论的基础上,之后才逐渐因其他领域的发明突破而进一步成为能普及应用的产品,这中间可能相隔数十甚至上百年。

5. 尊师重道。荀子将人一切的美德与国家的兴亡皆与"师"绑在一起,《修身》曰:"情安礼,知若师,则是圣人也。"知道的跟老师一样甚至可被称为圣人,"师"的重要性被无限放大。然而在现今之信息发达的年代,人们许多知识技能之学习不用再通过老师,并且许多教育已开始通过远距完成,甚至不久的未来人工智能都会出现在课堂上而成为老师,这些都使得老师的独特价值大降。虽说笔者认为,在人格教育方面的以身作则,仍必须靠实际接触真人并与之互动才能达成,然这种不尊师重道之趋势,当下似乎有越趋明显而不可阻挡之势。

6.《解蔽》曰:"农精于田,而不可以为田师;贾精于市,而不可以为市师;工精于器,而不可以为器师。有人也,不能此三技,而可使治三官。曰:精于道者也。精于物者也。精于物者以物物,精于道者兼物物。"由于荀子只认可人道之师,认定为人师表者,无论是教什么学科,皆必须要"精于道"的"兼物物"通晓一切事物,而只精通某物者其则会贬称为"物物"而认为不配为人师。可现代学校教育明显不是这么认定,只要能专精于一种技艺即可成为师。并且荀子重视礼教而轻视与之无关者:"无用之辩,不急之察,弃而不治。若夫君臣之义、父子之亲、夫妇之别,则日切磋而不舍也"(《王制》)。这样的观念在《礼记》中被更加凸显:《礼记·王制》把"执技以事上者"视为"不与士齿"的活动,并明令"作淫声、异服、奇技、奇器以疑众,杀",后世将科学技术视为奇技淫巧,或许即根源于此。

7. 对于两性教育部分,《君道》曰:"请问为人夫?曰:致功而不流,致临而有辨。请问为人妻?曰:夫有礼则柔从听侍,夫无礼则恐惧而自疏也。"这说法在当今社会女权主义高涨下,极具争议性。前半说"丈夫古代在外打拼所以重视事功,但不能因为在外面妻子管不到就放荡淫乱,而回到家里面临妻子时也要明辨夫妻间应有的礼教之防"并无非议。但后半说:妻子在外人面前,对丈夫要遵守礼仪的柔和而顺从地在一旁听命服侍;而无外人在时则不需太拘谨,如遭受丈夫无礼对待则要保护自己。这教育思想就不容易让现代女性听从接受了,甚至可能让她们因此产生否定荀子其他思想之情绪。

8. 由于荀子当时代有能力接受教育乃少数人,群众大多仍属"礼不下"(《礼记·曲礼上》)的庶民,所以《富国》说:"由士以上则必以礼乐节之,众庶百姓则必以法数制之。"然这教育观点放到现代就可能造成人们的批判,毕竟在物质生产过剩为常态的现代,大多数人都有余力行礼乐并享受之,所以这种说法就容易被认为是种歧视,而不太符合现代人的教育观与价值观。

9. 知识技能可以止于记诵、谈说,但道德则一定要身体力行才有意义，反而没有记诵也无妨，是以说："知之而不行，虽敦必困。"(《儒效》)，毕竟君子、圣人是做出来不是说出来的。由于重视践行所以又说："小人之学也，入乎耳，出乎口；口耳之间，则四寸耳，曷足以美七尺之躯哉！"(《劝学》)这部分教育理念在现代容易让人曲解为知识技能是小人之学，但荀子的意思并不是一味否定知识技能，因为其乃"德以叙位，能以授官"(《致士》)仍然会给予有能力之人官职，只不过权势之高低仍要依据其德行才能决定罢了。

　　10. 一偏重和谐而避免争斗，是以荀子特别强调"斗"的坏处①；而当下教育则鼓励甚至强迫竞争。由于古代注重和谐，是以就算有比赛也不看重胜负，总是强调其教育背后之礼义教化功能，无论在音乐、艺术、体育

---

①《荣辱》曰："凡斗者，必自以为是，而以人为非也。己诚是也，人诚非也，则是己君子，而人小人也；以君子与小人相贼害也……将以为智邪？则愚莫大焉；将以为利邪？则害莫大焉；将以为荣邪？则辱莫大焉；将以为安邪？则危莫大焉。"《正论》曰："凡人之斗也，必以其恶之为说，非以其辱之为故也……虽以见侮为辱也，不恶则不斗；虽知见侮为不辱，恶之则必斗。然则斗与不斗邪，亡于辱之与不辱也，乃在于恶之与不恶也。"由上述可知，荀子对于争斗的原因有一定深度的了解，且是基于此了解而反对争斗，认为厌恶人之非己与自以为是而产生之争斗，是不智而愚笨、不利而有害、不荣誉且可能招致耻辱的行为。是以《臣道》曰："故君子安礼乐利，谨慎而无斗怒，是以百举而不过也。"他鼓励人们和谐相处而少争斗，认为这是能带来"安乐"的做法。当然，其所谓斗乃偏向于愤怒之斗，然斗与争两者常有互通处，毕竟皆需要血气较刚强，其曰："血气刚强，则柔之以调和；"(《修身》)这或许是承袭了老子之柔弱观？总之，其花了不少篇幅反对争斗。事实上这的确有其两难之处，因为如欲将血气刚勇者导引至正确方向去争斗，是需要较庞大之教育资源的投入，而这在当时可能有点不太现实。

等都是如此,唯有"当仁不让于师"(《论语·卫灵公》)。而知识技能教育则非常注重比赛与胜负,大大小小比赛层出不穷,总是要让人处于竞争的状态中而难以置身事外,学生与学生之间很容易被拿出来比较。

11. 道德教育,由于是人之所以为人的内容,并非违反人性之要求,所以如无法遵从或违逆时,荀子是不反对给予惩罚的,并且在学习时会要求态度严肃而慎重,不可嬉笑轻忽是以说:"尊严而惮,可以为师……诵说而不陵不犯,可以为师;"(《致士》)然而对于知识技能教育,由于有些科目就只是传授记问之学,是以学习技巧格外重要,例如学习时用听音乐、嚼口香糖、转笔或做出动作手势等辅助记忆,方法多种多样而灵活轻松。并且有时知识技能教育就需让人在游戏、放松之心理状态下,才能寻求创新或探索自我。

相关的对立观念还很多,如:道德教育重视中庸而避免极端,而知识技能教育则认为极端才能极致而中庸就是平庸;前者重道德而轻功利,后者重视功利效用而道德仅为辅助;一偏于向内寻求之自我完善,一偏于向外探寻对物质界的认识与利用;一重视人格与才能的统一,一认为人格与才能可以分离看待;前者重人情,后者重理性;一重家庭群体,一重个体之自由权益;一重模仿(人格榜样),一重创新;一重行,一重思。相信教育相关研究者必能再找出更多比对,笔者技穷而仅能就此略论之。

二、相通而偏重不同

1. "学至乎没而后止也"(《劝学》),虽说当代也流行讲成人教育、终生教育,但目的与意义有些不太一样。对道德修养而言,人们可能一辈子都在战战兢兢(《臣道》)而无法达到孔子的六七十岁之境界,并且道德修养不会有因为年龄而产生无法继续精进的问题;然知识技能则有其现下之极限,是以成人教育与终生教育更多是在应付需要转职时之需求,或引导大家如何身心健康的打发时间。

2. 年龄观的差异。子曰:"吾十有五而志于学,三十而立,四十而不惑,五十而知天命,六十而耳顺,七十而从心所欲,不逾矩。"(《论语·为政》)对知识技能的突破创新而言,年轻是很重要的指标,但对道德修养的醇厚而言年长是很普遍的表征。虽说知识技能也注重积累,是以年长者知识丰富、技能纯熟还是会受一定程度的重视,不过也就仅于如此,其主要重视的还是年轻人勇于创新之精神与热情。但道德修养则正好相反,年轻不懂事,历练的人情世故少,所以通常较浅薄、稚嫩,而年龄渐长则人情世故历练丰富后,道德的体会、理解也容易比较多,比较深刻。

3. 学习都需要积累,但道德教育与知识教育所谓的积累是完全不同方向的。道德教育是向内寻求心与天道之贯通式的积累,借由对于符合礼义之行为的习以为常及体悟,内外相互印证切磋地相互促进式积累,以提升自我道德水平;然好逸恶劳之短视近利的天性又会随时跑来扯后腿,是以其积累有退转的可能性;不过由于道德标准并非高不可攀者,所以又很容易重新达到要求标准而能继续积累;对老师的要求很高,并需要对礼义有高度之了解与认同并奉行者,才有资格为师。然知识技能的积累则不同,由于目标是要创新突破,所以其积累建立在前人一切之知识经验外,还必须自行努力继续向上攀登,因为是在与全世界的学者同台竞争,是以永无终点;但如果只是为了职业目的,又不难达到成为老师之标准,之后的继续积累通常是为了职业提升之目的。

4. 知识技能上"青,取之于蓝而青于蓝。"(《劝学》)有其必然性,因为知识技能就是在不断追求超越与突破的状态,所以后出转精乃是理所当然之事,不足为奇。但道德修养上则没此必然性,因为圣人的境界就是贯通天人,明了万事万物中之一贯道理,每个人都能积累与切磋琢磨去印证、体悟,但能不能到达老师之境界其实并没有一定的把握,是以此种说法对道德教育而言,明显只能算是一种期望与鼓励;而荀子此言的本意或是在告诉我们:只要努力学习礼义,就能让我们比没学礼义前的自己来得更好。

5. 道德一定要时常"日参省乎己"(《劝学》),因为道德教育追求的是一个"符合标准"的目标,而不是超越什么不可能的高峰,或达到一个什么很困难之目标;参省之功用是让人内外印证与切磋琢磨,并不是欲创造出什么来。而知识技能则视不同阶段、不同科目,不一定有此需要,有时候甚至要日新又新的淘汰、否定过去的知识。例如在基础教育阶段以及对该学科内容认识还很浅薄时,为加深自己对其内容之掌握,必须时常复习之,以避免基础有误或有缺漏;然等到自身的积累达到一定程度后,所需要的就不仅是时常复习过去所掌握的知识技能,而是要去寻求更新、更好、更专精之全面的认识;此时重点将不再是回头复习,而是在接触更宽广的知识海洋后之继续前行。

三、共同者

1. 为健全完整的人格、明了事物的通理,所以道德对"博"有其必要性(《劝学》曰:"君子博学"),讲究的是博而后得到的那一贯之道:"伦类不通,仁义不一,不足谓善学。……君子知夫不全不粹之不足以为美也,……君子贵其全也。"(《劝学》)但其所追求的绝非是博杂之博,故曰:"多知而无亲,博学而无方,好多而无定者,君子不与。"(《大略》),是以如与礼教无关的博其也是不赞同的;而知识技能所讲的也是其科目当中的"博",并且一般越到高端就越会被要求专精,可谓都是"专一中的博"。

2. 需要锲而不舍(《劝学》)。道德教育的锲而不舍一方面由于我们身为人,所以本不应"须臾舍也"(《劝学》);另一方面则由于我们对心灵与精神上的追求卓越,欲达至圣人之自我完善境界,是以必须随时保持自觉自律之精神。至于知识技能方面之锲而不舍则可分成两个阶段来看,一是在学习基础知识技能时的养成教育阶段之锲而不舍,一是在追寻规律之过程不要害怕失败的锲而不舍;前者之锲而不舍是为了让自己拥有基础能力而有利于存活于世,后者则是基于开拓与创新之企图心(或有人称为追寻真理)上之锲而不舍,其动力与目的皆不同,不能一概而论。

3. 需要"用心一"(《劝学》)的专心学习。专一是基于人的时间精力有限,这一点是追求知识技能或道德修养都相同者。不同处在于道德修养之专一乃是在心上,所以讲"诚",是往内求之专一。而知识技能之专一则一样可分为两个阶段,一是基础教育或知识技能打底阶段之专心以提高学习效率,一是于职业阶段提升自我价值与重要性、独特性之专一。也就是说,道德教育的专一是怕分心干扰其清明状态之维持,而知识技能之专一是以改变人之现状为目的。

4. 需要用心思虑去理解(《劝学》曰:"故诵数以贯之,思索以通之")。道德教育与知识技能教育在基础阶段基本上都是一样的,要人尽可能去相信、学习、吸收、模仿。可到了高级阶段,则两者都需要要靠思索才能达到其教育之目的了。不同的是道德教育之思索是为了印证内外与切磋琢磨的澄清内心,而知识技能之思索则为理性建构出自己的学术体系之同时,进一步希望在前人的基础上还能更进一步的突破。

5. 需要懂得善加利用工具(《劝学》曰:"君子生非异也,善假于物也")。这是荀子为强调礼义法度与学习环境之重要性而提出的教育观念,这说法基本用在大多数领域都有其价值与必要性。但纯就道德教育方面来说,这观念之重要性会逐渐随着个体之修养提升而越来越减轻,因为当人们自觉自律的能力提升,甚至将许多礼义法度融入生活而习以为常后,继续前行的道路就只能靠自身的内外印证切磋而无法假于外物或他人;然在初期阶段,"善假于物"是非常方便而重要的一环,是以荀子重师友而说"学莫便乎近其人。……学之经莫速乎好其人"(《劝学》),所以不可因后期较不重要而轻视。至于对知识技能而言,书籍、视频、师友、同学、家长等,都是我们学习与突破创新很重要的辅助,无论任何阶段都很重要,是以此教育观念之重要性,甚至比在道德教育领域中更值得受重视。

以上即笔者对于荀子教育思想之时代性局限与适用性之分析,希望能让读者们在利用其教育思想来实践教育行为时,能更好地来推进教育事业,不致因教育观念的误用、混用、错用,反而造成教育问题之产生,毕竟当前国内部分之教育缺失或偏差,乃是源于对传统教育观念的误解或不当之否定。且笔者在整理时也发现,荀子许多道德教育观正好可补充现今某些教育之偏差或不足处,是以期望本书能对当前教育有些许助益。

此外还有三个例子,因为其对教育之影响有限,是以笔者列举之主要目的乃为凸显《荀子》中之时代性问题,以便让读者在阅读《荀子》时,可因清楚意识到其局限性而能同情的理解之,避免连带导致对荀子其他言论产生怀疑。由于与教育主题距离较远,是以笔者列举在最后:

1. 荀子教育思想中部分观点是基于"欲多而不欲寡"（《正论》）"欲多而物寡"（《富国》），所产生的教育观点。这类说法在古代中国应该很容易引起共鸣，毕竟那时代的物质贫乏。然现今之中国已进入物质丰沛而过盛的时代，很多情况下造成恶之结果的反而是"物多"，例如生产过剩、富贵病、提倡八分饱而别吃撑等。欲，在现代时常跟不上物的发展，导致现实中常出现必须把产品销毁、舍弃，变成肥料或垃圾等事情。当前一些媒体，几乎所有商业广告都在不断想办法提高人们的购买欲、消费欲，金融体系则是让人不断消费未来、鼓励投资，以应付、满足被挑起的虚幻而不利于人之长远永续的欲望。当然笔者并不认为现状是好的对的，然荀子基于这类论调所产生出之说服人的说法，在如今已不适用，甚至可能造成让其他说法受到干扰而失去说服力的可能。

2. 选择正确的时机做对的事情，才是良药，但若选错了时机，就算是再好再正确的良方，也会变成毒药。例如在没有高产作物或提高产量之前，是不适合解放太多人口去从事工商业、大兴工商的。所以荀子说："工商众则国贫。"（《富国》）然这说法就不适宜当前之全球化分工，及国外农业许多已采取大规模机械化生产模式的情况。是以当人们从需要众多人力务农的生产模式中被解放后，务工（包含服务业）、从商自然会成为更多人的就业选项。

3. 在荀子身处之时代，由于没有银行之类的存钱机构，并且当时货币皆为实体或交易采取以物易物之法，所以的确财富积累过度容易招引盗贼之患。是以《正论》曰："皆使富厚优犹知足，而不得以有余过度。"虽说今日看来这说法也并非全然没道理，因为有钱人仍然容易成为他人觊觎之目标。然毕竟现代大家已有安心存钱的地方，因此"不得以有余过

227

度"的说法就很容易大受抨击了。

第三节 结语

本书基本厘清了荀子教育思想中最关键的心与性恶之内涵与关系，并借此将其用语与孟子之间的不同调澄清；阐明了礼教乐教之教材的产生方法和功用，并厘清了道、礼义、义、礼等重要词汇意涵与功用及其所代表之教育原则；将教化体系之整体教育对象、教化模式、方法、原则、教育效果析论，并将教育之具体内容与学习之方法一一描述，最后在与当代教育作一对比，以增进读者之直观感受。至于最后提及不足者并非是在否定荀子，而是在加强补充一下其略不完满处。基于上述内容，读者应可在心中描绘出荀子完整的教化体系，知晓教化体系方面的教育基本上是以修身养性为主轴，借由符合人心之礼教乐教(礼义法度等)教育内容，循序渐进地调整人的行为模式，以达至群体长虑顾后之永续生存发展的目的。这样一来也算是达成了笔者此论文之主要任务，不致使之成为一部没有价值意义的论文。当然，是否能对当前教育产生某种积极作用，则如荀子《宥坐》所说："遇不遇者，时也；死生者，命也。"这是吾人所无法强求者。

荀子是属于较有科学精神而习惯从客观角度观察的人，在观察时他很自然会发现人天生的多样性与不完美；再加上战国末年天下历经数百年动乱、纷争，人们恶的一面容易被彰显。所以他一方面强调由内而外之心与人之道的本善，一方面也认为必须重视由外而内的礼法、环境、师友等辅助，提出心有主导并帮助一般人改变无法克制欲望现状的能力，就跟人身体当中的免疫系统一般。若说心是让人由内而外地产生自我克制力量的存在,那礼可以说就是帮助我们从外而内改善、提升自我的力量,两者相辅相成,缺一不可。就跟我们想要让身体健康,除了自身强壮、多做运动、调息练气以外,还是需要注意摄取外界营养(饮食)、选择适宜的居住环境与活动场域、穿戴适宜的衣物,并且生病时要看医生借助药物等外界的力量来让身体回归健康。在内有心能满足人接受自我克制与产生为善行为想法的先天条件,在外有礼能指导人如何才能正确有效率、少走冤枉路的让人言行举止由内而外的符合道。

儒家思想有很强的阶级意识,毕竟这世界上所有的群居类生物团体中都存在着天然的阶级,这从许多自然界群居动物的生存模式皆可证明,例如蚂蚁有工蚁兵蚁等、蜜蜂有工蜂与蜂王、狼群有头狼、羊群马群有头羊、马王等。但儒家的阶级意识并不是为了保障上位者的权益,而是站在群体的角度来看待的一种认为"这是必然且有利于人群发展"的存在的观点。其为了保障(促进)阶级的存在能够对群体产生最大益处,是以其相关的理论基础粗浅概括约有如下几点:一、阶级必须是可以流动的,所以每个人只要努力都有机会可以成为上位者;二、划分阶级的标准应该是对群体有良性助益的德性,而非其他无助于群体产生良性循环的血缘、武力、财富之类;三、民意(天象)是监督阶级分配合不合理的重要依据;四、上位者最重要的任务是必须善待下属并满足人民的需求,视民如子,否则不配居上。是以荀子所在的时代有它的优点,毕竟那时代去古不远。何谓去古不远呢?人类最早期分出阶级是依靠血缘的关系来分的(母系社会,人数少,族群小之时),之后慢慢转变成为依靠武力的强弱来区分阶级(人数渐多,需要更多的粮食来源之时),然后又变成依靠有经验有智慧的人来帮助族群能够好的发展延续。然而到了荀子的时代,变成了依靠血缘或财富、武力来分配阶级或权力。儒家明显不认为这样是好的。

笔者认为,儒家所构思出的哲学体系之基础在于,其主张人行为的基础在于感情,而理性只是一种辅助工具的存在。所以其所讲的许多道理都很简单,并非什么高深难明的内容,但是真正能照做并持之以恒的不多。就是因为在实践中他们发现:感情不是一种恒定的存在,它是随时处于波动状态的。而我们利用礼乐教化的方式,只能够使人们尽量地让情感往正面积极的方向去发展,可没办法保证它可以一直永远处于正面积极的状态。人与人相处,情绪失控后的胡言乱语或过激的举动,常会对他人起重大的作用,影响深远,不得不慎。而儒家就是教我们如何控制好自己因欲望产生的言行举止,让我们行为举止不致造成伤人害己事件,让人的行为能尽可能落在真挚而有分寸处。所以为了增加这样的可能性,环境氛围与老师、同学、朋友等的特质就变得很重要了,毕竟大多数的人都是群体的生物,很容易受到氛围的影响。

人类是欲望的动物,好群居,懂分工合作与长远的规划,有文字传承知识经验,但同时又具有好逸恶劳、自私自利、放纵欲望的特质。因为时常会被情绪主导了行为的产生,所以行为便成为不理智或不够理智的行为。欲望,是人类能将思想化为行动力的源泉,然行动不一定为善,所以有善亦有恶之可能性,在群居而资源必然有限的条件下,如果没有一定规范的话,恶(纷争与混乱)必然免不了会产生。而懂得学习前人的知识与经验,并具有长远规划的能力则是人群能和谐相处、生存与进步发展的主因,而荀子教育思想中所提倡的礼义法度就是这样的存在。毕竟国家社会的运转与维持,如没有能让一切良性循环互动并让人道得以向上提升的秩序规矩,就容易堕落成如禽兽一般的状态,这是孔、孟、荀所共同谴责、鄙视的状态,所以他们无论偏重内外,目的其实都是一致的。

道德,是一种理论,指向上具有客观、普遍性(是以荀子强调"知、辨、分"),但实践、判断上极具感性的存在(《礼论》曰:"称情而立文")。情感是需要疏导宣泄的,而不能采取防堵、消灭的手段来对待,因为"凡性者,天之就也,不可学,不可事"(《性恶》)、"性者,天之就也;情者,性之质也;欲者,情之应也"(《正名》),这些天生本具备者,我们不能也不该用人力去抹杀它。但是我们可以靠后天礼乐道德教化的调节、引导,来让它不至于太过或不及,所谓"道者,进则近尽,退则节求,天下莫之若也"(《正名》),讲得就是这道理,我们不仅不应防堵、消灭它,且还应该要设法创造条件让它能够"近尽"才是。《强国》曰:"夫义者,内节于人,而外节于万物者也;上安于主,而下调于民者也;内外上下节者,义之情也。"是以情感之外显程度是可以调节的,这就是礼乐道德教化存在的意义。道德情感教育既应有其系统的、合理的情感培育活动,亦应知晓其有因时因地因人之独特情境特质。所以道德情感教育要依据普遍性教育原则:以理性认知为框架,共性情感为内涵。帮助学生对道德情感产生人性、整体上的深刻认识,使其逐渐具备理解社会现象背后本质之能力,将道德认知化为与内在共鸣的存在,使道德情感一方面有"理"可依,另一方面则能起"士君子安行之,官人以为守(守则),百姓以成俗"(《礼论》)之效。

人因自私而损害群体利益之行为,我们一般就称之为"恶";相反的,人为了公利而克制己欲,而此行为会对群体有利者,我们一般就称之为善。冉亚辉认为:"从人类最初的发展来看,原初的德育应该诞生于部落内部,正是基于部落内部的和谐和种族延续,需要道德伦理的规范教育,并一直延续下来,从而形成了德育。"①但由于个人是群体当中的一分子,所以长期而言对个人有害也会等于对群体有害,是以这就产生了一种纠结难明的状态,因此儒家又讨论中庸、权变的问题,就是想尽可能兼顾群体与自己的利益。"社会道德的实践给人们的心中带来了人类的爱。正因为做了好事,人才变成了好人,我认为这一点是确实无疑的。"②这么说是有道理的,然而笔者建议要让人感觉到自己做了好事,就不能给予充分的报酬,然同时又不能完全诉诸道德而理所当然的不给予报酬,否则又违背了子路受牛、子贡让金③两故事之道理了。个人建议报酬大致可在约能弥补其为善所耗费(如车钱、食宿、教材发放与损耗等)再稍多一点即可,这样不充足的报酬才更能让人们一方面感觉到做善事的喜悦,一方面也能持续长久行善下去。

　　人之所以为人,就是因为我们比其他动物拥有更加长远的规划能力,能更加有效率地思考如何利用周遭的人、事、物,知道暂时看来为了群体的共同利益而牺牲自己似乎是损失,但长远来看却会发现自己也是利益的获得者,甚至反而能获得更多的利益。荀子强调群体乃因群体能放大个人存在的价值与意义,而非是要将个人淹没在群体中。所以强调人的群体性并非是一种对人欲的否定,而应该是一种对个人价值与意义的提升。人在群体中思索,更容易产生实际价值,个人的沉思固然有其必要

---

①冉亚辉:《德政之分与德政之合——中西方德育范式的逻辑探析》,博士学位论文,西南大学教育学原理,2011,第2页。

②卢梭:《爱弥儿》,李平沤译,商务印书馆,2011,第352页。

③张双棣、张万彬、殷国光、陈涛注译:《吕氏春秋译注》,第526页。

性,但在人群(或书本、文章)中与他人互动、交流、碰撞,则更能有产生刺激而碰撞出火花的机会,是以两者乃共荣共存而非对立之状态。

中国文化之包容、感染力的源头是来自于"人",是以所谓"人本传统"强调的不是漂亮的话语或精彩的文字,更不是服装、器物。就是人,且只是人,只有人才能真正地感动人心,偏离了人心、人性所理解出的中华传统,就会失去其原本应有的感染、包容力。中华文明的维系与传承,主要靠的不是政体,而是文化、观念上的认同。荀子教育思想的目的就是要让人成为人,并进而成为值得他人与自己尊重而认同、喜欢的样貌,然后再基于这种认同感,使得不同风俗习惯与价值观的人们愿意聚在一起,成为同一个国的人,所以中国的凝聚力不是靠文字语言、外在的仪式、器具、服饰等所产生的,更不是地域、种族、政体能区隔、分隔得了的,靠得就是一个个、一件件值得他人尊重、效法的人格与行为,历史上诸多感动人心的故事、事迹与现实上位者的为人处世、言行举止,就是中国凝聚向心力的最佳保证。

最后笔者在此必须致歉的是,虽然搜集与阅读了大量材料,导致本书仍有一些缺陷处,例如:有关积、伪的教育内容与意义没能善加予以阐释,对精英教育与分层问题没有充分的处理,对人道与天道之间的关系论述稍嫌不足;最重要的是对于儒家教育思想中极重要且关键之感恩之情未能给予充足的重视与论述,仅于文中稍带一提。以上诸多不足都是笔者继续努力进步的空间与动力,让笔者得以往后有明确的方向目标,能继续坚持努力对此论文力求完善与补充。

另外笔者已规划多篇关于荀子的相关论文方向,如:《借由荀子文中与情感之相关内容探讨儒家之情本论》《传统教育观新解——以荀子的

"乐学观"为谈论主轴》《理性与感性冲突的荀子：从理性坚持与感性坚持谈起》《"绿色发展"可从中华优秀传统文化汲取养分——以〈荀子〉长虑顾后之"生态环保观"为例》《如何看待荀子的"君子必辩"观?》《"两学一做"可从中华优秀传统文化汲取养分——从〈荀子〉的"学、思、行"谈起》《从荀子的韵文材料谈"引用韵语研究古代声韵应先厘清材料属性"》《善用中华优秀传统文化建立良好政治生态——以〈荀子〉的政治观为理论核心》《以荀子"德政合一"之政治生态观论政治生态在意识层面应如何强化》《荀子中政治生态在行为层面该如何规范？兼谈"民众也应建立良好政治生态观"》等，以上论文笔者皆已有所思考，并准备在入职后着手逐一写作，希望届时能得到学界前辈学者们慷慨予批评与指教，进而使笔者更好地完善自身思路之不足，最终能呈献出对当下社会国家有益之文章。

参 考 文 献

一、专著

[1]北京大学《荀子》注释组.荀子新注.北京:中华书局,1979.

[2][清]谭嗣同.仁学.北京:中华书局,1958.

[3]蔡元培.中国伦理学史.桂林:广西师范大学出版社,2010.

[4]梁启超.先秦政治思想史.天津古籍出版社,2003.

[5]梁启超.饮冰室合集1·文集之三.北京:中华书局,1989.

[6]梁启超.饮冰室合集2·文集之十五·中国法理学发达史论.北京:中华书局,1989.

[7]杜国庠.杜国庠文集.北京:人民出版社,1962.

[8]郭沫若.十批判书.北京:人民出版社,1954.

[9]冯友兰.中国哲学史,上册.上海:华东师范大学出版社,2000.

[10]陈登元.荀子哲学.上海:商务印书馆,1928.

[11]牟宗三.名家与荀子.台北:学生书局,1979.

[12]孔繁.荀子评传.南京大学出版社,1997.

[13][美]唐纳德·J·蒙罗(中文名:孟旦).早期中国"人"的观念.庄国雄,陶黎铭,译.上海古籍出版社出版,1994.

[14]东方朔(本名:林宏星).合理性之寻求:荀子思想研究论集.台北:台湾大学出版中心,2011.

[15][清]王先谦.荀子集解.北京:中华书局,2012.

[16]余家菊.荀子教育学说.北京:首都师范大学出版社,2011.

[17]陈静美.荀子的教育哲学 以"成德理论"为进路.新北市:花木兰文化出版社,2010.

[18]林永喜.孔孟荀教育哲学思想比较分析研究.台北:文景书局,1976.

[19]董承文.孔孟荀教育思想.台北:文景书局,1976.

[20]崔光宙.先秦儒家礼乐教化思想在现代教育上的涵意与实施.台北:东吴大学中国学术著作奖助委员会,1985.

[21]杜成宪.早期儒家学习范畴研究.台北:文津出版社,1994.

[22]韩钟文.先秦儒家教育哲学思想研究.济南:齐鲁书社,2003.

[23]杨大膺.荀子学说研究.上海:中华书局,1936.

[24]魏元圭.荀子哲学思想研究.台中:东海大学,1983.

[25]郭齐家.中国教育思想史.北京:教育科学出版社,1987.

[26]施克灿.中国教育思想史.北京:高等教育出版社,2008.

[27]任时先.中国教育思想史.台北:台湾商务印书馆,1987.

[28]杨荣春.先秦教育思想史.广州:广东教育出版社,1991.

[29]周翰光.先秦教学与诸子哲学.上海古籍出版社,1994.

[30]王云五.先秦教学思想.台北:台湾商务印书馆,1970.

[31]余书麟.先秦教育思想.台北:中国文化大学出版部,1973.

[32]宋锡正.先秦教育思想与实施.台北:三民书局,1985.

[33]伍振鷟.中国教育思想史(先秦卷).台北:师大书苑,1995.

[34][汉]司马迁.史记.北京:中华书局,2006.

[35][汉]班固.汉书.北京:中华书局,1964.

[36][南宋]朱熹.四书章句集注.北京:中华书局,2013.

[37][汉]郑玄注,贾公彦疏,周礼注疏.上海古籍出版社,2010.

[38][汉]郑玄注,[唐]孔颖达正义,礼记正义.上海古籍出版社,2011.

[39][法]孟德斯鸠.法意.严复,译.北京:商务印书馆,1981.

[40][日]泷川资言.史记会注考证.台北:天工书局,1989.

[41]童书业.春秋左传研究.校订本.北京:中华书局,2006.

[42][汉]王充.论衡.上海古籍出版社,1992.

[43]许悼云.中国古代社会史论——春秋战国时期的社会流动.桂林:广西师范大学出版社,2006.

[44]梁启超.论中国学术思想变迁之大势.上海古籍出版社,2001.

[45]何建章.战国策注释.北京:中华书局,1991.

[46][汉]孔安国传,[唐]孔颖达正义.尚书正义.上海古籍出版社,2007.

[47]胡孚琛.道学通论(修订版).北京:社会科学文献出版社,

[48]柳诒徵.中国文化史.台北:正中书局,1978.

[49][法]卢梭.爱弥儿.李平沤,译.北京:商务印书馆,

[50]王志民.齐文化概论.济南:山东人民出版社,1993

[51]卢永凤,王福海.兰陵文化研究丛书:荀子与兰陵文化研究.济南:山东人民出版社,2013.

[52]钱大昕.荀子笔释跋.转引自孔繁.荀子评传.南京大学出版社,1997.

[53]楼宇烈.中国文化的根本精神.北京:中华书局,2016.

[54]孙希旦.礼记集解.北京:中华书局,1989.

[55]张双棣,张万彬,殷国光,陈涛.吕氏春秋译注.长春:吉林文史出版社,1987.

[56][美]德沃金.法律帝国.李常青,译.北京:中国大百科全书出版社,1996.

[57][美]弗兰克·梯利.伦理学导论.何意,译.桂林:广西师范大学出版社,2002.

[58]李山,译注.管子.北京:中华书局,2009.

二、学术期刊与专业论文

[1]杨太辛.《荀子》与《易·文言》之比较.中国哲学史.1994(6):70—76.

[2]惠吉兴.荀子对宋代理学的影响.邯郸学院学报.2012,22(4):135—140.

[3]路德斌.荀子人性论之形上学义蕴——荀、孟人性论关系之我见.中国哲学史.2003(4):34—42.

[4]梁涛.荀子人性论辨正——论荀子的性恶、心善说.哲学研究.2015(5):71—80.

［5］梁涛.荀子人性论的历时性发展——论《富国》《荣辱》的情性—知性说.哲学研究.2016(11):46—53＋128—129.

［6］梁涛.荀子人性论的历时性发展——论《修身》《解蔽》《不苟》的治心、养心说.哲学动态.2017(1):59—68.

［7］梁涛.荀子人性论的历时性发展——论《王制》《非相》的情性—义辨说.中国哲学史.2017(1):5—11.

［8］梁涛.荀子人性论的中期发展——论《礼论》《正名》《性恶》的性—伪说.学术月刊.2017(4):28—41.

［9］王庆光.《荀子》礼乐教化论研究［博士学位论文］.台中:台湾东海大学哲学系,2009.

(10)陈景黼.从假物到自得——《荀子》由礼见理的学习向度［博士学位论文］.新竹:台湾清华大学中国文学系,2013.

［11］李欣霖.荀子生命教育思想研究［博士学位论文］.台中:台湾逢甲大学中国文学系,2015.

［12］姜希玉.荀子德育思想及其当代价值研究［博士学位论文］.济南:山东大学思想政治教育,2016.

［13］郑和.追寻生命的教学观——先秦儒家教学思想中的生命意蕴［博士学位论文］.南京:南京师范大学课程与教学论,2008.

［14］张秀英.先秦时期的教育与《诗》教［博士学位论文］.北京:首都师范大学中国古代文学,2008.

［15］贺卫东.先秦儒家《诗》教美育思想研究［博士学位论文］.西安:陕西师范大学中国语言文学文艺学,2013.

［16］邢丽芳.儒家教化及其有效性研究——先秦至西汉时期［博士

学位论文].天津:南开大学马克思主义理论思想政治教育,2014.

[17]韩云忠.先秦儒家礼乐文化的德育价值研究[博士学位论文].济南:山东师范大学思想政治教育,2015.

[18]贺韧.儒家传统道德教育思想探析[博士学位论文].长沙:湖南师范大学伦理学,2006.

[19]于光.德育主体论[博士学位论文].长春:东北师范大学马克思主义理论与思想政治教育,2009.

[20]冉亚辉.德政之分与德政之合——中西方德育范式的逻辑探析[博士学位论文].重庆:西南大学教育学原理,2011.

[21]董承文.荀子教育思想研究[硕士学位论文].台北:台湾政治大学教育研究所,1965.

[22]张美瑜.荀子的教育思想研究[硕士学位论文].新北:台湾辅仁大学哲学研究所,1980.

[23]李文演.荀子的道德教育思想研究[硕士学位论文].台北:台湾政治大学教育研究所,1990.

[24]赖双凰.荀子性恶论及其对道德教育的启示[硕士学位论文].台北:台湾师范大学公民训育研究所,1995.

[25]黄文彦.荀子礼法观对法律教育的启示[硕士学位论文].台北:台湾师范大学教育学系研究所,1997.

[26]李雅琴.荀子的人性论与人格教育心理思想探析[硕士学位论文].西安:陕西师范大学基础心理学,2002.

[27]吴宗夑.荀子的知识论研究[硕士学位论文].新北:台湾辅仁大学哲学研究所,2003.

［28］张鸿祺.荀子教育哲学研究［硕士学位论文］.嘉义:台湾南华大学哲学研究所,2004.

［29］陈湘蕾.《荀子》知识论研究［硕士学位论文］.台北:台湾大学哲学研究所,2005.

［30］程赛杰.论荀子的教化思想［硕士学位论文］.南昌:南昌大学伦理学,2005.

［31］阎乃胜.荀子道德教育思想的时代特征——兼论社会大变革对道德教育思想的影响［硕士学位论文］.济南:山东师范大学中国教育史,2007.

［32］梁右典.荀子论"学"研究［硕士学位论文］.台北:台湾政治大学中国文学研究所,2008.

［33］张立.试论荀子"学"的思想［硕士学位论文］.苏州:苏州大学中国哲学,2008.

［34］李颖.荀子"化性起伪"道德教化思想探析［硕士学位论文］.昆明:云南大学伦理学,2008.

［35］赵宏利.荀子教育思想探析［硕士学位论文］.苏州:苏州大学教育,2009.

［36］吴菲.荀子德育思想研究［硕士学位论文］.南昌:江西师范大学伦理学,2011.

［37］张墨涵.荀子教育哲学的理论建构及其现实诉求［硕士学位论文］.哈尔滨:黑龙江大学中国哲学,2011.

［38］黄娇娥.荀子积伪重学的教育思想［硕士学位论文］.新北:台湾辅仁大学哲学研究所,2012.

［39］张丽华.荀子的美育思想及时代意义［硕士学位论文］.兰州:西北师范大学文艺学,2012.

［40］焦筱懿.荀子礼治教化之研究［硕士学位论文］.台中:台湾东海大学哲学系,2013.

［41］陈玉燕.荀子"学"思想之探究［硕士学位论文］.新北:台湾辅仁大学哲学系,2014.

［42］代文文.荀子师道观研究［硕士学位论文］.郑州:郑州大学中国史,2015.

［43］徐雪琪.荀子教化思想研究［硕士学位论文］.厦门:华侨大学哲学与社会发展学院中国哲学,2015.

［44］严志华.荀子"重学尚礼"教育观之研究［硕士学位论文］.高雄:台湾高雄师范大学经学研究所,2016.

［45］周毅成.试论荀子的教育思想.西北师大学报(社会科学版).1963(3):20—38.

［46］郭志坤.荀子宣传教育思想简论.武汉师范学院学报(哲学社会科学版).1982(6):61—69 +76.

［47］邵彬.荀子于齐"三为祭酒"及生卒考.管子学刊.2011(2):30—31 +37.

［48］王锦民.试论"稷下学派""稷下学宫"的真实性和确实性问题［EB/OL］.(2009 - 09 - 09)［2018 - 03 - 13］.http://www. shufadajia. com/? act = app&appid = 30&mid = 2356&p = view

［49］高专诚."稷下学派"考疑.晋阳学刊.2007(4):82—88.

［50］丁强."祭酒"作为称谓起于何时——从清代学者梁章钜所撰

《称谓录》中关于"祭酒"一名的解释谈起.宁夏大学学报(人文社会科学版).2006(2):13—16.

[51]刘文熙,张龙海.稷下寻迹.管子学刊.1990(3):87—89.

[52]金德建.论稷下学派与秦汉博士的关系.管子学刊.1988(4):37—43+20.

[53]李宗全.从历代目录著录之稷下先生著述看稷下学学术地位[硕士学位论文].上海:华东师范大学中国古典文献学专业,2005.

[54]付希亮.论齐威王朝周事件与稷下学士对周王室文献的整理.管子学刊.2017(3):49—52+128.

[55]宋文慧.荀子经济伦理思想探析[硕士学位论文].南京:南京大学哲学系伦理学专业,2014.

[56]刘海年.文物中的法律史料及其研究.中国社会科学.1987(5):207—223.

[57]李晨阳.荀子哲学中"善"之起源一解.中国哲学.2007(4):83—89.

[58]毛泽东.心之力[EB/OL].(2016-01-04)[2018-04-12].https://baike.baidu.com/item/%E5%BF%83%E4%B9%8B%E5%8A%9B/9875795?fr=aladdin

后　记

　　本书的写作得到了多方助力。首先要感谢的是笔者的博士生导师楼宇烈先生，楼先生2018年出版有《荀子新注》一书，在此书的出版过程中，楼先生常引用《荀子》的内容来引导我们思考，这对本书的写作起到了关键性的作用。先生的谆谆教诲，由浅入深的指导犹如黑暗中的灯塔，让笔者不致迷失在学术的大海中。无论笔者提出再怎么鲁莽或粗浅的问题，先生都会温和且耐心地回应，让笔者如沐春风；当然，必要时他也会在笔者思虑过于纷乱而迷惘时，给予当头棒喝，使笔者能从钻牛角尖的状态中跳脱出来。能在先生膝下安心学习与写作，真是一件幸福且幸运的事情。楼先生多元开放的治学态度、渊博的知识、丰富的人生体验与深厚的学术造诣以及平易近人的分享作风皆让笔者受益匪浅、心怀感恩，楼先生是笔者未来人生一辈子的目标与榜样，是以本书的完成无论如何都要真诚感谢楼先生的指导与鼓励。

　　在北京大学写作本书期间，许多老师都对本书的写作有所启发与助力，担任笔者博士指导小组的有王博老师、张学智老师、杨立华老师、王中江老师；综合考试与开题审核的有李中华老师、张学智老师、章启群老师、王锦民老师；预答辩时出席的有张学智老师、李中华老师、章启群老师、王锦民老师；答辩时出席的有李中华老师、张学智老师、王瑞昌老师、谢路军老师、李四龙老师，由衷地感谢诸位老师给予本书写作的诸多建议与指导。另外由于本书的主题是希望能应用在当下社会的教育思想的作品，是以为了让本书的写作内容能更接地气地符合社会大众的需求，笔者花费了许多时间精神在北大教育学院修课或旁听，在此感谢展立新老师、陈洪捷老师、蔡磊砢老师，以及刘云杉老师、施晓光老师、文东茅老师、哈巍老师，您们的不吝指点与教导对笔者完成此书厥功甚伟；此外笔者还至社会学系旁听了钱民辉老师开设的《教育社会学》，真心感谢钱民辉老师给予的意见和帮忙。

在本书的创作过程中，还得到了师兄、师姐与同学们的诸多指点、支持和鼓励，您们开阔的视野、敏捷的思维、进取的意识和清晰的思路，都为本书的写作带来了丰富的素材，尤其是徐佳希同学、卞景同学与赵威维师兄、王子宁师姐、杜乐师姐、吴继忠师兄，对笔者各方面帮助尤多，感谢感恩！另外要特别感谢笔者的室友王生云，从遥远的对岸来到这陌生的城市，是你我共同维系着彼此间亲人般的感情，常常聊天讨论各式思想与问题至三更半夜，相互扶持帮助、鼓励。四年转瞬即逝，首次相见仿佛就在昨日。四年里，我们没红过脸、吵过架，没有发生原本担心的任何不开心的事。本书能顺利的写作完成，你们绝对都有一份功劳在其中。